JN126449

シリーズ■看護・介護・福祉のための「教育学」

教育心理をふまえた利用者支援・人材育成実践の手引き

2

ソーシャルワークのための『教育学』

櫻井　秀雄
橋本有理子　編著

あいり出版

●執筆者紹介●

櫻井秀雄	■関西福祉科学大学	：編者、２章１①②、２章２
橋本有理子	■関西福祉科学大学	：編者、５章
鈴木　真	■名古屋大学大学院人文学研究科	：１章
種村理太郎	■関西福祉科学大学	：１章、６章６
日下菜穂子	■同志社女子大学	：２章１③
安井理夫	■関西福祉科学大学	：３章、４章２
松久宗丙	■船戸クリニック天音の里	：４章３
田中康雄	■浦和大学	：４章４
小口将典	■関西福祉科学大学	：４章５
松本眞美	■甲子園大学	：４章６
竹下　徹	■尚絅大学短期大学部	：４章７
伊藤秀樹	■兵庫大学	：４章８
田島　望	■九州看護福祉大学	：４章９
木村淳也	■会津大学短期大学部	：４章10
牛島豊広	■筑紫女学園大学	：４章11
藤田　了	■大阪国際大学	：４章12
西川友理	■京都西山短期大学	：６章１
柿木志津江	■関西福祉科学大学	：６章２
成清敦子	■関西福祉科学大学	：６章３
寳田玲子	■関西福祉科学大学	：６章４
厨子健一	■愛知教育大学	：６章５

●まえがき●

本書は【シリーズ・看護・介護・福祉のための「教育学」】全４巻のうちの第２巻である。

近年、社会福祉において保護を必要とする人々の福祉を重視した welfare とともに、すべての人々の自己実現を図るための福祉を重視した well-being が求められてきている。それゆえ、社会福祉の主な対象として考えられる高齢者や障がい者、社会的養護を受ける児童等、生きるうえで弱い立場で置かれがちな人びとに対し寄り添い適切な支援を行なうためには、人間形成に関する原理と方法について解明してきた「教育学・教育心理学」が大きく貢献することが期待できる。

そこで、本書は、まず、人々が生活していくうえでの問題を解決・緩和することで、質の高い生活（QOL）を支援し、個人の well-being の状態を高めることをめざす社会福祉援助－ソーシャルワークにおける「教育学･教育心理学」の位置づけを行ない、援助実践を展開するにあたり対人理解が求められる福祉領域である「児童・障がい者・高齢者」のそれぞれの領域において「教育学・教育心理学」はどのように貢献することができるのか、つまり、社会におけるさまざまな場面・人々に関する知識を習得し、援助・支援としてだけでなく、生活するうえでその知識を活用する方法としての「教育学・教育心理学」を学ぶことから始める。特に、「教育心理学」については、福祉現場に求められる臨床心理学的トピックを取り上げることで本書の実用性を高める。

次に、ソーシャルワークにおける介入法としてのアプローチは、教育学・教育心理学との関連において､さまざまな発展を遂げてきた。それらを｢ソーシャルワークのアプローチの変遷と統合化」といった観点から考察しつつ、それぞれのアプローチを概説することで、ソーシャルワークにおけるより包括的なアプローチを習得することをめざす。

最後に、近年、ソーシャルワーカーに求められている高度で広範囲な役割を遂行していくためには､社会福祉教育のあり方そのものが問い直され､ソーシャルワーカー養成課程および人材育成においても、教育学・教育心理学を踏まえた方法論が求められてきている。そこで、その「ソーシャルワーカー養成課程および人材育成」におけるより実践的な教育を「児童福祉・障害者福祉・高齢者福祉の各施設および医療・教育機関、さらには社会福祉協議会におけるソーシャルワーカー人材育成・実習指導とその実践事例」を紹介する。

以上、本書では全編を通して、各アプローチ・養成課程および人材育成における事例や概念図、イラストなどを通して、優しく、わかりやすくその実践を解説する。それにより、人々の抱える問題を深く見つめ、新しい解決法を模索する。

2020年1月

櫻井秀雄

●目　次●

1部 教育学を学ぶ

1章 ソーシャルワークと教育

ソーシャルワークとは、社会福祉を実現する専門的な援助技術をさす。「社会福祉」という言葉の定義もいろいろあるが、「さまざまな生活上の諸問題に直面して生活がしにくくなっている人びとにたいして、何らかの形で手助けをしようとする社会的な取り組み」とひとまず定義できる（小田・杉本 2016、p. 1)。ソーシャルワークは、立法に基づく支援制度・施策としての社会保障と結びついて、社会福祉を構成する（北島 2008、pp. 1-2)。本章の目的は、ソーシャルワークと教育の関係について検討し、ソーシャルワークの領域において教育的に重要な概念や考え方の幾つかについて簡潔に考察することである。

第1節では、ソーシャルワークと教育の間にあると一部の人に感じられる緊張関係を導きの糸にしながら、それぞれのあり方と真の関係について検討する。その過程で、ソーシャルワークにおける教育的（一部は哲学的）な問題も明らかになる。第2節では、ソーシャルワークにおける教育の場面について簡潔に記述し、特にソーシャルワーカー養成における教育内容の変遷と日本の現状について確認する。第3節では、全人的理解、福利とニーズ、自己決定とその実質化、公正、ケア、自立と依存といった、ソーシャルワークにおける教育の鍵となる概念や考え方について簡潔に考察を行なう。

1. ソーシャルワークと教育：二つは対立するものなのか

本書の第1部は「教育学を学ぶ」「福祉領域に求められる『教育学』」となっているが、実はソーシャルワークと教育という取り合わせは何となくあわないという印象を持つ人も多いようだ。実際本書の企画について話した時に、（社会）福祉と教育を一緒にするというのは斬新だね、というコメントを受けたりした。こうしたコメントの歴史的な背景として、国の縦割りのシステムに象徴されるように、所轄官庁の取り扱う範囲内で教育と福祉が別に位置づけられてきたことが要因となっているということが指摘されている（小川 1985、汐見 2004)。その結果、それぞれの領域で独自の展開を見せながら、システム化されてきたため、互いの交流も乏しい状況であったという。

単に歴史的な事情であれば、現在や過去の交流について思いを巡らせれば、ソーシャルワークと教育がなじまないという印象は消えるであろう。現在の教育、福祉現場の実状では、互いの特長を活かしながら、新たな実践が模索されてきている。例えば、スクールソーシャルワーカー[1]の導入や体験授業として福祉教育が展開されていることがあげられる。そもそも、社会福祉活動と教育活動の親和性が高いことは、社会福祉史を振り返るとよくわかる。例えば、イギリスが発祥のセツルメント活動では、教育を受けている中産階級層の市民が貧困層の市民に対して、知識や文化が身につけられるように教育活動を展開した。活動者にはオックスフォード大学やケンブリッジ大学の大学生も加わっていた。この活動はその後、アメリカなどにも波及し、日本にも紹介されることになった。日本では、片山潜が興したキングスレー館でのセツルメント活動とともに、東京帝国大学の学生たちが行なったセツルメント活動もよく知られている。このように、教育は福祉と古くから関係を持っており、1970年代以降、研究領域としても小川利夫を中心に「教育福祉」を確立していこうとする動きも見られた（小川ら 2001）。さらに現在では、教育福祉は児童を中心としたものだけでなく、生涯学習と関連させて、老年期までもその範囲とする捉え方も見受けられる（川村ら 2011）。

ソーシャルワーカー養成においても教育は欠かせないものである。ソーシャルワーカー（社会福祉士）が国家資格になるまでは、社会福祉主事の任用資格を中心とした養成教育が行なわれてきた。ソーシャルワーカーとしての養成教育に熱心に取り組む大学もあったものの、教育内容は各大学に一任されており、現場の経験によって行なわれるものという側面が強く、現在もその印象が残っているかもしれない。しかし現在では、ソーシャルワーカー養成は高等教育機関で理論的かつ体系的に行なわれてきている。

しかしソーシャルワークと教育があわないという印象には、歴史的な事情のほかにより原理的な理由もあると思われるので、それを以下でみていこう。考察から見えてくるのは、社会福祉士の養成教育や社会福祉士の「啓発」活動は、狭い意味における教育ではないものを志向しているが、広い意味における教育—すなわち、学習や成長の促進—の範囲には明らかに入るものだということである。教育学はもちろん広い意味における教育をもその理論的射程に含めているので、ソーシャルワークは教育学的視点から得るものも多いのである。

自主的成長　対　パターナリズム

「教育」という語は、教え込んで育てる、ということをイメージさせる。そしてこの教え込むという関係は、知識のある側が知識のない側に対する関係であるから、往々にして権力性を帯びる。実際、専門家や教員が素人や学生に対して権威を持つのは、制度的な仕組みを除いて考えるなら、専門家や教員が素人や学生にはない知識を持っていて、それを必要に応じて教えてくれるからである。またここにはパターナリズム（善意の押し付け・決めつけ）が入り込む余地がある。つまり、専門家や教員は、素人や学生自身は自分に有益であるとか必要であるとか思わないが、本当は有益ないし必要な知識を押しつけたくなることがよくある。このパターナリズムの態度は大人が子どもに対して行なうときにはある程度必然にも感じられるものであり、実際、義務教育の課程では子どもに対して、基礎的な知識や技能が彼らのわからない利益のために教え込まれているといってよい。

こうした教育のイメージは、当事者や地域の人々の自主性を重んじるソーシャルワーカーの介入方法とは、（もしかしたら、たとえば児童に対する場合を除けば）距離があるようにみえる[2]。もちろんソーシャルワーカーも当事者や地域にある種の介入をしていくわけであり、そこには福祉サービスの利用の方法や地域の福祉の現状といったことを伝えることも含まれる。しかしこれは教え込みというより共に学び、問題を解決できる力を高めていくプロセスの一部として位置づけられているようにみえる。また社会福祉士の養成課程においても、知識の教え込みという局面はもちろん存在するものの、それをどう活用するかという点はある程度、演習や実習・実践を通じて主体的に学んでいくものだとみなされている。

この段階における教育と社会福祉の見かけ上の衝突は、「教育」のよくある、しかし狭いイメージに由来する。共育、エンパワメント、自主的学習といったものも、学習や成長の促進という教育の一部ではあるからだ。ソーシャルワーカーは、押しつけにならないように学びあうという方法における教育を志向しているといえるかもしれない。

ノウハウ・技能　対　理論的知識・情報[3]

ソーシャルワークにおいて伝達されるものが理論的知識ないし情報であれば、これは「教育」―あるいは、それを学ぶ者からしたときの「勉強」―というイメージにぴったりあったのかもしれない。国語、算数、理科、社会といった学校の主要教科において伝達されるのは主として何が事実であるのかということにみえる。たとえば、理科においては水が二つの水素原子と一つの酸素原子から構成される分子からできていることが教えられる。しかし、ソーシャルワークは理論的知識や情報を学び活用するという側面を持ちながらも、最終的には福祉の利用者を支援するノウハウ（know-how）や技能を身につけて実践することに焦点がある。そしてノウハウや技能は「習うより慣れよ」というくらいで、教育や勉強のイメージからは遠そうに見えるかもしれない。

しかし実際のところ、学校教育だけに焦点を当てても、体育、技術、家庭科などの授業は主として実践的なものであり、主要科目ですら国語の読解方法や算数の計算方法（たとえば、九九の暗算）の習得といったノウハウないし技能を含む。理論的知識や情報の獲得だけが教育・勉強であるという考え方はあまりにも狭い考え方なのである。したがって、ソーシャルワークの焦点がノウハウや技能の習得であったところで、それが教育の適切な対象であるということを否定する必要はない。

　しかしソーシャルワークの技能には、大工や芸術家のわざ、外科医の手術のわざ、スポーツ選手の技量などに類似して、個人に属していて容易に他者には伝えることができない部分があるようにもみえる。ここで念頭においているのは、とりわけ（1）経験に基づく「直観」や状況に応じた判断や自動的な反応などを要する技能（岡本・平塚 2004、p. 11 のいうところの「アーティスティック・スキル」）や、（2）自分の個性や立ち位置を活かす技能のことである。たとえば、ファシリテーション技能が非常に優れているソーシャルワーカーは、たしかに（特に言葉で）伝えられるファシリテーション技能を身につけているであろうが、相手と対話するにあたって前述の（1）のようなコミュニケーション技能を発揮しており、さらに人間的なつながりをつくる際には前述の（2）のような社交術を使っているだろう。同じファシリテーション技能を学習しても、ある人がファシリテーションを行なうとうまくいき、別の人だとうまくいかないということがあるのも、部分的にはこのような伝達の難しい技能の差によるところがありそうである。

　とはいえ、これらの技能が原理的に伝達できないことは示されていないし、またたとえ伝達できなくても自らの経験に基づいて習得することは不可能ではない。実際、教育研究の一部というのは、いかにして伝達の難しい部分を言語や図表の力を使って伝達するかということや、いかにしてその部分をロールプレイングや実習などによって自主的に獲得してもらえるようにするか、ということに捧げられていると言ってよい。ソーシャルワーカーの技能の研究もそれが始まった 20 世紀から現在まで、伝えることが難しい部分をどうやって伝えるか、どうやって実習等で獲得してもらえるようにするかについて考察してきており、現に大学や専門学校の教育課程で多くのソーシャルワーカーが輩出されている。この確実に教育できる部分を拡張する過程を諸科学の助けを借りてさらに推進することができよう。もちろん現実的には学ぶことが難しい技能は残るであろうが、それはソーシャルワーク技能の教育の可能性と両立する[4]。

徳育　対　知育：(1) 一般的な論点

　より重大な論点は、ソーシャルワークには一定の価値や倫理を身につけることが含まれると見なされていることである。たとえば、ソーシャルワークにおいては社会正義が強調される。「ソーシャルワーカーの倫理綱領」では、「Ⅱ（社会正義）　ソーシャルワーカーは、差別、貧困、抑圧、排除、暴力、環境破壊などの無い、自由、平等、共生に基づく社会正義の実現をめざす」とされている。そしてここに問題が存在する。道徳哲学や教育学では、徳は教えることができるのか、という問題が古代ギリシャ以来論争されてきた[5]。徳とは優れた性格特性を意味する。人一般の徳としては、たとえば、思慮深いこと、勇気があること、節制できること、公正であることなどが候補として考えられてきた。特定の立場・職の人にとっての徳というのも問題になり、たとえば裁判官には法律の適用において厳正で公平なことが特に求められる。知識を教えることは、理論的知識であれば、その内容と根拠を伝えれば原理的には教えられるし、ノウハウも訓練することによって教えることができる。しかし社会正義を体現するような存在になること、すなわちソーシャルワークの徳[6]を身につけることが焦点だとすると、それはどのような教育によって可能なのだろうか。現代においては、以下で見るように、徳育・道徳教育をしてもよいか、という許容可能性の問いがさらに焦点化するにいたり、問題は困難さを増している。

ここで、倫理や価値について教えるというときに意味されうる三つの事柄を区別しておきたい。ひとつは、ある一定の価値観や倫理観—すなわち、ある価値や倫理の考え方—を教えるということである。これは単にこういう考え方があるよ、ということを情報として与えるということである。たとえば、ソーシャルワークでは社会正義ということで上記のような考え方が広く共有されています、といったような言説の伝達である。これは結局人々の意見を伝えるということにすぎないので、この意味でソーシャルワークの価値や倫理が教えられること、教えてよいこと、を否定する人はまずいない。

次に、一定の価値や倫理を受け入れなければならないものとして提示して、実際に受け入れさせるということである。当然ながらこのプロセスは、個人の良心や言論の自由を侵害するのではないかという懸念を招きうるものであり、また「教育」と呼ぶに値するかどうか議論の的になるものである。もちろん、多くの人々は子どものころにこうした道徳「教育」を受けることは認めざるをえない。たとえば、人を傷つけてはいけない、物を盗んではいけない、約束は守らなければいけない、嘘はついてはいけない、といったことを子どものうちに受け入れなければならないものとして提示され、違反したときには罰を受けながら、内面化する。しかしこのプロセスは、合理的なものであるようには見えないという問題はひとまずおいておくとしても、ソーシャルワーカーとなることをめざす学生や成人に対して本人の意思に反して行なうことは許されないように思われる。特に、ソーシャルワークの価値と倫理が万人によって受け入れられているような規範だけではなく、社会正義のような、社会福祉は政府の行なうべきことではないというリバタリアニズム（自由至上主義）に反対する内容を含むものである場合には、この価値の押し付けという問題を無視することはできない。

最後に、ソーシャルワークの徳を持つ人材を育てるという意味での徳育がある。こうした徳には、ただ単に一定の決まり事・規則に従って行動するということだけでなく、一定の態度や感情の持ちようが含まれ、さらには文脈に応じて適切な判断をする力が求められる。こうした能力は一種の社会的な知性であるが、それをどう向上させていくかということは困難な課題である。よく行われている方策は、複数の視点から想像と共感を駆使して事例を研究することで、重要な倫理的考慮に気づく力を高め、社会的・認知的バイアスや同調圧力の危険の自覚を促すことである。しかし、どのように事例を選択し、提示し、検討するのが様々な問題に適切に対応できる能力を育むのに有効なのだろうか。社会的な知性の認知的・神経的基盤の研究は急速に進んでいるところであり[7]、こうした科学研究と実地におけるソーシャルワーカーの育成の経験がかみ合うことによって、ソーシャルワーカーとしての徳を持つ人材がさらに育成されていくことが期待される。

徳育　対　知育：(2) ソーシャルワーカー教育における価値と倫理

前項で指摘した、価値の押し付けの問題に対する一つの回答の方向性は、ソーシャルワークの価値と倫理はソーシャルワーカーという専門職に就くものだけがその目的のために身につけなければならないものであって、もしそれらの価値や倫理を受け入れたくない人々がいれば、それを受け入れる必要はなく、ソーシャルワーカーにならなければよいだけである、と主張することである[8]。このような路線をとる場合、ソーシャルワーカーの価値と倫理は広く公表され、養成コースに入ろうとする人々はそれらの価値と倫理の受け入れが条件になることをその選択前に認識していなければならないだろう。日本の現状ではこのインフォームドコンセントの条件は必ずしも満たされていない。

一定の価値や倫理の全人的な受け入れを要求するのは、やはり正当化するのが難しい。より譲歩的な応答では、一定の価値や倫理の受け入れは、ソーシャルワークを実践するときだけあてはまる、役割だけでなく場面にも付随したものとする。裁判官が法廷外でいつでも公平無私である必要はなく自分の家族や友人を優先してもよいように、ソーシャルワーカーも常に一定の価値や倫理を受け入れている必要はなく、ソーシャルワークを実践していないときには（たとえば）リバタリアンであって、他人に特にケアしなくともよい。これならば職業上の専門職倫理規定の設定にすぎないから、価値と倫理の押し付けの問題は緩和される。

実際のソーシャルワーカー教育では、教育を受ける人の価値観を否定しないように配慮がされている。自己覚知（self-awareness）を促すプログラムが教育前に設定されることが多い。自己覚知とは、「社会福祉援助において援助者が、自らの能力、性格、個性を知り、感情、態度を意識的にコントロールすること」を意味している（中央法規 2002)。自己覚知については、ソーシャルワーカーなどの「専門的社会福祉援助者としての自己を意識化し、理解する」という専門職業的自己覚知と「個人的自己について意識化し、理解を深める」という個人的自己覚知を区別する見解がある（山辺 1994）。この見解を援用するなら、ソーシャルワーク教育においては、支援者自身の内面性が支援に影響を与えるという観点から、まず個人的自己覚知の機会を設ける。そのうえで、専門職であるソーシャルワーカーとして行動するのに必要な価値観、倫理観を定着させるための専門職業的自己覚知を促しているのである。

ただし、たとえ役割だけでなく場面にも付随した専門職の価値と倫理として教えるとしても、そのような内容を教え、専門職集団で執行することに正当化が必要であることには変わりがない。スパイやハッカーや別れさせ屋の「専門職の価値・倫理」もあるかもしれないが、道徳的に正当化されるかどうか疑問である。ソーシャルワーカーの倫理と価値はこれらよりよほど正当化しやすいであろうが、それでも論争がないわけではない[9]。たとえば DeGeorge(1989, Ch. 18) は、専門職は同業者たちがその特殊な知識と技能によりどのような影響を社会に与えうるかを素人よりよほど知りうる立場にいる、という根拠で専門職の綱領などによる自己規制が正当化される可能性を認める。しかし、彼によると、専門職の自己規制が実際に正当化されうるのは、以下の条件が満たされていることを一般社会が認めた場合に限られる。

・専門職自身が自らをきちんと監督することができること
・専門職の綱領が他の（専門職でない）職業よりも高い規範を要求していること
・専門職団体の会員がその規範に従って行為していること
・専門職が公共の福祉に貢献していること

これらの条件をソーシャルワーカーとその倫理綱領は満たすということは、もっともらしいが自明ではない。したがって、ソーシャルワーカーの教育に携わる人には、その人がソーシャルワーカーの倫理と価値とみなすものがどのような根拠で重要なのかを福祉業界にいない人々に対しても述べられることが求められる。たとえば、リバタリアンのように自由権は認めるが社会権を認めない人々に対しては、社会権を擁護する必要がある。現在の国際法、国内法によって社会権が保障されている、ということは正当化の第一歩だが、おそらくリバタリアンなら、なぜそのような法が重要なのか、それを認めない法律に変えたらよい、というであろう。したがって、究極的には、権利や法に訴えるのではなく、そうした権利や法の倫理的根拠—福利、ニーズ、自己決定の実質化など—に言及せざるをえないと思われる。これらについてはあとで少し触れる。

なお、現在のソーシャルワーカーの価値と倫理の全体が正当化可能であるというのは必ずしも明らかではない。実際、ソーシャルワーカーの倫理綱領が何度も改訂されていることを鑑みると、今のものが完全無欠であるという自信を持つことはできない。したがって、福祉業界の内外の人々との議論の結果、現在のソーシャルワーカーの価値と倫理を修正する必要が出てくる可能性にも心を開いておくべきだろう。

多様性の受け入れ　対　自立した市民の育成

教育においては、自立した市民の育成ということが旗印にされることが多い。たとえば、教育基本法第２条（教育の目標）、教育基本法第５条２項（義務教育の目的）、学校教育法第21条（普通教育の目標）のいずれでも、自立が目標・目的の一部として掲げられている。

社会福祉の文脈においても、自立は目的とされている。児童福祉のように自立が主たる目標である分野もあるし、障害者福祉や高齢者福祉といった分野でも自立生活の達成や維持が目標として掲げられることが多い。しかし、重度の精神障害者や認知症高齢者の自立などと言われる場合には、その自立の意味あるいは少なくともその実質的な目標は、社会福祉の外の人間が「自立」と聞いてイメージするものとは若干距離があることもある。一般的な「自立」のイメージは、自分で自分の世話ができ、労働を通じて経済的に独立しており、自己主張を含む対話を通じて社会を担っていく主体となることである。たしかに社会福祉においても、児童福祉や生活保護やセルフネグレクト者への支援などにおいては、こうした意味での自立の達成ないし回復がめざされている部分もある。しかし、重度の精神障害者や認知症高齢者の場合、そもそも、自分の世話を自分で行ない、労働を通じて経済的に独立することが優先されるのが現実的でなく、他のことが目標にされた方がよいように見える場合がある（もちろん、そう重くない状態の当事者に対しては、さまざまな支援とリソース（社会資源）によって自立を達成することを補助することも一つの社会福祉のあり方であることを否定しているわけではない）。自らが重度の知的障害者セーシャの母である哲学者エヴァ・キティ（Eva Feder Kittay）は以下のように指摘する。

というのは、自立生活は、コミュニティへの包摂と同様に、障害者の教育とリハビリのゴールであるべきというのが障害者コミュニティの発想と洞察の源となっている。しかしこの理念は、あまりに広く適用されると、たいへんなマイナス要因の源にもなりうる。・・・独立、受容、そして普通になることは、一般的に障害児の親のゴールだ—このゴールはほとんどの子どもを育てる親と変わらない。しかし、重度障害児または深刻な知的障害児の両親にとっては、成長のゴールに自立生活はない—生涯にわたって依存が続くのは明らかに避けられないだろう。・・・私たちはセーシャの水泳療法と音楽療法の財政支援を得るために戦い続けてきた。しかし、理学療法と言語療法—両方ともセーシャのニーズには合わない—とは違って、水泳や音楽の療法は贅沢だと考えられており、支援は提供されない。それらは、必要だとは思われていない。なぜならば、「自立生活」には直結しないからだ。(邦訳 pp. 376 – 377)

社会福祉の文脈においては、したがって、一般人と同じ方向性における自立が常に目標というわけではなく、「社会への包摂」と Kittay が呼ぶもの、あるいは個々人の多様性の受け入れが強調される傾向にある。たとえば障害や認知症の症状もその人の個性として受け入れていこうという方向性である。このようにして、社会福祉の文脈において自立した市民の育成よりも多様性の容認を重視することになると、教育的な介入は疎まれがちになる。ここに教育的視点と社会福祉の視点の一つの葛藤があるようにみえる。

ただ、本人も家族も福祉専門職も、変更可能で本人や周りの人々のためになると思われる障害や症状については、受け入れるというよりも変更の対象とみなすように思われる。たとえば、認知症の中核症状である記憶障害や見当識障害などについては治すことが現状では難しいので、社会的な受け入れがめざされるとしても、徘徊やせん妄などの行動・心理症状については変更がめざされる。こうした変更は自立生活ができるようにすることには至らないかもしれないが、改善であることは間違いない。セーシャの場合にも、何らかの能力を伸ばすこと、とりわけ音楽や「泳ぎ」や映像鑑賞といった喜びを経験するための能力を開発することはでき、それは自立への一歩ではないとしても確実に成長である。こうした、必ずしも自立に焦点を置かない意味における教育の可能性は、広範囲における多様性の受け入れと共存することができる。

2．ソーシャルワークにおける教育の場面

ソーシャルワークは今日では多くの教育現場に進出している。たとえば、学校にソーシャルワーカーを置くという施策も導入されてきている（2008 年に文部科学省によってスクールソーシャルワーカーの全国展開が開始されている)。また、社会福祉協議会に所属するソーシャルワーカーが福祉に関する啓発を目標とする福祉教育[10]に携わることもある。しかし、ソーシャルワークが一般に教育とのかかわりを持つのは、主に二つの場面である。つまり、社会福祉の利用者の成長にかかわる場面と、ソーシャルワーカーの養成課程における教育である。

後者について少し詳しく見る前に、前者についてここで触れておく。ソーシャ

ルワークの機能の一つとして、当事者本人の解決能力の向上があげられる。この解決能力とは、自分だけで解決する能力を指すのでは必ずしもなく、さまざまな社会福祉サービスや人的ネットワークを駆使して解決をもたらすことや、それに必要な知識やスキルを涵養することを含む。ソーシャルワーカーは、この解決能力が身についていない人に対してはエンパワメントをする。解決能力のある人々とは、協働のうちに共に学ぶことになる。ソーシャルワークにおいては、そのすべての利用者とのかかわりが、広い意味における教育（学習や成長の促進）であると言ってよい。

ソーシャルワーカー養成は、現在では大学をはじめとする養成校で標準化した教育課程で行なわれており、ソーシャルワーカーも養成教育に携わったりする。ソーシャルワーカー（社会福祉士）が国家資格になるまでは、養成教育に熱心に取り組む大学もあったものの、教育内容は各大学に一任されており、現場の経験によって行なわれるものという側面が強く、現在も教育機関における勉強が実地に役に立たないという批判がなされることもある。しかし一方では、こうした理論や一般的な技法や統計的分析を軽視することにもつながるような傾向が強いから社会福祉学は科学になり切れていないのだという主張もある。理想としては、理論と実践・現実が切れ目なくつながっていることが良いと思われるが、この達成は長年の課題である[11]。

ソーシャルワーカー養成における教育内容の変遷

ソーシャルワークとは何かという考え方や、ソーシャルワーカーが携わる実践は歴史とともに変わってきているので、養成における教育内容もそれに伴って変化してきている。そのため、専門職としてのソーシャルワーカーの略歴[12]を振り返ってみる。

「ケースワークの母」と言われたリッチモンド（Mary E. Richmond）が米国で1922年に『社会診断 Social Diagnosis』でケースワークの方法や目標を打ち立てようとしたとき、それは社会調査⇒社会診断⇒社会治療という援助手続きをケースワーク（1）に組み入れようという試みであった。これ以降1970年くらいまで、方法と技術の側面からケースワークの専門性が考えられ、精神医学の影響が強い。また、1930年代から1940年代にかけて、ソーシャルワークの方法として、グループワーク（2）とコミュニティ・オーガニゼーション（3）が加えられた。1940年代から1950年代になると、リサーチ（社会福祉調査）やアドミニストレーション（運営管理・施設経営）が加えられたが、基本的には（1）～（3）が中心であった。

1960年代までソーシャルワーカーは（1）（2）（3）のどれかに特化することが多く、しかもそれぞれがさらに細分化したため、ソーシャルワーカーの間で一体性が失われ、ソーシャルワーカーが自分の専門性に合うクライエントを選んで支援するようになってしまったという。この状況に対する反省からいくつかの動きが出てくる。その一つが、1970年のバートレット（H.M.Bartlett）による『ソーシャルワーク実践の共通基盤 The Common Base of Social Work Practice』の出版である。彼女はまず、ソーシャルワーク実践の焦点として社会生活機能を挙げている。これは「生活状況に対処している人びと」が有している働きであり、社会環境からの要求と人々のそれに対処する努力によってバランスが保たれることをいう。ソーシャルワーク実践は、その状況に巻き込まれている人々に関心を寄せた支援的対応として、価値と知識の総体とそれから導きだされる調整活動によって展開されていく。こうした共通基盤によって、クライアントを理解する方法（アセスメント）、働きかける対象、具体的な働きかけ方（介入）が規定される。共通基盤に専門的技術をも加えるなら、これは現在でもソーシャルワークの一つの捉え方となっている。1990年以降では、システム理論や生態学的視点が導入され、アセスメント⇒プランニング⇒介入⇒評価といった流れが支援過程に定着し、「ジェネラリスト・ソーシャルワーク」と呼ばれる体系を形成するようになった。

こうしたソーシャルワークについての考え方と実践の進展に応じて、ソーシャルワークの教育内容も変化してきた。現在における具体的な教育内容については本書の後半にある、ソーシャルワークにおけるさまざまなアプローチの解説を読んでみてほしい。

ソーシャルワーカー養成の現状と改革の方向性

日本における現行の養成教育の総時間数は1200時間であり、このうち実習時間は180時間である。社会福祉士（ジェネラリスト）と精神保健福祉士（精神障害者の保健及び福祉分野を行なうスペシャリスト）の資格は、ともに国家資格（名称独占）である。受験資格を得る方法は複数あるが、最終的には年1回開催される国家試験に合格しなければならない

厚生労働省のプロジェクトチームが2015年9月17日に発表した「誰もが支え合う地域の構築に向けた福祉サービスの実現—新たな時代に対応した福祉の提供ビジョン—」（以下、「新福祉ビジョン」）では、社会福祉士制度の改革の必要について示唆されている。2016年3月に公表された「新福祉ビジョン」工程表では、2016年度に社会福祉士養成カリキュラムの改定にむけた議論を開始することとしている。「新福祉ビジョン」の提起は3つの柱から構成されているが、第3の「新しい地域包括支援体制を担う人材の育成・確保」では、「特定の分野に関する専門性のみならず福祉サービス全般についての一定の基本的な知見・技能を有」し「分野横断的に福祉サービスを提供できる」人材、しか

もアセスメント・マネジメント・コーディネート能力を持つ人材の育成が課題として提起されている。

2016年10月30日に出された、ソーシャルワーク教育団体連絡協議会「新福祉ビジョン特別委員会」「ソーシャルワーカー養成教育の改革・改善の課題と論点」＜最終報告＞では、「新福祉ビジョン」が求めている総合的能力を持ったソーシャルワーカーを大学等の教育のみで養成することは困難だと指摘する。そのため、実習先の複数化・多様化と実習時間の増加の方向が検討されている。また同時に、根拠に基づく実践の教育を強化する必要もあるとされている。そのほか、「コミュニティワークの方法を一層明確化し、ソーシャルアクション[13]、社会資源開発やプログラム評価といった視点も不可欠」、「福祉分野以外の専門職とのコーディネーションやネットワーキング機能の向上も必要」とも指摘されている。

さらに、2018年3月27日に社会保障審議会福祉部会福祉人材確保専門委員会から出された報告書「ソーシャルワーク専門職である社会福祉士に求められる役割等について」の中で、社会福祉士が担う今後の主な役割として次のことが示された。それは、「人々が様々な生活課題を抱えながらも住み慣れた地域で自分らしく暮らしていけるよう、地域の住民や多様な主体が支え合い、住民一人ひとりの暮らしと生きがい、そして、地域を共に創っていく「地域共生社会」の実現に向けて、①複合化・複雑化した課題を受け止める多機関の協働による包括的な相談支援体制や ②地域住民等が主体的に地域課題を把握して解決を試みる体制の構築を進めていくこと」である。

新たな役割を果たす人材を育成するために、報告書では社会福祉士の養成カリキュラムの見直しにも言及している。それを受けて、厚生労働省では、同年8月より検討作業に取り掛かり、2019年6月に社会福祉士、精神保健福祉士それぞれにおける教育内容等の見直し案を発表した（厚生労働省 社会・援護局福祉基盤課 福祉人材確保対策室、社会・援護局　障害保健福祉部 精神・障害保健課 心の健康支援室（2019））。それによると、科目体系の見直し、実習時間数や実習施設の拡充等が提案されている。なお、社会福祉士とも連動している精神保健福祉士の養成カリキュラムにおいても、科目体系や実習施設の範囲の見直し等が提案されている。今回提案された教育カリキュラムについては、2024年度の国家試験から運用していくことが予定されており、また修業年限（卒業・修了までに必要な年数）によって異なるが、2021年度入学者より適用される運びとなっている。

3．ソーシャルワークにおける教育の基礎となる概念

最後に、これまでの著述でも何度か出てきた、ソーシャルワークにおける教

育の基礎となる概念のいくつかについて簡潔に考察する。

全人的理解

これはバイステック（Biestek, 1957）のケースワークの7原則のうちの、いくつか、特に個別化（クライアントを個人として捉える）に関わる部分であると考えられる。Darling (1988, p. 148) によると、「専門家の障害児への対応は一般的に、情緒的中立性・普遍性・機能限定性で特徴づけられるのに対し、親は、感情的で個別的で、機能拡散的である」（機能限定性と機能拡散性の対比は、専門家が児童の在り方の一部、つまり障害にのみ焦点を当てて対応しがちなのに対し、親は人が持つ他の様々な社会的関係性・役割においても児童を把握して対応する傾向があることを意味する）。ここでは障害児に特化した記述になっているが、その他の潜在的な支援対象者についてもこの対応の違いは一般的に成り立つように見える。しかし、ソーシャルワーカーは専門家ではあるが、ソーシャルワーカーにはある程度親や家族のような視点と対応も求められる。たしかにソーシャルワーカーは目の前の支援対象者に感情的に一体になりすぎて、その悲惨な状況にうたれて支援者として動けなくなったり、他の利害関係者に不公正な対応をしたりしてはいけない。しかし、特定の支援対象者（たとえば、障害児）の独自のニーズに無関心でもいけないだろう。そうした意味で、ソーシャルワーカーには一定程度共感的で個別的な態度が求められる。

医師のような専門家が、障害児ならば障害の部分に、認知症高齢者ならば認知症の部分にもっぱら焦点を当てるのに対し、ソーシャルワーカーは彼らの人間としての役割にも焦点を当てる。これも、障害児の親にとっては、息子・娘、兄弟の一人、学生、そして認知症高齢者の子にとっては、親、家族、などといった人間としての役割に焦点がある（Kittay 1999, Ch.7）のと近い。もちろん家族にとっては当事者とのきずなは特別であって支援の必要がなくなっても存在し続けるものであるのに対し、ソーシャルワーカーにとっての関係が職務上のものであって支援を目標・前提としている点は家族と全く違うが、ソーシャルワーカーは当事者とその家族に寄り添うことをもとめられるだけに、こうした機能拡散的な関わりも行なうことになる。

このように、ソーシャルワーカーによる支援対象者の全人的理解は、ある意味で感情的で個別的で、機能拡散的な視点にも支えられている。ただし、支援の専門職としてのソーシャルワーカーの当事者理解には、当事者についての（普通の家族が持たないような）専門的で一般的な知識にも基づく理解も含まれているはずであって、その「全人的理解」には二つの視点からの重層的な理解が含まれることが期待される。こうした多層的で、可能な限りで統合的な全人的理解を達成する方途を見いだすことが、ソーシャルワーカーの育成に役立つであろう。

福利とニーズ

ソーシャルワーカーは社会福祉の専門家である。「社会福祉」は外来語であり、原語は“social welfare”であるが、“welfare”はそもそも福利 well-being ないし幸福 happiness を意味していた。社会福祉学は人の幸せを実現するための学問であるという言われ方をすることもあるくらい、福利との関係は深い。教育も教育される者の幸せを願って行なわれることが普通であるから、ここで福祉と教育は似た志向性をもっている。

福利とは何か、という哲学的問いは複雑で、長い論争の歴史を持つ（cf. 鈴木 2014）。しかし、具体的な状況において当事者が幸せか（それとも不幸か）ということについては、おおむね合意が得られるので、哲学的な論争に決着をつけなくてもその人の福利を促進することができる。たとえば、人は病気になったり虐待されれば不幸になるのであり、病気が治ったり虐待が止めばある程度は幸福になるのであって、そうした幸福と不幸の本質がどこにあるのかということを突き詰めて考える必要がいつでもあるわけではない。突き詰めて考える必要が生じるのは、何らかの選択を迫られた場合である。たとえば、福祉の担い手となる人材をはじめとする資源は限られているので、すべての利用者にいつも理想的なケアが提供できるわけではない。そうした場合、いろいろなサービスから利用者が得る福利を比較し、提供可能なうちでよりよいサービスを提供することとなる。そうした場合には、福利とは結局何であり、どのような要素が優先するのか—満足感や苦痛の軽減、健康、基礎的な身体能力の維持、自由な活動、達成・成功、親密な人間関係、など、のどれが福利にとって本質的であり、他より優先されるべきなのか—についてある程度考慮せざるを得ない。

福利の改善が支援の目的だとしても、福利を増進することがすべて社会福祉の対象になるわけではない。そうだとすれば、支援という名の介入は不断に、誰に対してもなされなければならないことになってしまうだろう。ここで、社会福祉の支援の対象になるニーズ（needs）とそうでない単なるウォンツ（wants）・ディマンド（demands）を区別したいという誘惑が生じる。この区別は、どのような基準で引こうとするにせよ、困難なものである。たとえば、欲求の強さや必要度・緊急性の強さで考えようとすると、これらは強いものから弱いものまで連続的にあるようにみえる。また、人間であれば誰にとっても必要なものをニーズと呼ぼうとしても[14]、その具体的なリストについては論争が尽きないというだけでなく、「個人的必要性」を排除ないし軽視する可能性がある。この区別を世論や慣習や法律で決まるものだと言い逃げしたい誘惑にかられるが、そうすると自由権の維持や絶望的に低い生活水準しかニーズの問題とみなさない社会について批判する論拠を失ってしまう。ニーズとウォンツ・ディマンドの区別に意義を認めるとしても、それを二分法的に扱うことをやめるか、他の重要な区別（たとえば、対応する義務がある状況とない状況）に依存するものとみなす[15]、といった方向性もあるようにみえる。ただしいずれの方向性をとるにせよ、社会福祉の支援の対象になるかならないかは複雑な倫理的考慮に基づいて決定されるものとなる。

自己決定とその実質化

自己決定とは、もっぱら自分にかかわる事柄について決定することであり、20世紀後半以降、福祉・医療において倫理的考慮の中心的な概念となった。「ソーシャルワーカーの倫理綱領」においては､利用者の倫理的責任として､「利用者の自己決定の尊重」が規定されている。さらに倫理綱領に基づいて具体的な行動についても規定されている「社会福祉士の行動規範」では、「社会福祉士は、利用者の自己決定が重大な危険を伴う場合、あらかじめその行動を制限することがあることを伝え、そのような制限をした場合には、その理由を説明しなければならない」と記されている。

自己決定はそれ自体として重要だとみなす論者が多い。自己決定が尊重されることは、判断能力のある人間として扱われるための必要条件だというのである。自己決定は当人の福利への手段としても重要だと考えられることが多い。当人が自分の福利への影響について最もよくわかると前提すると、本人に情報提供したうえで自分に関わる事柄について決定してもらえば、最も自分にとって利益になる判断をするだろう、というわけである（もちろん、人間は自分の利益についてさえ間違いうるので、自分の不利益になることをすることもあるが、他の人に決定を任すよりは本人にとって良い結果になる可能性が高い、ということである）。ケアは、利用者の自己決定を尊重する仕方でなされるべきだというのが基本である。ここで、自己決定の尊重というのには、当人がなした決断を尊重するというだけでなく、当人が自分に重要な事柄について同意・選択ができるように、選択肢とその結果などの必要な情報を（情報を持っている人、福祉の場合にはソーシャルワーカーを含む福祉専門職が）提供することも含まれる。一部の在留外国人や目や耳が不自由な方に対しては、理解が可能な仕方で説明がなされるように手配することも含まれるだろう。

福祉の現場においては、判断能力が一時的ないし永続的に損なわれているようにみえる利用者に遭遇する機会があるため、どのように対応すべきか、ということが問題になる。判断能力が損なわれている場合、当人が自分に関わる事柄について最もよくわかると想定することはできず、自分の決定によって自分を害する可能性が高まる。また一定の仕方で判断能力が損なわれている場合には—たとえば、昏睡状態に陥っていたり、幼児で意思決定がそもそもできなかったり、非常に重い精神的・知的障害や認知症の状態にある人には—自己決定を尊重するといっても、自己決定をすることができないので、尊重しようとしてもできない。こうした状態に陥る前に当人の事前指示がなされているという（日本では稀な）場合を除くと、これらの場合には誰かが当人の代わりに当人の利益を念頭に代理決定するほかない。制度としては、成年後見制度によって、代理権などを成年後見人に認めている。当人をよく知っていて愛情を持っている人の方が当人のためにより良い判断ができるという想定から一般的には家族がこの代理決定者になることが多いが、家族の構成員の意見が割れる場合もあり、そうした場合には誰の意見を尊重するのかが問題になる。

より多くの局面では、当人に判断能力はあるがそれが健全であるかが疑わしい事例にぶつかる。そのような場合には、当人にある判断能力を尊重して、当人が最適な自己決定をできる環境を整え、そのような時期を待って自己決定をしてもらう、というような支援がある程度期待される。別の言い方でいうと、ソーシャルワーカーは、利用者本人の強さ（ストレングス）に着目し、その強さを活用できるようにすることが勧められる。むろん、それでも当人が自分の福利に反するように見える決定を下した場合にどうするかという問題は残る。たとえば、児童が高熱なのに注射がいやで病院に行かないというときに児童の自己決定を尊重して病院に連れて行かないという人は少ないだろうが、両親が輸血拒否をしたために出血多量で死にそうになっている子どもの生きたいという意思は尊重したくなる人が多いだろう[16]。このあたりの判断には、自由の尊重という基準だけでなく、福利の考慮もかかわっていることがわかる。

実際のところ、判断能力があるとみなされる人が自己利益に反するように見える決定をしているように見えるときもあり、その場合にどのように対応すべきか、ということは大きな問題である。たとえば、自殺を試みる人や、セルフネグレクトをしている人や、依存症に陥った人や、さまざまな支援拒否をする人は、それだけで判断能力が損なわれているということはいえない。そのように今やろうとしている、あるいはやっている行動だけで判断能力が損なわれていると決めつけてしまうと、自己決定を制約することが安易になされることになってしまう。とはいえ、大きな自己利益に反する行動、特に自殺のように不可逆的な効果を持つ行動については、少なくとも一度は制止して事情を聞いたり場合によっては説得したりすることが許されるであろう。それ以外の事例についても、かかっている利益を考えると、見守りや訪問など非強制的な方法で介入することは推奨されるであろう。強制的な対応については、たとえそれが正当化されるとしても、多くの場合ソーシャルワーカー自身にはそれを許可する権限はなく、関係者と連携して対応することになる。

なお、福祉政策や社会権の擁護は、福祉やニーズと並んで、この自己決定を実質化することの価値に基づいて擁護されることも多い。人々は不健康であったり経済的な資源を欠いていたり教育を受けていなければ、実質的に自己決定を行使することが難しくなる。寝たきりであれば、国内外への移動や旅行が許されていても実際には動けないし、お金がなければほしいものを買うことが許されていても何も買えないし、教育を受けていなければ自分のキャリアを選択する自由が与えられていても実際にはほとんどのキャリアは閉ざされる。したがって、人々が実質的に自由な選択ができるようになるためには、逆説的かもしれないが、強制的にでも税金や年金を徴収して、必要な医療、経済的資源、教育、インフラの整備などを行なうことが正当化される。このような自己決定を実質的なものとすることの価値に基づく福祉政策や社会権の擁護論は、福祉やニーズの価値に基づく擁護論と並んで重要なものである。

公正

公正（fairness）は、非常に重要であるにもかかわらず、それについていろいろな見解があって、取り扱いが難しい概念である。基本的なアイデアは、重要な差がない限り、関係者を平等に扱うということであり、別の言い方をすれば根拠なく関係者を不平等に扱わない、ということである。異論があるのは、関係者には誰が含まれるのか、という射程の問題と、重要な差と恣意的な差というのはどのような基準で決まるのかというさらに難しい基準の問題である。たとえば、日本で公的な医療・福祉サービスを受けるには日本国民であるか在留資格がある必要があるので、たとえば国籍も在留資格もない人はそうしたサービスの（公正な配分の）「関係者」ではなくなっているが、これはやりきれない状況を生んだりもする。恣意的な差と重要な差を例示するなら、男女で受けられる福祉サービスが異なったら恣意的な差別だとして社会問題になるだろうが、トイレが別々に設置されていてもそれを批判する人はいない（ただし、トランスジェンダーの人たちについてどう対応するかという問題はもちろん生じる）。しかし、たとえば、保育士が異性の子どものおむつ替えをするのに関して、女性保育士だけでなく男性保育士も可としなければ差別かどうかというと、現在の日本では大きく意見が分かれるところだろう。

ソーシャルワーカー自身も（たとえば、医療関係者や自治体職員やとの関連で）公正に扱われるかどうかが問題になったりするが、彼らの課題は自分たちが公正に対応するにはどうしたらよいかということである。特に、利用者を公正に扱うというのが問題である[17]。

あるソーシャルワーカーが目の前の人に最善のケアをしようとすると、その人の利害や価値観に完全に寄り添ったり、多大な時間、労働力、お金といった資源を相手に投入したりすることになりうる。しかし、目の前の人の思いはすべての利害関係者に共有されているわけではないかもしれないので、公正に対処するには、その人だけではなく、その場にいない人々の利害や価値観にも配慮して対応する必要がある。また、時間にも労働力にもお金にも限界があるので、そうした資源を目の前の人に注げば他の人に注ぐことが難しくなってくることがある。たとえば、福祉サービスへのアクセス手段を知らなかったりそれを使うことを躊躇したりする人たち、あるいは単に「声の小さい人」が不利になることもありうる。ソーシャルワーカーが直面する公正の問題は、こうしたケアや資源の分配に関わることが多い[18]。

何が公正な分配かという問題については、ほとんど誰もが考えを持っており、しかもその考えは往々にして一致しない。しかも、公正に扱われていないという感覚は自尊心をむしばむので、この問題は非常にセンシティブな性質を帯びる。また資源が限られているなかでは、すべての人が満足するほどの資源を各人に分配することは難しい。このような限られた資源の分配においては、分配の公正性だけでなく多くの人により効果的な支援を及ぼすという効率性の観点も無視することができず[19]、分配の問題は時として非常に難しい。ソーシャルワーカーは、法律に準拠しながら、その裁量のうちで公正さと効率性にかんがみて社会の理解が得られ、しかも自分も適切だと考えることができる、そうした分配のあり方を行動しながら探すことになるだろう。

ケア

ケア（care）には配慮や世話などといった意味があるが、ヘルスケア(health care、保健医療)のような複合語の一部としても使われる。またケアリング（caring）な人とは、相手に特有の利益やニーズに対して敏感に気づき、それが振る舞いに現れる人のことを意味する。ソーシャルワーカーをはじめとする社会福祉従事者は、支援というケアを行なう者であり、少なくとも利用者に対峙している間は、ケアリングな人であることが求められているといっていいだろう。

ケアは多義的な概念だと言われている。人間でないもの（たとえば、動物）をケアすることもできるはずだが、ここではソーシャルワークが焦点なので人間に対するケアについて考える。人間に対するケアとは、相手を人として尊重する態度、あるいはそれが表れた行為や関係のことを言うと考えられる。しかしこの、相手を人として尊重する、ということがどういうことか、ということが問題である。これを一般的に扱うのは非常に難しいので、ここではソーシャルワーカーによる支援において現われる問題に焦点を当ててみる。

そうした支援においては、第一に、各人には生きていくうえでなくてはならないもの（たとえば、衣食住や健康）が与えられなければならない。これは福祉国家が各人に最低限、平等に保障しようとするものであり、ソーシャルワーカーもさまざまな社会資源を使って支援することが求められる。しかし第二に、各人はさらに自らの名誉や自尊心の問題として、自分の分に応じたものも求める[20]。人は生き延びるだけでなく、親であれば子に愛され、人生の先輩であれば周りに尊敬・尊重され、同じ大人であれば同輩として認められ意見を尊重され（蔑(さげす)まれたり無視されたりすることなく）、人生を長く生きた者としては自己の人生を肯定され、社会の一員としては帰属意識や連帯感を持てることを望む。自分が何かの点（たとえば、社会的功績や地位や行ない）で優れている、優れたことをした、あるいは正しい、と考える人は、さらなる報いを要求するだろうから、この種の要求は必ずしも平等主義的な扱いではなく、優等的な扱いを求めることも多い。この特徴は、ある人の要求と別の人の要求が時に対立する―自尊心と自尊心がぶつかり、片方の要求が満足されるときには、他方の要求が退けられることになる―という不幸な事態をも招く。たとえば、個人レベルでは兄弟姉妹、夫と妻、隣近所でそうした争いがおこることはよくあるし、社会・経済的階級や学歴やジェンダーや地域や人種によってグループ・アイデンティティが分断されていれば、この自尊心の対立は社会的な亀裂としても露(あらわ)になる。

ソーシャルワーカーの支援において相手を人として尊重することとは、間違いなく第一の、生物としての人間の要求を供給しようと努めることを含むが、第二の、社会的存在としての人間の要求についても配慮することが求められるだろう。そうでなければ、支援される人（やその後見人）は支援されることに恥辱を感じることになる。もちろんソーシャルワーカーは、たとえば、直接的に親からの愛や子からの愛を与えることはできず、連帯感をもたらすこともできないだろうが、そのような状態が自然に生まれるような家庭や地域の環境を整えることには貢献できるかもしれない。そして、自尊心と自尊心がぶつかっているような場合には、間に入って両方が満足するような関係性の構築に寄与することもあるかもしれない。ここは、社会保障制度・政策としての福祉が満足に提供できない部分を、人間の技としてのソーシャルワークがある程度補完できる部分であるかもしれない。

とはいえ、ソーシャルワーカーの時間や労力には限界がある。ある特定の自尊心への配慮にこうした資源を使うことは、他の人々に回す時間や労力が少なくなってしまうことにもなる。これは上記で指摘した、ソーシャルワークにおける資源の分配の問題の一形態である。またそもそも、生活保護の受給などに典型的に見られるように、特に第一の要求に関して支援を受ける側になることや、支援を受けるための条件について確認されたり管理されたりすることは、自立した自由な存在であるという自尊心を傷つける可能性があるので、支援することを自体が第二の要求への配慮を難しくすることもあるかもしれない。これは「支援拒否」の問題の一側面として考慮されなければならない問題である。

自立と依存

自立と依存は対義語として使われることが多い。この理解によると、もしソーシャルワーカーが利用者の自立を支援するとすれば、それは依存からの脱却を支援することだということになるだろう。依存からの脱却とは何を意味するのか。依存が生活上のある目的を実現するのに選択肢がなくて１つ（あるいは少数）の物事や１人（あるいは少人数）の人に頼らざるを得ない状況を言うとすると、依存からの脱却とはその目的の実現にいくつもの選択肢をもてるようになるということだと考えられる[21]。自立が当人にとって善いと考えられる理由の一つは、手段の選択においてより自由になり、生活の潜在的な不安定化要因が減り、搾取される危険も少なくなるということである。

実際のところ、人間は誰もすべての点において自立していることはできない。一般的に、大人の健常者は自分が自立した生活を送っていると考えているかもしれないが、いろいろなものや設備に依存して生活している。たとえば、家でごはんを食べるには炊飯器や電気がいる。しかも分業が進んだ現在の社会では、これらのものや設備はほとんどの場合自分が作っているわけではなく、他の人が作ったり提供してくれたりしているものである。そうすると、自立というのが依存からの脱却だとしたら、何への依存からの脱却なのか、ということが問題になる。あるいは自立と依存が単なる程度の問題ならば、どの程度依存しなくなったら自立したといっていいのか、と問うてもよい。

一般的な「自立」のイメージが、自分で自分の世話ができ、労働を通じて経済的に独立しており、自己主張を含む対話を通じて社会を担っていく主体だとすると、これは自分一人で達成できるものではない。過去の教育などといった経歴上の過程への依存はわきに置いておくとしても、私が自分の世話をするには、たとえばガスと水道と電気が通っていて衣食住を手ごろな値段で手に入れなければならない。労働を通じて経済的に独立するには、勤め口があってそれなりの賃金がもらえなければならない。自己主張を含む対話を通じて社会を担っていくということは、自由と民主制と対話する相手がいなければ無理である。つまり、自分だけでは不可能であり、他人や社会によって支えられて初めて「自立」はできることになる。

これらの考察から、自立と依存は対義語ではない、という結論を出したいと考える論者もいるかもしれない[22]。むしろ、一般的な「自立」とは、すべての依存からの自立というよりも、特定の依存からの脱却として、特に子どもが保護者（ふつうは親）への依存から脱却することを典型例として、考えられているのだと考えるのが適切であろうと思う。また自立と依存は程度の問題でもあるが、保護者に完全に依存している幼児の状態と、保護者には依存しなくなった状態とでは、はっきりとした区別があり、それが自立と依存の対照的なイメージを支えているようにみえる。

もしこれが正しいとしても、なぜ数ある依存先のなかで、保護者への依存から脱却することが重要視されるのか、という問題は残る。たとえば道路や水道などのインフラに対する依存からの脱却はそれほど推奨されないので、なぜ保護者からの自立は推奨されるのだろうか。それはおそらく、保護者への依存が特定の代わりが得がたい他者への依存であり、しかも一方的であるだけでなく、その依存先が普通の場合次第に失われていくからではないかと思われる。現在の世の中では子どもの保護者は一般的には親であり、親は年老いて子どもの面倒をみられなくなり、やがて子どもより前に亡くなっていく。親が提供するようなケアを提供してくれる人は、なかなか現われないし、それを提供する人がいてもその人に負担になることは否定できない。また本人が子孫を持とうとするなら、子孫にこうしたケアを提供できる側にいなければならない。したがって、子ども本人のためにも、周りのためにも、保護者のケアから自立できることが望ましい。親の支援であれ福祉の支援であれ、可能であれば保護者への依存を永続化するのではなく、そこから自立できる能力と機会を提供することが求められる。もちろん、健常者のすべてがこのような自立ができているわけではない。（異論のありうる）性別役割分業を反映して、家事をしない（あるいは、できない）成人男性や、自分では稼ぐことをしない（あるいは、できない）成人女性はかなりいて、それほど問題視はされていない。それでも、トイレに行ったり、食事を食べたり、服や靴を着脱したり、公共交通機関を使ったり、といった基本的なところはできるという意味で自立は達成されているといってよく、これが望ましいことについては同意がある。

ただし、最後の、基本的なことはできるという意味における自立も、保護者からの自立とはいえ、他の社会的・制度的仕組みには依存している側面がある。たとえば、一定の障害者にとっては、トイレや公共交通機関が使えるかどうかは、多機能型トイレやバリアフリーの通路やエレベータが設置されているかどうかによるだろう。また、食事を食べたり着替えたりしてよい仕方や場所に社会的な制約があれば、それが難しくなったりするだろう。ソーシャルワーカーは、自立支援をする際には、本人の能力の向上や維持を支援するだけでなく、環境を整備することも行なうことになるわけである。実際、日常的な行動を達成するのにいろいろな手段やルートを使えるなら、依存対象を選べるようになるので、その分それぞれの手段やルートへの依存度を少なくすることができ、利用者がより自立的に暮らしやすくなるのである。

（鈴木 真・種村理太郎）

【注】

1 スクールソーシャルワークについては、山野 2014 とその引用文献を参照。

2 圷（2014, p. 13）は、「対人援助においては、被援助者に対する共感的・受容的態度（ケア）と、教育的・権力的な態度（コントロール）とが同時に求められる場合がある」と、社会福祉における相談援助においてケアと教育的態度を対照させつつ、両者が共に求められるものとみている。

3 Ryle（1949, Ch. 2）は普通の知識（know-that）とノウハウの区別を擁護したものとして有名である。

4 もちろん、ソーシャルワーカーになるのに必要な基礎能力には個人差があり、このために一定の人にはその技能が教育・習得可能ではないということは起こる。これは実践的には大きな問題で、できる限りこの結果が生じることを避ける努力が必要である。しかしこの問題となる事態は、量子論や相対性理論のような理論的な知識を誰もが理解できるわけではないことや、数学における複雑な証明の技能を誰もが身につけられるわけではないのと同様のことで、ソーシャルワークの原理的な教育可能性とは関係がないといってよい。

5 この問題の原点は、プラトンの『メノン―徳について』にある。現在の道徳教育における論争については、たとえば、小笠原ほか（2012）を参照。

6 ソーシャルワーカーにとっての徳のリストに何が入るのかという点については様々な考えがある。Banks（2012）の第三章を参照してほしい。たとえばバンクス自身が提示しているリストは、専門的な知恵（Professional wisdom）、勇気（Courage）、尊敬の念（Respectfulness）、ケア（Care）、信頼性（Trustworthiness）、正義（Justice）、専門的な高潔性＝一体性（Professional integrity）の七つから構成されている。

7 たとえば、道又・岡田（2012、第 12 章）とその参考文献を参照。

8 ソーシャルワーカーになることをめざす者だけでなく、すべての人々を対象とする福祉教育において価値や倫理を学ぶとすれば、このような応答は満足できるものではない。福祉教育の場は、参加者の自由と自律的な判断力を尊重するならば、ソーシャルワーカーの価値と倫理が疑問に付されたりすることも認められるような、開催者と参加者が同等の立場で価値や倫理について対話し学ぶ場であることが求められるだろう。

9 社会正義がリバタリアニズムの否定を含意するものと考えられることは既に指摘した。ソーシャルワーカーの価値と倫理の他の諸側面も必ずしも普遍的に受け入れられてきたわけではない。小田・杉本（2016）によれば、「社会福祉を学ぶ者は、それらの社会的な背景も視野に入れながら、「誰もが安心して、自分らしく生活できる社会とそのための社会福祉の仕組み」を作り上げることを目標として考えることが重要である。ややもすれば、社会的な不利益を受けがちな障害者や高齢者が社会の繁栄を享受できる社会、すなわち誰もが社会の重要な一員として人権が尊重され、決して社会の片隅に追いやられることのない社会（ノーマライゼーション、ソーシャルインクルージョン）の実現をめざすことが社会福祉を学ぶことの目標である。しかし、現実の社会福祉の政策は必ずしもそのような方向を向いていないかもしれないことを理解しておくことも重要である。社会の構成員の誰もが上記のような考え方を支持しているとは限らないからである」（p.ii）社会福祉を学ぶことの目標が上記のものなら、価値と規範に関わるため、常に正当化を求められうる性質の事柄であり、社会福祉を教えようとする者はこの答えを用意しておく必要がある。

10 社会福祉への理解と関心を高めて、それへの自主的な参加と協働を促すことを目指す教育活動で、具体的には、児童・生徒を含む地域住民によるボランティア活動の促進が主流である。（山縣・柏女 2016、p. 324）

11 ただし、近年では物理学などの自然科学ですら理論（ないしそこで掲げられる自然法則）は現実にそのままでは適用できないという主張が有力であり（たとえば、戸田山 2015、第 2 部・第 3 部を参照）、理論と現実の距離をもって科学性をうんぬんすることは必ずしも適切ではない。

12 これについては、北島 2008 などを参照した。

13「ソーシャルアクションとは、地域住民や当事者のニーズに応えて、社会福祉関係者の組織化を図り、世論を喚起しながら、既存の社会福祉制度やサービスの拡充・創設を目指して、議会や行政機関に働きかける組織的な活動をいう。」（山縣・柏女 2016、p. 249）

14 こうした普遍主義的なニーズ論の例としては、Doyal & Gough 1991 がある。

15 後者は、Ignatieff（1989, Ch. 1）がとっている立場と親近性がある。

16 両親が宗教上の理由で輸血を拒み、子が「死にたくない、生きたい」と言ったが、結局輸血されず死亡した事件を参照（朝日新聞、1985 年 6 月 7 日）。

17 実は、自分が担当している施設ないし地域の利用者だけを「公正」に扱っても、本当に公正に人々を扱っていることになるかという問題はある—日本の他の施設ないし地域の利用者の扱いとは正当な理由なく違っているかもしれないし、海外などと比べれば必ずそうだろう。しかし個人のソーシャルワーカーはこの問題に対処できないので、ここでは扱わない。

18　なお、公正の問題とは通常考えられていないが、多くの資源にはその提供者（たとえば、公的機関、ひいては納税者）がいて、ソーシャルワーカーは彼らに対して逸脱した支出をしない、使途を説明する、といった義務を負う。

19　たとえば、地域福祉の拠点や集まりを多くの人々にアクセスがしやすいところに開く場合、それは効率性を考慮しているのである。

20　この二つの区別については、Ignatieff（1984, esp. Ch. 1）を参照。

21　これは熊谷（2013）の考え方に近い。ただし、熊谷は自らの考え方を、自立を「依存先の分散」としてとらえ、自立と依存を対義語としては捉えない見方として提出している。しかしこれは一般的な言葉づかいでは、自立とは依存から利用への移行、すなわち、選択肢がなくて１つの物事や１人の人に頼っている状態から選択肢がいくつもあってどれを利用するか自由に決められる状態に移ることであると考えられる（熊谷は自立とは「依存先を増やすこと」だという言い方もするが、これはさらに誤解を招きやすい。熊谷も頼らなければならない物事や人が増えてしまうこと（あれもこれも必要になってしまう状態）は自立を掘り崩すことだと認めるはずで、本当に言いたいことは、用いることができる生活手段が増えること（あれでなくてこれでもよい状態）が自立だということであろう）。

22　直前の注を参照。

【参考文献】

朝日新聞（1985年6月7日）「輸血拒否、自己の愛児失う　川崎　信仰上の理由から病院に決意書」.

圷洋一（2014）「福祉の規範理論—ケアとコントロールの両義性」岩崎晋也・岩間伸之・原田正樹 編（2014）『社会福祉研究のフロンティア』有斐閣、pp. 12-15.

岡本民夫・平塚良子（2004）『ソーシャルワークの技能：その概念と実践』ミネルヴァ書房.

小田兼三・杉本敏夫（2016）『社会福祉概論：現代社会と福祉』第４版、勁草書房.

小笠原道雄・田代尚弘・堺正之（2012）『道徳教育の可能性—徳は教えられるか』福村出版.

小川利夫（1985）『教育福祉の基本問題』勁草書房.

小川利夫・高橋正教編著（2001）『教育福祉論入門』光生館.

川村匡由・瀧澤利行編著（2011）『教育福祉論　生涯学習と相談援助』ミネルヴァ書房.

北島英治（2008）『ソーシャルワーク論』ミネルヴァ書房.

熊谷晋一郎（2013）「依存先の分散としての自立」村田純一編『知の生態学的転回２　技術：身体を取り囲む人工環境』東京大学出版会、pp. 109-136.

厚生労働省 社会・援護局 福祉基盤課 福祉人材確保対策室、社会・援護局　障害保健福祉部 精神・障害保健課 心の健康支援室（2019）「社会福祉士、精神保健福祉士養成課程の見直しのポイント」『月刊福祉』11月号 全国社会福祉協議会、pp.42-47.

汐見稔幸（2004）「社会福祉と教育—ケアするとはどういうことか—」『社会福祉研究』第90号 p173-180.

鈴木真（2014）「「幸福とは何か」という哲学的問を問い直して、規範的探究にとっての幸福の理論を構築する」、『中部哲学会年報』、第45号、中部哲学会、pp. 13-34。

中央法規編集部編（2002）『新版社会福祉用語辞典』.

戸田山和久（2015）『科学的実在論を擁護する』名古屋大学出版会.

辻浩（2017）『現代教育福祉論　子ども・若者の自立支援と地域づくり』ミネルヴァ書房.

道又爾・岡田隆（2012）『認知神経科学（’12）』放送大学.

山縣文治・柏女霊峰（2016）『社会福祉用語辞典第９版』ミネルヴァ書房.

山野則子（2014）「スクールソーシャルワーク—教育と福祉の接点」岩崎晋也・岩間伸之・原田正樹 編（2014）『社会福祉研究のフロンティア』有斐閣、pp. 172-175.

山辺朗子（1994）「第７章第２節　自己覚知の意味と方法」大塚達雄・井垣章二・沢田健次郎・山辺朗子『ソーシャル・ケースワーク論　社会福祉実践の基礎』ミネルヴァ書房　pp.233-237

Banks, Sarah. (2012) *Ethics and Values in Social Work* Fourth Edition.（邦訳：石倉康次・児島亜紀子・伊藤文人 監訳（2016）『ソーシャルワークの倫理と価値』法律文化社.）

Bartlett, Harriet M. (1970) *The Common Base of Social Work Practice*, New York: National Association of Social Workers, Inc.

Biestek, F. P. (1957) Case Work Relationship. Loyola University Press.（邦訳：尾崎新・福田俊子・原田和幸（2006）『ケースワークの原則—援助技術を形成する技法』、誠信書房）

Darling, R. B. “Parental Entrepreneurship: A Consumerist Response to Professional Dominance.” Journal of Social Issues, 44 (1), 1988, pp. 141-158.

DeGeorge, Richard T.（1989）*Business Ethics* Third Edition. Macmillan Publishing Co.（邦訳：永安幸正・山田經三（1995）『ビジネス・エシックス』明石書店）

Doyal, Len, & Gough, Ian.（1991）A Theory of Human Need, London: Macmillan.（邦訳：馬嶋裕・山森亮監訳・遠藤環・神島裕子訳（2014）『必要の理論』勁草書房）

Ignatieff., M. (1984) The Needs of Strangers. Penguin Books.（邦訳：添谷育志・金田耕一（1999）『ニーズ・オブ・ストレンジャーズ』風行社）

Kittay, Eva Feder.（1999）. *Love's Labor: Essays on Women, Equality and Dependency.* Routledge.（邦訳：岡野八代・牟田和恵（2010）『愛の労働：あるいは依存とケアの正義論』白澤社発行・現代書館発売）

Richmond, Mary E.（1917）Social Diagnosis. New York: Russel Sage Foundation.

Ryle, Gilbert（1949）*The Concept of Mind,* Chicago: The University of Chicago Press.（邦訳：坂本百大、宮下治子、服部裕幸訳（1987）『心の概念』みすず書房）.

プラトン（1994）『メノン』（藤沢令夫訳）岩波文庫.

2章　ソーシャルワークと教育心理

1．福祉現場に求められる教育心理学とは

(1) 児童福祉に求められる教育心理学（発達臨床心理学）

児童福祉において、当該事例を発達的観点から捉えることは、臨床的に有益であり、利用者・児の理解には欠かせない。また、その病理についての知識が無いと、その臨床的介入自体が荒唐無稽(こうとうむけい)なものになってしまう可能性さえある。そこで、本節では、発達の概念について概観し、さらに発達についての主要な理論と発達観についても紹介しつつ、発達の病理である「発達障害（神経発達症)」についても最新の知見を紹介する。

1）伝統的な発達論

①成熟優位説

A. L. ゲゼルは、人間が生まれてから成人するまでの発達的な基準を確立し、発達の条件を細かく検討したという点で、大きな功績を残した。彼は、いろいろな種に属するすべての個体に共通して観察される行動およびそのような行動の発現する時期が一定であることを明らかにすることによって発達を理解しようとした。つまり「成熟」というメカニズムを重視しており、その考え方は生物学的であり「成熟優位説」と呼ばれる。

この考え方では、個体のなかに仕組まれている生得的な機構が重視され、学習を受け入れる準備性（レディネス）のできていない乳幼児はほとんど教育の可能性がなく、訓練の効果は年齢が増すとともに大きくなるとする。したがって、ゲゼルは個体のなかにある生得的な可能性ができるだけよく発現するように環境的配慮をすること以上には教育や訓練の積極的役割を認めていない。

②環境優位説

行動主義の心理学を提唱したJ. B. ワトソンは、成熟の役割をまったく認めず、環境からの働きかけを重視し、人間を条件づけによって学習する存在であるとした。これは、既述の成熟優位説と比して、より生物学的・生得的要素を超えた可変な発達観であり、人間が無力で保護されることなくしては生きていけない状態から、しだいに自立した存在へと変化していくという見方はその後の心理学の研究で有力なものとして扱われ、後には行動の模倣による習得を問題として扱う社会的学習の理論にまで発展した。

しかし、主体的な経験や自発的な発達傾向をほとんど認めていない点では、この環境優位説と前述の成熟優位説はいずれも共通しており、健康な赤ん坊に対して環境を自由にコントロールし、訓練することが許されれば、その赤ん坊

をどんな職業人にでも育ててみせる、とまで極言したワトソンは、高次の潜在的機能（言語・思考）を人間が備え持つことを重視する立場から、厳しい批判を受けることになった。

③精神分析における発達論

近年の乳幼児と母子関係の発達過程に関する研究に大きく貢献したのが精神分析における発達論であり、その創始者がS.フロイトである。彼は臨床的体験を通じて乳幼児期におけるある種の経験が、後年になって生じる神経症などのさまざまな不適応の発現に深く関わっているとして、そこから幼少期の経験が後の発達に及ぼす影響についてのいろいろな仮説を提示した。その一つとして、リビドーという性的エネルギーに基づく欲求の充足のあり方や対人関係の経験と関わる個人の（無意識レベルを含む）生活歴によって自我の形成が決定づけられるとした。リビドーが個人の発達の過程のなかでいろいろな形で現われ充足されていくということを主張し、次のような段階区分を提示している。

Ⅰ　口唇期（およそ出生から1年余りの時期）
Ⅱ　肛門期（3歳頃までの時期）
Ⅲ　男根期（5歳頃までの時期）
Ⅳ　潜伏期（11歳頃までの時期）
Ⅴ　思春期（16歳頃までの時期）
Ⅵ　性器期（成人の時期）

このような段階のいずれかにおいてリビドーの充足が十分になされないと、その子どもは次の段階へ進むことができない。その結果、大人になっても、固着した段階に独特の未熟な人格特徴を示すことになるのである。例えば、Ⅱの時期に固着した場合には自分にも他人にも厳しい完全主義で潔癖であるといった傾向を示したり、それが強すぎて他人とうまくやっていけず、強迫的な傾向を示すことになる。

彼の考え方は、生得的なものと環境的なものがダイナミックに関わり合って発達が進むとみる点で評価されよう。

2）発達論の展開

1970年ごろになると、発達を個体と環境との相互作用としてとらえるいわゆる相互作用説が広く認められるようになる。その相互作用説では個体と環境のどちらもが可塑的（かそてき）であり、それぞれが発達において能動的な役割を担っていることを強調するのである。つまり個体の行動は環境に対しての単なる反応ではなくて、個体は自己を発達させていくことに能動的に関わっているのである。

①ピアジェの能動的発達観

近年の発達研究の隆盛に最も大きく貢献したJ. ピアジェは20世紀のかなり早い時期から子どもの言語、判断、推理、世界観などについての独創的な業績を公にしてきていたが、それらは先に述べたワトソン流の個々の刺激や反応を分離して発達を分析的に扱うという、当時盛んであった研究動向とは相容れないものであったからであると考えられる。ピアジェは子どもを一つの全体的システムとして扱い、その構造的変化を問題としていたのである。次に、J. ピアジェによる四つの段階区分を示す。

Ⅰ　感覚運動的段階（生後の２年間）

Ⅱ　前操作の段階（2～７歳）

Ⅲ　具体的操作の段階（7～11歳）

Ⅳ　形式的操作の段階（11歳～）

Ⅰの段階では、初めのうちは言葉や記号を使わないので、見たりいじったりすることをとおして活動の体系的システムが形成されていくのであるが、だんだんとそのような活動自体が子どもの頭のなかで行なわれるようになっていく。

Ⅱの段階の前半では、以前に見たことのある他者の行為を自分自身でやってみるという延滞模倣ができるようになるが、このような象徴的思考がこの時期の特徴である。また、この時期の後半になると、かなり概念化が進むが、まだ物の見かけによって惑わされやすいという特徴があり、これを直観的思考の時期と呼んでいる。この時期の子どもは見かけの変化を本質的な変化と捉えたり、自分の立場からしか物事を理解できず、相手の立場に立つことができないことで特徴づけられ、ピアジェはこれを自己中心性と呼んでいる。

Ⅲの段階になると、子どもの思考がまとまった体系に組織化され、具体的状況や日常的活動においてならば、論理的な思考ができるようになる。しかし、言語や記号を使って問題を解決しようとすると論理的道筋からはずれ、試行錯誤的になる。

Ⅳの段階に入ると、子どもは徐々に具体的内容から離れても論理的操作の思考ができるようになってくるのであるが、そのためには具体的内容を無視して論理的に形式が正しければ、思考を進めていくことが可能になることが必要である。このようなことを形式的操作と呼んでいるが、完成するのは15歳頃であると考えられている。

②アタッチメントの理論

幼少期における経験、そのなかでもとりわけ子どもと養育者との関係を重視するという考え方は、さきにふれたフロイトの理論の特徴であったが、動物行動学の分野でK. ローレンツらによって「刷り込み」と呼ばれる現象が明らかにされたことはフロイトとは別の視点から初期の母子関係の成立という問題への関心を呼び起こしたのである。ところで「刷り込み」とはガンなどの大型の鳥が人工孵化(じんこうふか)されて十数時間という短い時間のうちに人間や動く物体を提示されると、ひなは提示された物体の後を選択的についていくようになり、どうしても同じ鳥の仲間にはついていかなくなるという現象である。このような現象がより高等な動物にもみられることがやがて明らかにされ、後の正常な発達にとってごく初期における社会的経験が決定的な影響をもつのではないかということが強調されるようになったのである。

このような考え方を人間の母と子どもの初期に形成される関係に当てはめて理論化したのがJ. ボウルビィである。彼は人間には生まれたときから生物学的な基礎をもった社会的相互作用への要求があり、それは一般に特定の人物（母親など主な養育者）に向けて焦点化されるようになると考えたのである。この理論で最も重要なことは、発達の初期における養育者へのアタッチメントが後の人格の発達がうまくなされるかどうかということにとって決定的な役割を果たすという考え方である。

アタッチメントの理論は、子どもとアタッチメントの対象となる人物との相互交渉を重視しているところに特徴があり、その点から成熟あるいは環境のどちらか一方を強調する考え方よりは進んだものといえるであろう。実際これは近年における母子関係の研究の進展に大きな影響を及ぼしてきており、それらは児童虐待への臨床心理学的支援にも活かされている。

③エリクソンの発達段階

前述したフロイトの発達段階論は、リビドーを中心にすえたことからもわかるように知的発達・社会的発達にはほとんどふれられていない。この点、同じ精神分析の立場からのものではあるが、人の出会う社会的・対人的問題に力点をおいて、いわゆるライフサイクルを問題としているのがE. H. エリクソンである。彼の提示する発達段階では、出生から成人に至る期間だけではなく、成人期をいくつかの段階に分けているのが特色である。この点からみて今日盛んになってきた生涯発達心理学の先駆的なものといえよう。全体は八つの段階に分けられているが、一つの段階から次の段階へと進むごとに、人はいろいろな心理社会的危機に直面するというのである。また、それぞれの時期における危機をどのように解決していくかが、それ以後の段階における危機にどのように対処していけるのかを決定すると考えるのである。

Ⅰ　口唇・感覚期（基本的信頼　対　基本的不信）（0～1歳）
Ⅱ　筋肉・肛門期（自立性　対　羞恥・疑惑）（1～3歳）
Ⅲ　運動・性器期（自主性　対　罪悪感）（3～6歳）

Ⅳ　潜在期（勤勉性　対　劣等感）（7～11歳）
Ⅴ　思春期（同一性　対　同一性拡散）（12～20歳）
Ⅵ　若い成人期（親密　対　孤独）（20～30歳）
Ⅶ　成人期（生殖性　対　停滞）（30～65歳）
Ⅷ　成熟期（自我統合　対　絶望）（65歳～）

それぞれの段階の名前の後のかっこのなかに対で示されているのは、前がその段階の発達課題がうまく達成された場合で、後ろがうまく達成されなかった場合のことである。例えば、Ⅴで（同一性　対　同一性拡散）とあるが、前者は「自分とはどんな存在か」「自分はどうなっていくのか」などの問いに自分が答えられる場合のことで安定し、社会的に適応した生活をすることができるが、後者はこのような問いに答えられず、「自分はいったいこれでよいのか」「自分はどうなっていくのかわからない」などと考えて苦しむわけで、それが同一性拡散なのである。

エリクソンによれば、人は内面的な欲求と外部からの要請との間の葛藤を認識し、ジレンマに陥るが、そのような危機を克服することによって次の段階へ進むわけであるから、それぞれの段階は互いに関連したものとして考えられており、個体と環境との相互作用が重視されているといえる。これは、形成体による誘導連鎖という発生学を背景とする「漸成発達；Epigenesis」と呼ばれ、この発達論の特徴の一つである。生涯発達を問題として扱うに当たっては、エリクソンの発達段階の考え方は参考となるところが多い。

3）発達の病理－「発達障害（神経発達症）」について

ここ十数年間で、凶悪と取り沙汰される少年犯罪において、その被疑者に発達障害－特に、自閉スペクトラム症（Autism Spectrum Disorder：ASD）との診断が下ったことがマスコミ各紙により報道されたことがあった。しかしながら、そのほとんどにおいて、その犯罪を契機として初めて「発達障害」であることが明らかになった事実は、従来の発達障害概念に大きな影響を与えた。つまり、多くの被疑者は、その発達の初期においては、「未診断・未治療」であり、唯一のＳＯＳであった「不登校症状」「家庭的不遇による虞犯行為」等には誤った診断およびそれに基づく助言・指導がなされていたのである。当時、不登校児や被虐待児には、もっぱら情緒的な問題に焦点が絞られ、脳機能的な認知発達には関心が寄せられていなかった。しかし、これらの事件を背景に、不登校児および被虐待児の半数近くが、何らかの「発達障害」であるとの指摘が相次だのである。そこで、本節では拡大する「発達障害」概念を整理する。

①発達障害（神経発達症：Neurodevelopmental Disorders（NDD））

発達障害とは、通常、幼児期や児童期または青年期に初めて診断され、その障害の起因が精神的、または身体的であるか、あるいは心身両面にわたり、その状態がいつまで続くか予測することができず、自己管理、言語機能、学習、移動、自律した生活能力、経済的自立等のいくつかの領域で機能上の制限のあるものである。

精神医学の診断分類のなかで「発達障害」が明確なかたちで取り上げられたのは、1980年に公刊されたアメリカ精神医学会の「精神障害の診断と統計のためのマニュアル第3版（DSM－Ⅲ）」がはじめてである。DSM－Ⅲでは、知的障害として精神遅滞を、発達障害として広汎性発達障害と特異的発達障害をまとめたが、1987年の改訂版（DSM－Ⅲ－R）では、「発達障害」という新しい項目のもとに包括された。そして、精神遅滞では「全般的な遅れ」が、広汎性発達障害（自閉症）では「広汎な領域における発達の質的な歪み」が、そして特異的発達障害では「特定の技能領域の獲得の遅れまたは失敗」が特徴であると記載された。

その後、1992年に公刊されたWHOの「国際疾病分類 第10版」（ICD-10）やその流れを汲むDSM-Ⅳ（1994）およびDSM-Ⅳ－TR（2000）では、「発達障害」に含まれなかった「精神遅滞」および「注意欠如・多動症：Attention―Deficit／Hyperactivity Disorder（ADHD）」は、2013年に公刊されたDSM-5では、「神経発達症群／神経発達障害群(NDD)」の下位分類に含められるに至った。（図2-1. 参照）

次に、「発達障害（神経発達症）」を構成する4つの下位分類（DSM-５）について概観する。

②知的能力障害（知的発達症／知的発達障害：Intellectual Developmental Disorder（IDD））

a）定義

以前、「一般的な知的機能があきらかに平均よりも低く、同時に適応行動における障害を伴う状態で、それが発達期にあらわれるものをさす」と規定されていた「精神遅滞（Mental Retardation：MR）」が、DSM-5よりNDDの下位分類に含められるに至った。そして、一般的な知的機能があきらかに平均よりも低いと言うことは、「標

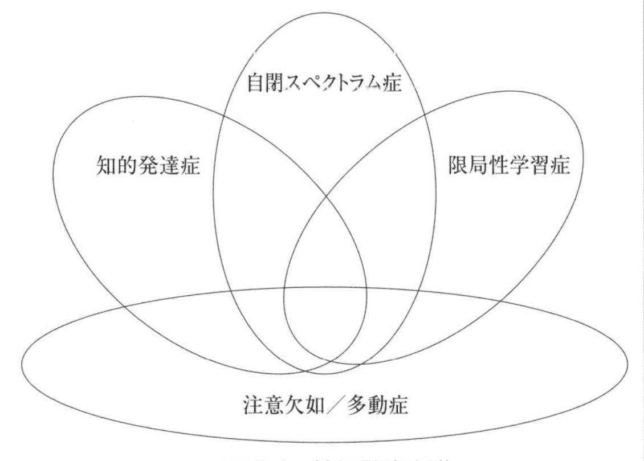

＊図2-1　神経発達症群

準化された知能検査の成績が平均より2標準偏差以上低い方に偏っている（死産でない出生の約3％）」ことであり、適応行動とは「人がその年齢に応じて、また彼が属している文化集団に照らして期待されている個人的自立と社会的責任の標準に応じるうまさ、あるいは程度」と定義されていたMRから、IDDは「発達期に発症し、概念的、社会的、および実用的な領域における知的機能と適応機能両面の欠陥を含む障害である。以下の3つの基準を満たさなければならない。

A 臨床的評価および個別化、標準化された知能検査によって確かめられる、論理的思考、問題解決、計画、抽象的思考、判断、学校での学習、および経験からの学習など、知的機能の欠陥。

B 個人の自立や社会的責任において発達的および社会文化的な水準を満たすことができなくなるという適応機能の欠陥。継続的な支援がなければ、適応上の欠陥は、家庭、学校、職場、および地域社会といった多岐にわたる環境において、コミュニケーション、社会参加、および自立した生活といった複数の日常生活活動における機能を限定する。

C 知的および適応の欠陥は、発達期の間に発症する」とされたのである。

つまり、それまで「知的障害」の有無や程度にその診断が偏りすぎていたことの反省として、DSM-5より「適応障害」の有無や程度が重視されることとなった。以前のMRの重症度は、個別による知能検査の結果（知能指数IQ；平均100、標準偏差15～16）で以下のように分類されていた。

境界（ボーダー）領域知能	IQ71～85
軽度知的能力障害	IQ51～70
中等度知的能力障害	IQ36～50
重度知的能力障害	IQ21～35
最重度知的能力障害	IQ20未満

しかし、実施する知能検査のIQ算出方法や標準偏差の違い（ウェクスラー知能検査では15、スタンフォード・ビネー知能検査では16）や背景理論によるスケールしている知能の違い等によりIQに差が見られるため、どの知能検査が用いられたかは知っておく必要があったのだ。例えば、ビネー知能検査は16歳を超えると生活年齢の補正を行なうが、ウェクスラー知能検査の方が偏差IQで算出されるため、概ね20歳～30歳はウェクスラーの方が低くなり、60歳以上の高年齢の場合ビネーの方が低くなることがあることは教育心理学や発達臨床心理学の専門家であれば周知のことであるにもかかわらず、算出されたIQだけがこのように吟味されることなく「一人歩き」していたのだ。

さらに、以前も、算出されたIQに適応行動における障害（具体的には社会生活能力等）が加味されていたのであるが、より「実生活上の困難さ」を明確にし、具体的な重度区分表まで用意され、「適応障害」がIDDの重症度の判定に大きく影響を与えることとなった。このような流れを受け、より客観的な「実生活上の困難さ」を捉えるべく、近年、わが国でも適応行動のアセスメントにおけるゴールド・スタンダードとされる適応行動尺度「Vineland－Ⅱ」が標準化され（後述）、以前の「どれだけIQが低いか」ではなく「どれだけ困っていて、どれだけの支援が必要なのか」といった「支援ニーズ」に基づく重症度判定がようやく普及されることとなった。

b）療育手帳と障害受容

福祉的には、「知的障害児（者）に対して一貫した指導・相談等を行なうとともに、これらの者に対する各種の援助措置を受けやすくするため、知的障害児（者）に手帳を交付し、もって知的障害児（者）の福祉の増進に資することを目的とする」療育手帳制度が施行され、各都道府県・政令指定都市により異なるが、おおむね重度・最重度精神遅滞を「A」、中度・軽度精神遅滞を「B」として標記されている。（なお、都道府県によっては細分化されており、中度を「B1」、軽度を「B2」と標記される場合がある。）

ここで、特記しておかなければならないのは、統計学的に最も多くの人口を占めるはずである「軽度」知的発達症の療育手帳所持率の低さである。例えば、平成29年3月31日現在の大阪府内における療育手帳所持者数（図2-2）では、「A（最重度・重度）」所持者が32,763人（41.7%）に対して、「B1（中度）」所持者が18,670人（23.8%）、「B2（軽度）」所持者は27,124人（34.5%）であった。統計学的に正規分布する知能指数において、理論（中心極限定理）的には知的発

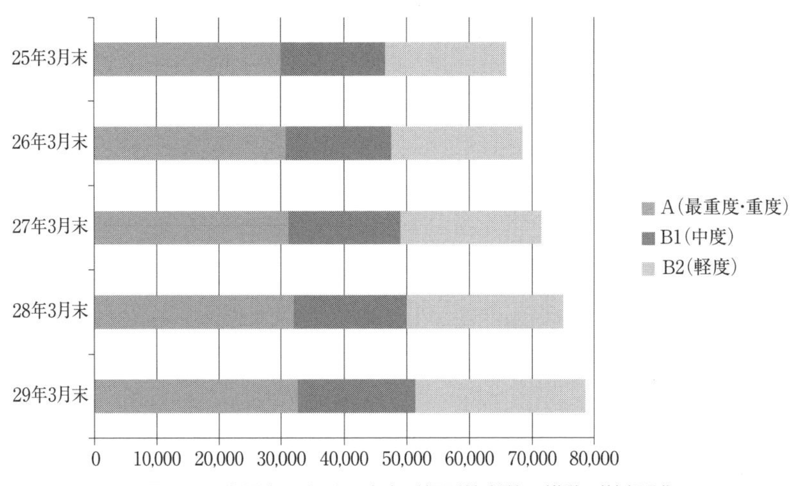

＊図2-2　大阪府における療育手帳所持者数の推移（等級別）
（大阪府障がい者自立相談支援センター、大阪府こころの健康総合センター、大阪府障がい福祉室調べ）

達症全体の85％を占めるはずの軽度「B2」所持者は年々増加の傾向にあるとはいえ、平成29年度末においてさえ「34.5%」と半数にも満たない。

ここから推察できることは、多くの「軽度」発達遅滞児・者は「療育手帳」を取得せずに、生活していることになる。また、「療育手帳」制度は申請主義に基づいているため、申請しない保護義務者がより「軽度」に多いと言うことに帰着する。つまり、軽度の知的発達症児の保護義務者は、当該児童の発達障害に気づいていないか認めていないことになる。いずれにしろ当該児童に対する周囲の関わりは、当然、その背後に潜む知的能力障害を無視したものになることが容易に想像されうる。このような環境下におかれた知的発達症児は、日々、彼らの現時点での発達水準を遙かに超えた課題を突きつけられ、それらに敗北する毎日を過ごすことになる。このように、発達に合っていない課題を提示され続けることは、「発達における最近接領域」[1)] からはかけ離れ、発達に対する動機づけを見失うことになる。しかしながら、子どもたちは、それでも親や周囲から注目・関心を得ようと、現時点でできうる、最も効果的な注目・関心を得る方略にたどり着くことになる。それが、不適切な行動・問題行動と呼ばれる「２次障害」である。障害を正しく受容し、その発達段階ごとに適切な課題を提示し続けることが、重要であることを強調しておく。

③自閉スペクトラム症（Autism Spectrum Disorder：ASD）

a）定義

元来、ASDとは、Wing, L., & Gould, J,(1979) が提唱した概念であり、①社会性の障害、②コミュニケーションの障害、③想像力の障害、という“三つ組”の障害を来す発達障害の捉え方であり、知的な遅れのある場合から無い場合まで広く含まれる。当時のイギリスで、“三つ組”の障害を持つ発達障害を包括的に捉える必要が出てきたことから、スペクトラムという概念が導入された。その一方、この生来の社会性の発達障害を示す自閉症を代表とする疾患群は、多様な臨床像を呈し、広汎な領域の発達に問題を引き起こしていることから、1980年アメリカ精神医学会が公刊したDSM- Ⅲでは、「多様な領域における発達の質的な歪み（distortion）」を特徴とする広汎性発達障害（Pervasive Developmental Disorder:PDD）として呼ばれるようになり、その中心的病態である自閉症（自閉性障害）の診断基準をWingの提唱した“三つ組”に則して、①社会的相互作用の質的障害（他人への関心の乏しさ、視線が合わない、模倣遊びの欠如、他人への共感性の欠如など）、②言語性･非言語性コミュニケーションや創造的活動の質的障害（ジェスチャーや指さしの発達の遅れ、話し言葉の発達の障害、反響言語など）、③行動や興味の明らかな制約（反復ないし常同的な行動、執着敵行動や興味及び活動のパターン、同一性の保持と呼ばれる習慣などの些細な変化への強い抵抗)、④発症年齢が3歳未満であることの4点にまとめられた(DSM-Ⅳ/Ⅳ-TR)。また、その広汎性発達障害の上位概念の下に、自閉性障害(Autistic Disorder)、レット症候群(Rett's Disorder)、小児崩壊性障害(Childhood Disintegrative Disorder)、アスペルガー障害(Asperger's Disorder)、他に分類されない広汎性発達障害(非定型自閉症を含む;Pervasive Developmental Disorder not otherwise specified,PDDNOS)の5障害が内包されことになった。しかし、このカテゴリカルな診断分類は、PDDNOSの過剰診断を誘発させ、さまざまな易学的調査から、2013年に公刊されたDSM-5では、廃止されることとなった。例えば、自閉症的特性(autistic-like traits)を量的に評価できる対人応答性尺度(Social Responsiveness Scale, SRS)を用いた調査では、診断の有無に関係なく自閉症的特性の程度はなめらかに連続し、自閉症的特性を持つ子どもと持たない子どもとの間にはっきりした境界線はないことが報告され[2)]、わが国でもSRS尺度得点上で診断閾ケースと診断閾下ケースを分ける明確な境界線は存在しないこと(図2-3)[3)]が確認されたことから、それまでの5障害の下位分類は「自閉スペクトラム症」として境界線のない1つの「連続体(スペクトラム)」としてまとめられるに至った。

かくして、DSM-5では、自閉症スペクトラムの診断基準は表2-1.のように、社会的コミュニケーションおよび相互関係における持続的障害、および限定された反復する様式の行動、興味、活動の2つの領域にまとめられた。そして以前より臨床的に指摘されていた知覚過敏性・鈍感性など知覚異常の項目が診断

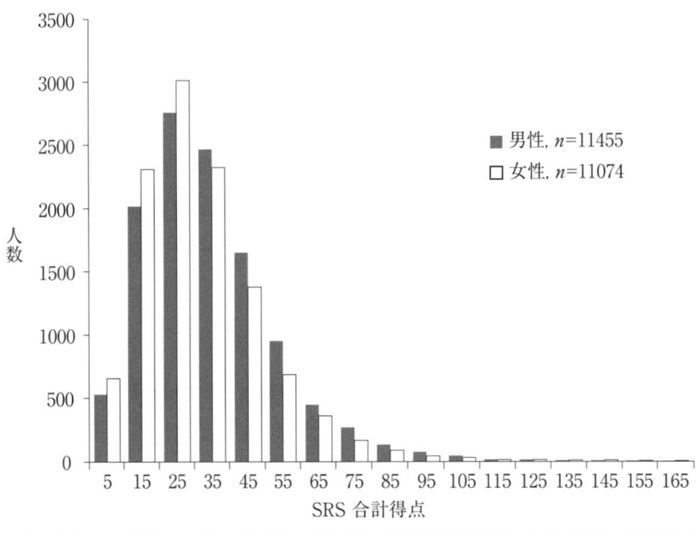

＊図2-3　一般サンプル(6歳〜15歳)の養育者評価によるSRS合計得点の分布

＊表 2-1　DSM-5 における自閉症スペクトラム障害診断基準

以下の A, B, C, D を満たすこと
A：社会的コミュニケーションおよび相互関係における持続的障害（以下の３点）
1. 社会的、情緒的な相互関係の障害
2. 他者と交流に用いられる言葉を介さないコミュニケーションの障害
3.（年齢相応の対人）関係性の発達・維持の障害
B：限定された反復する様式の行動、興味、活動（以下の２点以上で示される）
1. 常同的で反復的な運動動作や物体の使用、あるいは話し方
2. 同一性へのこだわり、日常動作への融通のきかない執着、言語・非言語上の儀式的な行動パターン
3. 集中度や焦点づけが異常に強く限定、固定された興味
4. 感覚入力に対する敏感性あるいは鈍感性、あるいは感覚に関する環境に対する普通以上の関心
C：症状は発達早期の段階で必ず出現するが、後になって明らかになるものもある
D：症状は社会や職業その他の重要な機能に重大な障害を引き起こしている

基準に追加された。さらに幼児期を過ぎて初めて見いだされる可能性に関して言及した。要するに従来の幼児期の症状を中核とした診断基準から、どの年齢でも用いることが可能なものへと大きく変わったのである。

b）認知特性や感覚処理の特性に合わせた支援とその展開

支援アプローチとしては、言語・認知の改善を目指した行動療法、より環境調整に力点を置いた TEACCH プログラム（TEACCH とは Treatment and Education of Autistic and related Communication handicapped Children の頭文字をとった略語で、「自閉症と自閉症に関連したコミュニケーションに障害を持つ子供たちの治療と教育」というノースキャロライナ大学精神科のショップラー（Schopler,E.）教授のグループが開発したプログラムである）、象徴機能障害に焦点を当てた太田のステージによる認知発達治療、感覚統合療法、遊戯療法、さらには、対人行動の改善を目的とするソーシャルスキルトレーニング (Social Skills Training: SST)、などがある。また、早期の特別支援教育に加えて家族のサポート（ペアレント・トレーニング等）が重要である。また、2000 年以降、ASD の中核障害である「社会性の障害」への発達論的アプローチとして、社会性およびコミュニケーションの発達と密接な関係作りを重視した１歳半から２歳の自閉症のある幼児を対象とする最早期アプローチである「The Early Start Denver Model for Children with Autism（ESDM）」[4]、「発達段階」、「個人差」、「関係性」の３つの指標に基づく自閉症と発達障害のある子どものための包括的プログラムである「DIR（The Developmental, Individual-difference, Relation-based model）」[5) 6)]、自閉症を始めとする発達障害を対象にしたアプローチの１つである「SCERTS モデル」[7]、ASD 幼児に対し、「共同注意（Joint Attention）・象徴遊び（Symbolic Play）・関係づくり（Engagement）・感情調整（Regulation）」の４つの視点から、ASD の中核障害である社会性の障害を支援し、発達促進を行なう「JASPER[8)]」などが展開中である。また、高機能群における思春期・青年期については、そのアイデンティティ形成を目的として、当事者によるグループ活動を支援することも重要であり、東海地区の「アスペ・エルデの会」、奈良県の「アスカ」など各地域における自助グループの結成が押し進められている。

④限局性学習症／限局性学習障害（Specific Learning Disorder：SLD）

a）定義

発達障害のうち、学習に関する障害は、2013年に公刊されたDSM-5では、限局性学習症（限局性学習障害）と呼ばれ、「発達障害者支援法」では学習障害と明記されている。

そもそも、この用語は教育的な概念として1963年、カーク（Kirk,S.）によって「学習障害（learning disabilities）」という用語が用いられたことに端を発する。「全米学習障害合同委員会（National Joint Committee of Learning Disabilites：NJCLD）」の定義（1987）によると「学習障害とは、①聞く、話す、読む、書く、推理する、ないし計算の諸能力の習得と使用に著しい困難を示す、さまざまな障害群を総称する術語である。②これらの障害は個人に内発するものであって、中枢神経系の機能障害によると推定され、それは全生涯にわたって起こる可能性がある。③行動の自己調節や社会的認知、社会的相互交渉における問題は、学習障害にもありうるが、それ自体が学習障害の本質ではない。④学習障害は他のハンディキャップ状態（たとえば、感覚障害、精神遅滞、重度の情緒障害）、あるいは（文化的な差異、不十分ないし不適切な教え方といった）外的な影響によって生じる可能性もあるが、それらの状態や影響の結果そのものではない」[9)]とされてきた。

診断としては、まず、主訴が学業不振であることを確認し、その症状の確認を行なう（表2-2.を参照）。その学業成績と知能検査で確認された知的能力との乖離があれば「限局性学習症」の可能性があるとし、環境因子による影響を考慮しつつ、他の神経疾患および発達障害との鑑別診断などを行なう。

b）その背景要因と指導

学習障害の中核を占めるのが、表2-2の「読字障害」と「書字障害」が発達期より併存する発達性読み書き障害（ディスレクシア：dyslexia）で、日本の人口の約0.7～2.2%、100～200万人いると推定されている。知能が正常であっても文字の読み書きが難しく、小学校高学年になってもひらがなが読めない、漢字が書けないといったかたちで障害が現われる。ほとんどの場合、読字障害では読字困難という症状に加えて、書字困難も伴うことが知られており、その

＊表 2-2　限局性学習症の諸症状の例

限局性学習症のタイプ	症　状
読字障害 （読字障害では、ほとんどの場合、読字困難という症状に加えて、下記の書字困難も伴う）	・幼児期には文字に興味がないし、覚えようとしない ・文字を一つ一つ拾って読む（逐次読み） ・語あるいは文節の途中で区切ってしまう ・読んでいるところを確認するように指で押さえながら読む ・文字間や行間を狭くするとさらに読みにくくなる ・初期には音読よりも黙読が苦手である ・一度、音読して内容理解ができると二回目の読みは比較的スムーズになる ・文末などは適当に自分で変えて読んでしまう ・本を読んでいるとすぐに疲れる（易疲労性） ・ページの読み始めに比べると終わりの読みは格段に誤りが増える　等
書字障害	・促音（「がっこう」の「っ」）、撥音（「とんでもない」の「ん」）、二重母音（「おかあさん」の「かあ」）など特殊音節の誤りが多い ・「わ」と「は」、「お」と「を」のように耳で聞くと同じ音（オン）の表記に誤りが多い ・「め」と「ぬ」、「わ」と「ね」、「雷」と「雪」のように形態的に似ている文字の誤りが多い ・画数の多い漢字に誤りが多い　等
計算障害	・10の分解合成ができない ・繰り上がり、繰り下がりが理解できない ・量の単位を間違う ・文章問題が苦手、理解できない ・図形やグラフが苦手、理解できない　等

背景に「単語のデコーディング(文字と音の対応)が困難で、それは言語の1つの構成要素である音韻(処理)能力の欠陥によるとされている。音韻処理能力とは、一連の音刺激（例：会話）などにおいて、最小の音単位（音素・拍）を認識・処理する能力で、日本語の例では、「たいこ」という発話を聞いたときに、それらが3拍で構成されていることや、真ん中の音が「い」であること、などを認識する能力とされる。文字の読み能力に強く関わると言われており、音韻処理の問題が発達性読み書き障害の原因の一つとして考えられている。近年では、音韻処理の改善を目的に、まず、音読指導を、①文字を対応する読み方に解読する指導、②単語や語句をまとまりとして認識する語彙指導の2段階で指導を行なう鳥取大学方式としてインターネット上で公開されている[10]。なお、同障害を抱える著名人として、俳優のトム・クルーズ、映画監督のスティーブン・スピルバーグ、ヴァージングループ会長のリチャード・ブランソン、スウェーデン国王カール16世グスタフなどが、同障害であることを告白している。

⑤注意欠如・多動症／注意欠如・多動性障害（Attention—Deficit／Hyperactivity Disorder:ADHD）

a）定義

注意欠如・多動症は発達障害の一種であり、発達水準に不相応な不注意と多動性・衝動性の一方もしくは両方が学校や家庭など複数の場面で認められる病態である。ADHDの病態基盤には、神経生物学的異常、発達段階における脳の形態学的異常が存在することが明らかとなっている。さらには、これらの異常に遺伝子が関与していることも解明されてきている。小児期にADHDと診断された患者のうち、約50～70％は18歳以降の成人期にまで中核症状と機能障害が継続することが報告されている。成人期ADHD患者では目に見える多動性は収まるが、多動性や衝動性も、児童期とは異なる臨床症状を呈しながら成人期まで持続することが多いことが知られている。このため不注意によるミス、業務を集中して継続できない、仕事を順序立てて遂行できないなどの〝実行機能の障害〟でトラブルを生じる、面倒な仕事を先延ばしにし、自信が持てないために新たなチャレンジを避けるといった問題が出現する。

そもそも、ADHDは、1980年のDSM-Ⅲにおいて、「注意欠陥障害」の名称で登場した。伝統的に「微細脳損傷」（MBD）という漠然とした診断名が与えられてきたもののうち、行動面での問題に焦点を当てたものがADHDであり、認知・学習の特性を捉えたものが学習障害と言える。まず、診断基準の第一が「不注意」であり、順序だてて物事を考えたり、根気良く課題をこなすことが難しい。また、ちょっとした周囲の刺激で気が散ってしまう、と言ったことであらわされる。次に、常に動き回っているという症状の「多動性」続いて「思いつくとなんでもすぐにやってしまう」「結果を考えないで危険な行為を起こしやすい」と言った「衝動性」である。以上の3症状からして、ADHD児は叱責される機会が高まるため、養育者との間に適切な愛着行動が形成されにくくなる。それゆえ、児童虐待に巻き込まれやすく、自己評価が下がりがちとなり、児童期には、自分にとって有益なことであっても反対したり、周囲に対して挑戦・挑発的でかつ反抗的な態度・行動を当然のようにしてしまう「反抗挑戦性障害（Oppositional Defiant Disorder；ODD）」へと発展しやすいことが確認されている。さらにその状態が続き思春期になると、その問題行動がエスカレートし、万引きなどの触法行為、人や動物に対する過度の攻撃性や暴力、重大な規則違反などがみられると、「非行」とほぼ同義で扱われる「素行症（Conduct Disorder：CD)」に移行してしまうことがある。さらに、そのごく一部は、「反社会性人格障害（ASPD)」へと発展するものもみられ、これらの現象（ADHD → ODD → CD → ASPD）を破壊的行動障害（Disruptive Behavior Disorder ;DBD）マーチと称して、より早期の治療的介入の必要性を呼びかけている研究者も多い。それゆえ、ADHDは、DSM-5以前までは、子どもの問題行動・不適応行動を分類している『破壊的行動障害（DBD)』の中に分類されていた。

しかし、DSM-5では、『脳の機能障害を前提とする発達障害の一種』として認定されることに伴いその診断基準も変更された。表2-3に掲げているように症候リスト（診断基準A）が不注意9項目（A1)、多動性･衝動性9項目（A2)から構成され、各領域の症候リスト各9項目中6項目以上が6か月以上続いていることという条件をあげていることについてはDSM－Ⅳ－TRと変わりはない。しかしDSM－Ⅳ－TRの「不適応である」という表現に対しDSM－5では「直接に社会的および学業的／職業的活動に影響を与えるほどである」

＊表2-3　DSM-5に基づくADHDの診断基準（一部抜粋）

A1：以下の不注意症状のうち6つ（17歳以上では5つ）以上が少なくとも6か月以上持続
(a) 学業、仕事などの活動中に、しばしば綿密に注意することができない、または不注意な間違いをする。
(b) 課題または遊びの活動中に、しばしば注意を持続することが困難である
(c) 直接話しかけられたときに、しばしば聞いていないように見える（例：うわの空、注意散漫など)。
(d) しばしば指示に従えず、学業、用事、または職場での義務をやり遂げることができない。
(e) 課題や活動を順序立てることがしばしば困難である。
(f) 精神的努力の持続を要する課題に従事することをしばしば避ける、嫌う、またはいやいや行なう。
(g) 課題や活動に必要なものをしばしばなくしてしまう。
(h) しばしば外的な刺激によってすぐ気が散ってしまう。
(i) しばしば日々の活動で忘れっぽい。

A2：以下の多動／衝動性の症状のうち6つ（17歳以上では5つ）以上が少なくとも6か月持続
(a) しばしば手足をそわそわと動かしたりトントン叩いたりする。またはいすの上でもじもじする。
(b) 席についていることが求められる場面でしばしば席を離れる。
(c) 不適切な状況でしばしば走り回ったり高い所へ登ったりする。
(d) 静かに遊んだり余暇活動につくことがしばしばできない。
(e) しばしば「じっとしていない」、またはまるで「エンジンで動かされるように」行動する。
(f) しばしばしゃべりすぎる。
(g) しばしば質問を終わる前にだし抜けに答え始めてしまう。
(h) しばしば自分の順番を待つことが困難である。
(i) しばしば他人を妨害し、邪魔する。

B. 不注意または多動性―衝動性の症状のうちいくつかが12歳になる前から存在していた。

C. 不注意または多動性―衝動性の症状のうちいくつかが2つ以上の状況（例：家庭、学校、職場；友人や親戚といるとき；その他の活動中）において存在する。

D. これらの症状が、社会的、学業的または職業的機能を損なわせているまたはその質を低下させているという明確な証拠がある。

E. その症状は、統合失調症、または他の精神病性障害の経過中に起こるものではなく、他の精神疾患（例：気分障害、不安症、解離症、パーソナリティ障害、物質中毒または離脱）ではうまく説明されない。

と具体的で重症度が高い表現になった。また発症年齢が「7歳以前」から「12歳以前」に引き上げられた。もう一つの重要な変更点として鑑別対象としてDSM－Ⅳ－TRがあげていた障害リストから自閉症スペクトラム症（DSM－Ⅳ－TRにおける広汎性発達障害）を除き、DSM－5ではADHDと自閉症スペクトラム症の併存を認めるようになったことである。

b）その背景要因と支援

このように脳機能障害と認識されてきたADHDの病態モデルとして考えられているのが、「遂行すべき課題と合わない反応を抑制できない」「ゴールに見合った適切な反応を選択して実行できない」などといった実行機能（行動の計画と組織化、認知的柔軟性、作動性記憶など）系回路の障害である。次に、「報酬（ごほうび）の強化が低下し報酬を魅力的と感じる効果が持続しない」「遅れて得られる報酬を待つことが出来ず衝動的に代替行動を起こす（遅延回避）」「短期的に報酬を得る選択肢がない場合は他の事象に注意を逸らして「待つ」感覚を紛らわそうとする」といった報酬系回路の障害である。前者は、「視覚的な選択肢・スケジュール等を示すリマインダー」を、後者は「スモールステップな手続によるトークンエコノミーシステム」を用いることでその支援の有効性が確認されている。

そのため対応としては、まず背景に「障害」があるという事実を認識し、その特性に会わせた環境作り・養育者指導（ペアレント・トレーニング等）が重要であり、さらに並行して行動療法（応用行動分析：ABA）および生活技能訓練（social skills training：SST）、また、対症療法として薬物療法も有効である。

以上、児童福祉において、当該事例を発達的観点から捉えるために必要な概念に加え、その病理である「発達障害（神経発達症）」について最新の知見を紹介しつつ整理した。特に、発達障害の罹病率に関する最近の報告をまとめると、2012年に文部科学省が全国で実施した調査によって、通常クラスに在籍する生徒児童のなかで発達障害と考えられる児童が計6.5パーセント認められたと報告されたことからわかるように、重複を許せば子どもの約1割以上という驚くべき数字になることが指摘されている[11]。その背景には、病気の発症に遺伝的な素因と、環境因との両者が関わるという多因子モデルが想定されている。このような発達障害概念の広がりに伴い、児童・障害にとどまらず全ての福祉現場で支援の担い手であるソーシャルワーカーにとって、日常的に出会う対象となってきたといわざるを得ない。

（櫻井秀雄）

【引用文献】
1）Vygotsky, L. S.（1978）Mind in society. Harvard Univesity Press.
2）Constantino JN, Todd RD（2003）. Autistic traits in the general population: a twin study. Arch Gen Psychiatry. 60,524-530.
3）Kamio Y, Inada N, Moriwaki A, Kuroda M, Koyama T, Tsujii H…Constantino JN.（2013）. Quantitative autistic traits ascertained in a national survey of 22 529 Japanese school children. Acta Psychiatr Scand. 128:45-53. doi: 10.1111/acps.12034.
4）Rogers, S. J., & Dawson, G.（2010）. Early start Denver model for young children with autism: Prompting language, learning, and engagement . New York:The Guilford Press.
5）Greenspan, S. I., & Wieder, S.（2009）. 自閉症のDIR治療プログラム－フロアタイムによる発達の促し－(広瀬宏之訳）. 創元社.（Greenspan, S. I., & Wieder,S.（2006）. Engaging autism: Using the floortime approach to help children relate, communication, and think . US: Da Capo Press）.
6）Greenspan, S. I., & Wieder, S.（2009）. 自閉症のDIR治療プログラム－フロアタイムによる発達の促し－(広瀬宏之訳）. 創元社.（Greenspan, S. I., & Wieder,S.（2006）. Engaging autism: Using the floortime approach to help children relate, communication, and think . US: Da Capo Press）.
7）Prizant, B. M., Wethberby, A.M., Rubin, E., Laurent, A. C., & Rydell, P. J.（2010）. SCERTSモデル－自閉症スペクトラム障害の子どもたちのための包括的教育アプローチ. 1巻アセスメント（長崎勤・吉田仰希・仲野真史訳）. 日本文化科学社.（Prizant, B.M., Wethberby, A. M., Rubin, E., Laurent, A.C., & Rydell, P. J.（2006）. The SCERTS Model: A comprehensive educational approach for children with autism spectrum disorders. Volume 1 , Assessment . United States: Paul H. Brookes Publishing Co., Inc.）.
8）Kasari C, Lawton K, Shih W, Landa R, Lord C, Orlich F, King B, Wetherby A, Senturk D.（2014）: Caregiver-mediated intervention for low-resourced preschoolers with autism: An RCT. Pediatrics.; 134 (1): 72–79.
9）氏原寛　他編　(1992)「心理臨床大辞典」培風館　pp868-869.
10）dyslexia-koeda.jp　http://dyslexia-koeda.jp/
11）杉山 登志郎（2014）:「発達障害から発達凸凹へ」, 小児耳鼻咽喉科, 35(3), 179-184.

【参考文献】
1）アメリカ精神医学会；American Psychiatric Association（1980,1994,2000,2013）：Diagnostic and Statistical Manual of Mental Disorders（3th･4th･4thedition,Text Revision･5th）.Washington DC.
2）ジョンソン、マイクルバスト；Johnson,D.J.,Mykelbust HR.（1967）: Learning disabilities - educastional principles and practis. Grune and Stratton Inc., New York.
3）Mesibov, G.（1998）TEACCH Statement: Chapel Hill: University of North Carolina.
4）森則夫, 杉山登志郎, 中村和彦（2014）:「DSM-5 対応神経発達障害のすべて」, 日本評論社, 東京都.
5）Rutter,M.（1968）Concepts of autism:A view of research. Journal of Child Psychology and Psychiatry, 9, 1-25.
6）櫻井秀雄・馬場功（2005)「高機能自閉症・アスペルガー症候群症例のアイデンティティ形成に対する臨床心理学的支援について～当事者の体験的手記による検証；「高機能自閉症を丸ごと受け入れ、一人の人間として生きる」」臨床精神医学 Vol.34 No.9（pp1315-1329）.
7）櫻井秀雄ら（2011)『高機能自閉症・アスペルガー症候群に対するグループ支援活動におけるこだわり・自閉的ファンタジーを尊重し取り入れたプログラム開発に関する臨床心理学的研究』関西福祉科学大学心理・教育相談センター紀要第9号（pp1－21）.
8）Schopler.E.（1979）Autism : a practical guide for parents and professionals : Syracuse University Press.
9）辻井正次（2001)「高機能広汎性発達障害の地域発達支援システム「アスペの会」の試み」小児の精神と神経 41(2.3):142-144
10）Wing, L,（1981）. Asperger's syndrome: a clinical account. Psychological Medicine,
11）世界保健機構；World Health Organization（1993）：The ICD-10 Classification of Mental and Behavioral Disorders：Diagnostic Criteria for Research, Geneva

(2) 障害者福祉に求められる教育心理学（障害受容と自己理解）

1）障害受容を再考する

障害児・者臨床において、「障害受容」なるものがテーマになることが少なくない。ただ、30年以上の障害児・者臨床を経験に持つ筆者は、未だかつて「障害受容」が成就されたケースを見たことがない。むしろ、「障害受容」神話とも言うべき呪縛(じゅばく)にとらわれ、当該障害児・者およびその家族を支えきれていない現状がリハビリテーション等において見られる。現に「あの患者は障害受容ができていないために訓練に意欲的でない」と愚痴をこぼす訓練士と数多く遭遇した。しかし、その訓練士が口にした「障害受容」と概念化されたものとは何か？ 概念化されたがゆえに目の前の出来事をありのままに捉えられなくなっているのではないか？ と言った憤りにも似た疑問が沸き起こってくる。そこで、「障害受容」神話の歴史を振り返りつつ、その臨床的適用と限界を考察し、真に障害児・者臨床に求められる援助とは何か？を問いただすなかで再度「障害受容」について考えて行きたい。

①障害受容とは　～「障害受容」神話

a)「障害受容」の起源

「障害」と言えば古くは「身体障害」をさしていったようである。日本の法律においても「身体障害者福祉法」が昭和24年に制定されたのが戦後の障害者福祉施策の始まりである。それゆえ、「障害受容」は身体障害の受容から研究された。その起源はジョセフ・バビンスキー（Babinski,MJ）の「疾病失認anosognosie」[1]に遡(さかのぼ)る。脊髄損傷者や脳血管障害者における身体の無感覚部位の出現に伴い、その部位が他人のもののように感じられる現象をさす。それをまとめて身体図式・身体像の障害としたのがポール・シルダー（Schilder,P.）で、肢体を切断された患者が未だにその手足が存在するかのように感じられる「幻肢」を「自己愛的リビドーの表われ」と呼び、失った対象への「喪の作業」[2]であると精神分析的解釈を行なった[3]。さらに、モリス・グレイソン（Grayson,M）は、障害の受容を、①身体的受容；自分の身体の症状、原因およびその予後について冷静かつ客観的に受け止めること、②心理的受容；自分の障害に対してひどい情緒的混乱を起こしていないこと、③社会的受容；自分の家族、生活、職業など社会生活全般にわたって、障害のある身として現実的に対応すること、の3つの側面に分け、受容の第一段階はボディ・イメージの再組織化であり、第二段階は社会的統合であるとしている[4]。

b）ステージ理論

1960年代に入り、アメリカでは折からの精神分析理論を背景に、障害を負った後に共通に見られる心理反応として「悲嘆」が導入され、その回復には一連の段階があることが主張されるようになった。その代表としてあげられるものがエリザベス・キューブラ・ロス（Kubler-Ross, E.）のモデルである。彼女は臨死患者が死を受容するまでに5つの心理的ステージを経るとしている。第一段階は「否認と隔離」で、ほとんどの患者はその痛ましい知らせを受けた後にその事実を否認する。その否認がもはや維持できなくなると、第二段階の「怒り」が出現し、第三段階の「取引」へと移行する。ここでは多少の延命と交換に「神に生涯を捧げる」と約束するという。第四段階の「抑うつ」では、患者はこれから生じるであろう世界との決別を覚悟するために経験しなければならない準備的抑うつに陥る。そして、怒りを吐き尽くし、嘆きも悲しみもし終え、患者が近づく自分の終焉（しゅうえん）を見つめる第五段階の「受容」に至るとしている[5)]。この理論に先んじて、最初に障害後の心理的回復過程にステージ理論を提唱したのがナンシー・コーン（Cohn,N.）で、その段階を「ショック」「回復への期待」「悲哀」「防衛」「適応」の五段階とした[6)]。「ショック」では、診断が下されても患者は自分が病気であることを飲み込めずにいるが、現実味を帯びるに従い、否認、怒りを露（あらわ）にする。その後、機能障害という現実が否応なく自覚され「回復への期待」に執着するが、やがて喪失感にみまわれ「悲哀」段階へと進行し、ある患者は残存機能を強化するが、別の患者は神経症的な反応を示す。これが「防衛」段階で、そして最後の「適応」段階に至るのである。続いて1967年にはステファン・フィンク（Fink,SL）は「ショック」「防衛的退行」「自認」「適応」の四段階モデルを提唱した[7)]。第一段階は、事の重大さに動転しパニック状態陥るの「ショック」から始まり、この状態が圧倒的であるため患者は「防衛的退行」を示す第二段階へと移行する。この段階では現実は回避されまたは否認され、一時的で非現実的な安らぎを得る。しかし、第三段階の「自認」では現実と新たに遭遇せざるを得なくなり、価値ある自己像の喪失とそれに伴う深い抑うつを経験する。そして新たな価値を自己像に見いだして第四段階の「適応」に至るとされる。

c）価値転換理論

一方1950年代のアメリカで、もうひとつの障害者心理の流れがある。それが、タラマ・デンボー（Dembo,T.）に始まる価値転換理論である。当時の障害者の置かれていた社会的状況を「不幸 misfortune」[8)]と呼んだ。その「不幸」とは社会が個人の価値を切り下げることであり、そのため障害を持つ人たちはいつの間にか自分たちのことを価値喪失者としてみなしてしまうことである。障害者は、第一に今日の機能障害および能力障害に起因する苦悩である「個人的な喪失」を体験し、第二は社会の否定的態度に悩む「社会的喪失」を味わうのである。デンボーらは、この二つの喪失を受容しなければならないとし、また、受容とは不幸な事態に甘んじることなく、価値を変えることだとする。さらに、「個人的喪失」として、次の四つの状況が例示される。第一は「絶望（all-inclusive suffering)」で、圧倒的な喪失体験によって受傷直後に急性に生起する暗黒のうつ状態または絶望である。第二は「外見の問題」で、魅力が損なわれたと感じ、常態とは異なる外見に対する悩みである。第三は「悲哀の問題」で、対象を喪失したためそれまでの満足が過去のものとなり、今はそうはできない苦しみである。第四は「障害の問題」で、今日の能力障害に起因する苦悩である。そして、これらを受容するにあたって、「絶望」と「外見の問題」の克服には「価値の視野を拡大」させること、「悲哀・障害の問題」には「比較価値からそのものの価値への転換」が求められるとしている。こうして「個人的喪失」を受容した後には、障害を持つ人は自分もまた健常者と同じ価値を持つ社会の一員であり、社会の人からも当然受け入れられるべきものだと考えるようになる。障害を持つ人を低評価し、拒否するのはむしろ健常者の方の不適応だということがわかるようになる。これが「社会的喪失」の受容であり、こうした考えに至れば他人に受け入れられないための苦悩の大部分は取り去られると言うのである。こうした価値転換理論はデンボーの共同研究者の一人であるベアトリーチェ・ライト（Wright,BA）によってさらに拡張されることになる。その要点をまとめると次のようになる。①価値の視野を拡大すること；かりに身体の一部の機能が失われても、自分にはまだたくさんの価値ある機能が残っていることに気づくこと。②不の障害効果を不問にすること；できないことは、できいないこととして不問に付し、人格全体への影響を最小限にすること。③身体の外見を二の次にすること；人間は、たとえ外見が良くなくても、人格的な価値は別なものであることを確信すること。④他人との比較ではなく、自分本来の資産価値を見直すこと；健常な身体との比較をやめて、自分本来の残された身体の価値を再評価すること。[9)]

d）スティグマ理論

以上の理論は、おおむね障害者個人内での心理機構を問題にしていたのに対し、障害者以外の他者－社会―を問題にしたのがアメリカの社会学者アーヴィング・ゴッフマン（Goffman,E.）である。社会は常に人々をなんらかのカテゴリーに区分し、それぞれの成員に属性を付与する。こうした属性が社会的アイデンティティと呼ばれるもので、なかでも障害は際立った社会的アイデンティティである。それをスティグマと呼び、「人の信頼をひどく失わせる属性」さらには「突出しているため人の注意を引き、見つけられれば誰もが顔をそむけ、しかも他の属性などもはや眼中に入らなくなる一つの特性」とし、それに対し、社会は「慈善的社会活動が緩和改善をはかろうとしているところの反応」を示すと皮肉を込めて表現している。社会のこうした排除にも似た「烙印」に常にさらされることによって、いつしか障害を負った人たちは自己そのものを変化させることになる。つまり、彼らのアイデンティティに大きな亀裂を生じ、ついには社会的「孤立」に至らしめる。そのため、彼らは外の集団との調整を学ぶ必要がある[10]というのである。

②「障害受容」理論の功罪　～　その臨床的適用とその限界

「障害受容」神話の歴史を辿りつつその諸理論について概観してきた。ところで、日本での「障害受容」理論の展開といえば独自のものはなく、先の諸理論を輸入し理論化が行なわれただけである。その中でも、高瀬安貞[11]と上田敏[12]はあまりにも有名だが、わが国のリハビリテーション医学のパイオニアの一人である上田はその論文の冒頭で、障害の受容はリハビリテーションにおける「問題解決の鍵となる概念（key concept)」[12]とし、障害受容が達成されてはじめてリハビリテーションは完結すると述べている。そこで、障害受容の本質は価値転換であるとし、ベアトリーチェ・ライトの四価値転換説を取り上げている。さらに、受容に達するまでの過程には法則があるとして、「ショック期」「否認期」「混乱期」「解決への努力期」「受容期」の五段階のステージ理論を援用している。当時、この論文の影響力は大きく、現在も日本のリハビリテーションの教科書には必ずといっていいほど記載されている。これが、日本での「障害受容」神話の始まりである。

確かに、ステージ理論からは、患者のある程度の心理的変化の予測は可能になったかもしれないし、価値転換理論からは、ある教育的なサジェスチョンが用意されたかもしれない。また、これほど「障害受容」理論が隆盛を極めたため、障害に対する社会的偏見の除去には一役をかっていることも事実である。

しかし、冒頭でも申し上げたように、わずか３０年間という障害児・者の臨床経験ではあるが、ステージ理論で言う最終段階「受容期」に至り、「比較価値からそのものの価値への転換」を完全になしえたと思えるケースに遭遇したことがない。とりわけ、精神障害や知的障害さらにはそれらの家族、特に母親の「障害受容」に至っては困難を極めることは常である。さらに言うならば、本来、患者の不安や恐怖、時には希望と言ったものをもっと理解したいと言う臨床家の原点に立って、諸家は各理論を構築していったわけだが、皮肉にも、その「障害受容」と言うものを援助の目標すること自体が障害児・者およびその家族の理解の妨げになることさえある。例えば、冒頭のある訓練士の愚痴について考えてみよう。何故、その訓練士はあのような愚痴をこぼしてしまったのであろうか。想像するに「障害受容理論からしてもう機能回復訓練はあきらめてＡＤＬ訓練に移ってもよさそうなものなのに、ＡＤＬ訓練にはやる気が見られない」と思ったのかもしれない。ここでは「障害受容」理論がかえって患者の理解妨げていることがわかる。つまり、患者にとって未だ機能回復訓練を続ける「自分」が必要だったのである。その背景には、患者の置かれている経済的・家族的状況があるかもしれないし、患者の障害の範囲や程度が正確に評価されていないかもしれない。また、患者本来の性格傾向にも影響を受けているのかもしれない。しかし、その訓練士はその患者の言動を「障害受容」過程の「否認期」であるからだとしているところに大きな「共感不全」が存在することになる。これが、概念化され理論化されたために起こる「臨床との乖離（かいり）」である。つまり、ある概念・理論を用いることで「わかった」気になっているのである。これが、「障害受容」理論の臨床的弊害と言えよう。では、何をもって「共感」するのかと言った問題が浮かび上がってくる。それについては、次節で詳しく述べるが、今の例でいうと「患者の置かれている経済的状況」には社会的変革へのアプローチ、「家族的状況」には家族サポート、「患者の障害の範囲や程度が正確に評価されていない」についてはアセスメントと機能回復訓練・治療教育、「患者本来の性格傾向」については「障害」カウンセリングと「障害」ナルチシズムが対応する。

③再考「障害受容」 ～ 障害児・者臨床に求められる援助とは

a）アセスメントと機能回復訓練・治療教育

障害児・者およびその家族をサポートするカウンセラー等は、ほとんどの場合、同じ障害を持っていくことは少ない。それゆえ、真の意味での「共感」は不可能である。ただ、我々カウンセラーには、幸い臨床心理検査という「tool（道具）」を持ち合わせており、それが「共感」に大いに寄与することがある。前節の例で「患者の障害の範囲や程度が正確に評価されていない」という仮説をあげたが、「患者」に対して行なっている治療や訓練がうまくいかないときは、アセスメントを再度見直すことが必要である。にもかかわらず、大抵、訓練開始初期のアセスメントで終っていたり、そのアセスメントも非常にステレオタイプなものになってしまっており、決して「探索的」ではない。我々臨床家は、「患者」の障害理解とその改善に全力を注ぐために存在する。それゆえ、ありとあらゆる技術と知識を駆使し、「患者およびその家族」に貢献しなければならないと考えている。そのために、まず筆者は、臨床心理検査に多くの時間を費やすようにしている、なかには心理検査をそこまでする必要があるのか？と御批判が聞こえてきそうであるが、それは、健常者の勝手なヒューマニズムである。もっとも、必要に応じて心理検査はなされるべきであるが、心理検査を「差別」の道具と勘違いされる風潮が未だ存在するからだろうか。心理検査は、通常医学的・生理学的な検査に比して苦痛を伴うものでもなければ、負担の大きいものでもない（負担があるとすれば、検査の実施法に工夫を凝らせばすむことで、それがプロのテスターの仕事でもある）。もし、心理検査を受けることが「屈辱的」と感じるのであれば、それ自体が偏見ではないだろうか。ただ、障害児・者臨床に携わるカウンセラーは、心理検査の限界に挑戦しつづけ、機能障害や能力障害についての新たな発見とそれに対するアプローチの開発に多大なエネルギーを注ぐべきである。以前、重度の知的障害を伴う自閉症児に３時間かけて臨床心理検査を実施していた。「いくら検査しても重度は重度じゃないか」と批判するものもいたが、いくら重度であったとしても毎回毎回発達的変化を遂げるし、細かい発達的プロフィールを検討していくと新たなアプローチの可能性が見いだせる。たとえそれが、結果として効果をあげることが少ないとしても、その努力を惜しまないことそれ自体が、その自閉症児の母親の心を癒すことにつながることを幾度となく筆者は経験した。つまり、挑戦しつづけても理解できない障害・効果のあがりにくい治療教育、そこには臨床家としての挫折感や無力感が湧き起こるが、実はその「挫折感・無力感」は日頃母親が患児に対し抱えているそれと等価なのである。これが、障害における「共感」であり、あえて言うなら「障害受容」プロセスではないか。特に、先にあげた例のように、発達障害児を持つ母親と臨床家との関係を考えると、臨床家はその母親に常に矛盾したメッセージを出していることがわかる。一方では、「療育」で発達的改善が見られると言いながら、近い将来その「発達」には限界があり、以前持たせた「期待」を打ち破るのである。だから、「障害受容」なるものはそれ自体を概念化し、カウンセリング技法に反映させること自体無意味であり、さまざまなアセスメントを通じて、あまり効果が期待できないかもしれない機能回復訓練や治療教育の結果を経て、カウンセラーが障害児・者およびその家族を支えていくプロセスそのものが「障害受容」ではないかと思えるのである。

それに加え、未だに発見されていない病理が存在するかもしれない。例えば、脊髄損傷者に見られるうつ状態には「悲嘆」と区別されるものがあり、第６頚髄損傷以上では、比較的高率に受傷後せん妄が生じ、その後にうつ状態に移行するせん妄後症候群ともいうべきうつ状態が報告されているし、慢性疼痛に伴ううつ状態も見られ単に「障害受容」過程の「悲嘆」と考えてはならないものもある[13)]。これも「障害受容」理論のために、患者との「共感不全」が生じる一例であり、患者理解の飽くなき努力の成果である。

b）家族に対するサポート

臨床家の一見無意味かもしれない（実は有効なサジェスチョンが隠されていることがあるのだが）アセスメントやそれに対するアプローチを開発しつづけること自体が、障害児・者およびその家族の心の癒しに繋がることは、先に述べた。ここでは、それに加え家族に対する教育的側面について述べる。ほとんどの家族は、当該障害児・者に対する正確な障害の評価は持っていない。否、頭ではわかっているが心ではわかっていないとでも言うべきかもしれない。だから、ことあるごとに（そのほとんどはトラブルであるが）障害児・者の持つ認知特性等について説明をくり返し、そのトラブルの原因についてくり返し話し合わなければならない。障害理解の「徹底操作（working-through）」とでも言えるものである。それらを支えるものとして、「家族会」と言った自助グループへの参加やグループの育成も場合によっては有効に機能することがあることを臨床家は心しておかなければならない。

c）ピア・サポート

家族のサポートにおいては、自助グループへの参加やそのグループの育成が有効であることを示したが、これは当該障害児・者にも言える。それが、ピア・サポートである。ピア・サポートの機能は、①同じ障害者であること、②誰よりもいたわることができること、および③「援助するものがもっとも援助を受ける」ことである。ただ、ピア・サポートにおける、カウンセリング効果はモデリングによるもので、自己決定に近いかたちで、生活に直接役立つ技能を抵抗なく訓練等が行なわれるところにある。ただ、逆転移などの影響を受けやすいので、心理治療的なアプローチまでは要求しないほうがよい。

d）社会の側の変革を求めるアプローチ　～　ソーシャル・アクション

これについては、ソーシャル・ワークの領域であるので詳しくは述べないが、案外こう言った活動に対する関心は、障害児・者臨床に携わる臨床家には必要である。先に述べた家族サポートやピア・サポートにおける自助グループへの参加およびその活動は、障害児・者への偏見の払拭や障害の正しい理解の啓発、さらには障害者の権利擁護（アドボカシー：Advocacy）へとつながり、場合によっては国や地方自治体等に対して社会福祉の制度・施策の改善を求めていく社会活動である一方で、カウンセリング上、必要な行動化（acting-out）であることを心得ておかなければならない。つまり、障害を持ったことに対する怒りや悲しみが制度・施策として具現化することで、攻撃性（aggression）が社会化されるのである。そのように考えると、カウンセラーとして意図的に自助グループを支援し当該障害児・者およびその家族に行動化の「場」を提供することも「障害」カウンセリングの技法の一つと言える。そして、その活動を通してどう価値観が変化したかを話し合うことは非常に重要である。

e）「障害」カウンセリングと「障害」ナルチシズム

以上、「障害」カウンセリングにおいて、「共感」とはどうなされるべきかを述べつつ、「障害受容」を今一度見つめなおしてきた。そこで、最後に問題されるのが当該障害児・者およびその家族の性格上の問題である。「障害」カウンセリングを続けていると必ずといっていいほど、ある種の「共感不全」にみまわれる。その多くは、先に述べたもので整理がつくが、それでも共感し得ないものをあえて「障害」ナルチシズムと呼んでいる。例えば、何でも障害のせいにして社会化がなされない障害者やその家族に時に遭遇することがある。ある障害児を持つ母親は、「障害児を産んだのは、あの産婦人科で出産したからだ・・・あの夫と結婚したからだ・・・」とこぼした。この「他罰性」ともとれる言動は、責任と言うものを引き受ける「主体性」の未確立つまりは全人格的統合がなされていないことによるもので、このカウンセリングにおいてはかなり長期的展望をもってなされなければならない。

以上のことからおわかりのように、カウンセリングにおいて「障害受容」といったものを概念化し、ゴールに据えることやカウンセリング技法に反映させること自体はなはだ無意味であることはおわかりいただけたのではないか。つまり、ゴールは何であれ「共感」と言った相互交流というプロセスを維持することが「障害」カウンセリングの大きな目的であると言える。

2）拡大する発達障害概念とその障害受容～自己理解・自己受容へ

最後に、近年、障害福祉領域を始め、さまざまな領域で取り沙汰されている発達障害（神経発達症）児者本人の障害受容について触れる。

前節で、既に述べたように、発達障害はその罹病（りびょう）率の高さから、多因子モデルが想定され、DSM-5（前節参照）において、例えば、ASD特性は定型発達（いわゆる、健常発達）と境界線のない１つの「連続体（スペクトラム）」として捉えられた。それゆえ、発達障害を発達凸凹と称するべきであるとの指摘[14]もあるほどである。

このような流れのなか、本節のテーマを再考するならば、「障害受容」というよりは「（発達上の）凸凹受容」と捉え直さなければならない時代になったと言えよう。当然、その「受容」には“凹（弱み）”だけでなく“凸（強み）”をも対象としていく必要が出てきたのである。周知のごとく、発達上、全ての領域において“平均”の人間はいない。人は、必ずといって良い程、発達上の“凸（強み）”と“凹（弱み）”を有しつつ成長する。つまり、人はすべて「発達凸凹」といえるのである。その“凸（強み）”と“凹（弱み）”がその環境－社会に受け入れられると「個性」と呼ばれ、そうでないとき、「障害」と呼ばれるだけなのである。それゆえ、後者を（障害ではなく）“少数派”と呼ばれるようになってきている。

その一方、多くの支援者は未だに「就労すること」「家族や社会とうまくやっていくこと」つまりは、「本人の問題行動が減り社会的に適切に（多数派と同じように）振る舞えること」を目的とした「障害受容」を「おしつけ」ている。さらには支援者自身、このような「上から目線の障害受容」に無自覚であるとの指摘[15]さえある。それは、例えば前節で述べたDSM-5におけるASD診断基準において、以前より臨床的に指摘されていた知覚過敏性・鈍感性など知覚異常の項目がやっとASD診断基準に追加された背景に、それらによる当事者の苦悩の深刻さに寄り添えていなかった支援者・専門家の存在が見て取れる。それゆえ、一般健常者からみた問題行動が減ったところで、健常者と異なる部分で幸福感を得ているASD児者の“ASDらしく生きる幸せ”まで奪ってしまっては、ASD児者にとっての尊厳は保たれないのである。つまり、「自分自身のことを理解し、好きになるよりも早くに、自分は支援を受けた方が良いさまざまな理由」を（支援者から）学習してしまい、自分は他人の手を借りなければならない「欠陥品」のように感じ[15]させるのであれば、この「おしつけ障害受容」という「支援」はASD児者にとっての自尊感情、ひいてはそのアイデンティティ形成に果たしてポジティブな効果をもたらすのであろうか。確かに、自分自身の困難性への理解とそれに基づく援助希求（SOSを出すこと）ができなければ社会的自立は望めない。ただ、「素直にSOSを出す」ことができるようになるため、つまりは、自分自身の困難性である“凹（弱み）”を理解し受け止めるためには、ありのままの自分に対する肯定的イメージ＝自尊感情が必要となる。さらに、自己についての理解は他者についての理解と不可分であり相互に関係し合う[16]ことから、その“凸（強み）”である肯定的な自己イメージは他者によって共有されて、はじめてそのアイデンティティの基礎をなすと考えられる。

こう考えたとき、発達障害児者の「障害受容」とは「（発達障害である）自分にはどんな“凸（強み）”と“凹（弱み）”を有しているのか、さらには、（発達障害ではない）周囲の人間も（自分とは違う）どんな“凸（強み）”と“凹（弱み）”を有しているのだろうか、といったことへの気づき・関心への取り組みがその支援として重要となろう。さらに、この「自己（他者）理解・自己（他者）受容」は相互に影響を与えるため、既述の“問いかけ”は、定型発達者、つまりは支援者にも向けられるということになる。それゆえ、発達障害である自分を肯定的に受け止められるには、その周囲にいる家族・友人・支援者等が彼らの有する発達特性としての“（彼・彼女）らしさ～“凸（強み）”と“凹（弱み）”のギャップ”を味わい、愛しむことが先行して求められるのである。

発達障害当事者である菊池[13]も指摘しているように「・・・（中略）私の独特な関わり方を面白いものとして関わってくれる人が多く、自身がASD特性をネガティブに捉えずにいられれば自分も周りも楽でいられる」仲間の存在が重要で有り、それを地域で如何に具現化していくかが、発達障害を有するものにおける「障害受容」支援と言えるのではないだろうか。

（櫻井秀雄）

【引用文献】
1）Babinski,M.J.（1914）Contribution a l'etude des troubles mentaux dans l'hemiplegie organique cerebrale（anosognosie）.
2）Freud,S（1996）「悲哀とメランコリー」人文書院 pp137 ～ 149.
3）Schilder,P.（1983）「身体図式―自己身体意識の学説への寄与」金剛出版 .
4）Grayson,M.（1951）Concepts of "acceptance" in physical rehabilitation. JAMA145,893-896.
5）Kubler-Ross, E.（1971）「死ぬ瞬間」読売新聞社 .
6）Cohn,N.（1961）Understanding the process of adjustment to disability. J. Rehabil. 27,16-19.
7）Fink,S.L.（1967）Crisis and motivation:A theoretical model. Arch. Phys. Med. Rehabil. 48,592-597.
8）Dembo,T.Leviton G.L.et al（1956）Adjustment to misfortune-A problem of social-psychological rahabiritation. Artificial Limbs,3,4-62.
9）Wright,B.A.（1960）Physically Diability-A Psychological Approach.Harper & Brothers Publishers, New York.
10）Goffman,E.（1984）「スティグマの社会学－烙印を押されたアイデンティティ」せりか書房 .
11）高瀬安貞（1958）「身体障害者の心理―更生とその指導」白亜書房 .
12）上田敏（1980）「障害の受容」総合リハ　第８巻　515-521.
13）南雲直二（1997）「障害とその家族の QOL に関わる危険構造に関する研究」平成８年　度厚生科学研究補助金（障害者等保険福祉総合研究事業）報告書 .
14）杉山 登志郎（2014）:「発達障害から発達凸凹へ」, 小児耳鼻咽喉科，35(3)，179-184.
15）片岡　聡・菊地啓子（2018）：自閉スペクトラム症（ＡＳＤ）の「障害受容」について．教育と医学 第66巻５号.
16）辻平治郎．（1993）．自己意識と他者意識．京都：北大路書房.

【参考文献】
1）滝吉美知香・田中真理（2011）：思春期・青年期の広汎性発達障害者における自己理解　発達心理学研究, 22(3)，215-227.

(3) 高齢者福祉に求められる教育心理学（高齢者のうつ病と心理的 well-being）

1）高齢者のうつ病

うつ病は一般に、気分の落ち込みや日常の活動での興味・喜びの喪失を主症状とする疾患である。周辺症状としては、食欲の減退・増加や、不眠・睡眠過多、精神運動性の焦燥・制止、疲れやすさ、思考力や集中力の減退、自殺念慮や自殺企図などがみられる。そして、これらの症状がほとんど１日中、ほとんど毎日あり、２週間にわたることがうつ病の診断基準とされる（表 2-4）。

うつ病の発症リスクに大きな年齢差は認められないが、65 歳以上の人がうつ病にかかる割合は１割を超えるとする調査もある（厚生労働省平成 23 年患者調査）。認知症と並んで高齢期に多い精神疾患である。

高齢者のうつ病の症状の現われ方は、個人差が大きく非定型という特徴から気づかれにくいことが多い。高齢期のうつ病では、若い世代のうつ病と同様に、興味・喜びの喪失や意欲の低下は認められやすい一方で、抑うつ気分や悲哀のような典型的な精神症状が目立ちにくいことから、他の疾患との見分けが難し

＊表2-4 大うつ病性エピソードの診断基準（DSM-5）2013

A	以下の症状のうち5つ（またはそれ以上）が同一の2週間に存在し、病前の機能からの変化を起こしている。これらの症状のうち少なくとも1つは、①抑う気分または②興味または喜びの喪失である (1) ほとんど毎日の1日中続く抑うつ気分 (2) ほとんど毎日の1日中続く興味や喜びの消失 (3) 食欲・体重の変化 (4) 睡眠障害 (5) 精神運動性の制止または焦燥 (6) 気力の減退 (7) 無価値感や罪責感 (8) 思考・集中・決断の困難 (9) 自殺念慮や自殺企図
B	症状は臨床的に著しい苦痛または社会的・職業的・他の重要な領域における機能の障害を引き起こしている
C	エピソードが物質や他の医学的状態による精神的な影響が原因とされない
D	大うつ病性障害の出現は、統合失調性感情障害、統合失調症、統合失調症様障害、せん妄障害または他の特異的、非特異的な統合失調症スペクトラムおよび他の精神病性障害ではうまく説明ができない
E	過去に躁病性エピソードや軽躁病性エピソードはなかったこと

[日本精神神経学会（日本語版用語監修）、高橋三郎・大野 裕（監訳）：DSM-5 精神疾患の診断・統計マニュアル、p.160、医学書院、2014]

い場合がある。睡眠障害や胃腸障害、頭痛、便秘・下痢などの不定愁訴（はっきりした原因や理由がなく、身体の調子がなんとなく悪いという訴え）があるのも高齢期のうつ病の特徴である。さらに、抑うつ気分と記憶の衰えに関する訴えとは関連が深く、「忘れっぽくなった」や「もの覚えが悪くなった」等の訴えが、うつ病を背景に現われることも少なくない。不安の症状が前面に強く現われる場合、本人だけでなく家族にもうつ病だと気づかれにくいことがある。時には、被害妄想や関係妄想などの意識障害が認められることもある。また私たちの意識に潜在する「年をとれば気持ちが沈むものだ」とするエイジズム（加齢への偏見）は、うつ病の早期発見の妨げとなったり、「年のせい」としてうつ病の対応が遅れたりする原因にもなりやすい。

このように見落とされがちな高齢期のうつであるが、うつ病とアルツハイマー型認知症とが合併しやすいなど、認知症発症のリスクとも密接に関係していることから早期発見と治療が重要とされる。

2）高齢者のうつ病の背景要因

高齢者のうつ病の発症には、脳の器質的病変や身体的要因と心理・社会的要因が複雑に関連して影響を及ぼすことが多い。うつ病に関連する心理・社会的要因としては、高齢期に起こりがちな近親者との死別、加齢に伴う身体的健康の減退、社会的役割の縮小などの喪失があげられる。ただ、同じ出来事を体験しても、うつ病を発症する人もしない人もいるというように、出来事そのもの

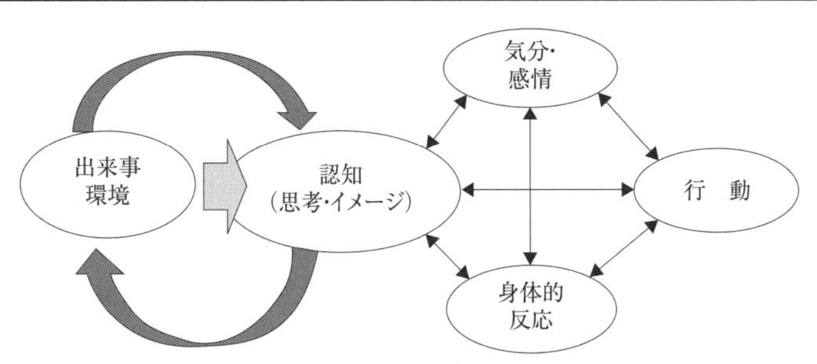

＊図 2-4　気分と出来事・認知の関係

が直接的にうつ病の発症につながるわけではない。例えば退職という出来事に対して、やっと自由な時間が持てると思う人と、仕事という生きがいを失い途方に暮れる人がいるように、出来事の受け止め方には個人差がある。また、退職後の新しい生活のスタートを応援してくれる家族や知人の支え、地域社会とのつながりの程度、地域のサービスの活用の可能性といった社会的な背景も、退職後の生活を考える際の認知や気分、その後の行動に影響する。このように、個人の身体的・心理的・社会的要因と環境要因（出来事や対人関係、社会資源等のその人の置かれている状況）とは相互に影響を及ぼしながら、うつ病の症状やその経過が規定される（図 2-4)。

3）高齢者のうつ病への対応

うつ病の高齢者は、さまざまな症状を経験して自分自身の状態が把握できずに不安な状態にあることが多い。そのため、表 2-5 に示すようなうつ病に関する知識をわかりやすく伝えて、高齢者の不安を和らげ、治療に向けての動機づけを高めることもできるだろう。うつ病の症状や対処法についての情報を正しく提供することは、特に軽度のうつ病に有効とされ、適切な対応でうつ病は改

＊表 2-5　高齢期のうつ病に関する知識

－**うつ病は特別な病気ではありません**：65 歳以上でうつ病に罹患する人は 1 割以上ともいわれ、うつ病は誰もがかかりやすい病気です。

－**老年期のうつ病の現われ方には個人差があります**：老年期のうつ病は、気分の落ち込みだけが目立つのではなく、意欲の低下、焦り、不安など症状の現れ方に個人差が大きいのが特徴です。

－**身近な人に話しましょう**：うつ病は自分や家族でも気づきにくいので、一人で悩まずに身近な人に相談して理解を得ましょう。

－**「気の持ちよう」だけではないので自分を責めないでください**：老年期のうつ病には、個人の性格だけでなく、身体の状態、脳の加齢に伴う変化などが複雑に関連しています。

－**うつ病は治療で治る病気です**：うつ病には確立された治療法があり、個人差はありますが、適切な治療を受けることで症状の改善が期待できます。

－**毎日の工夫で予防ができます**：軽いうつ病の症状は、運動、生活習慣、対人交流などの日常生活における工夫で改善されやすく、予防にもつながります。

－**おかしいなと思ったら専門家に相談しましょう**：自分に合った対処法を見つけるうえで、医療機関や保健所などでの専門家への相談が有効です。

善する可能性がある疾患であることを理解してもらう手がかりとすることができる。

こうした心理教育的なアプローチに加えて、高齢者のうつ病に対して、投薬による身体的側面の治療のほか、心理療法やカウンリングなどの非薬物業法の有効性が確認されている。心理療法のなかでは認知行動療法のように介入方法が構造化され、介入の目的が明確な療法が、高齢者のうつ病の治療に有効であるとされてきた（Laidlaw ら（2004), James（2010）ほか)。しかし、近年のメタ分析の結果からは、従来の認知行動療法の効果は、明らかに高齢者に高いものではないことが示されている（Kishita & Laidlaw（2017）ほか)。一方、マインドフルネスに代表される認知行動療法が、加齢の心理的問題にも適用されつつあり、効果の検証が進んでいる。マインドフルネスは、認知行動療法の第3世代（Hayes, S. C., 2004）といわれる展開の代表的なアプローチの方法である。マインドフルネスという言葉は、もともと仏教の瞑想の「気づき」という意味で用いられてきた。それが心理学の技法として確立し用いられるようになったのは1990年以降のことである。マインドフルネスは、「今この瞬間に、判断することなく、意図的に、注意を向けること」と定義され（Kabat-Zinn, J, 1990)、現実をあるがままに受け止め、それに対する思考や感情にとらわれないでいられるようになることを意味する。マインドフルネス・ストレス低減法とよばれる介入法では、「今ここ」を意識して注意を向け、自分の感情や思考に巻き込まれずに客観的に状況を見つめることで、抑うつ気分をもたらすネガティブな認知の変容を促すアプローチである。

4）高齢者の心理的 well-being とポジティブ心理学

適応的な高齢期の生き方を現す概念にサクセスフル・エイジングがある。サクセスフル・エイジングの考え方はさまざまであるが、Lawton（1983）は人生の意味は晩年に質的に変化するとし、サクセスフル・エイジングの構成要素として、心理的 well-being、行動能力、知覚された生活の質、環境の4領域をあげた（図2-5)。その4つのうち、行動能力と環境は客観的に把握される領域、心理的 well-being と知覚された生活の質は主観的評価であり、それぞれの領域は独立して存在する。これらの領域は複数の下位項目からなり、それぞれの評価がサクセスフル・エイジングの水準を規定するとした。この心理的 well-being を重視する考え方では、たとえ疾患による障害や機能の衰退があったとしても、その状態に適応的に対処し心理的に高いレベルの well-being が維持できれば、それを適応的な状態だと考える。いいかえれば、客観的な事実よりもむしろ、変化に対してどう向き合うかと言う情動的な側面を含めた加齢への対処を多次元的にとらえる視点（Birren & Schoots, 1996）といえる。

「健康」はたんに疾病や障害がないということではなく、身体的、精神的、社会的に完全に良好な状態（well-being）であるというのは、1948年にWHOが提唱した健康についての定義である。以来、精神的側面への関心の高まりから、心理的well-beingが健康を考えるうえでの重要な要素としてとらえられるようになった。心理的well-being（psychological　well-being）は、幸福感や人生満足、充足感など、主観的な幸福感情や心理的な健康という意味で包括的に用いられる言葉である。

人が年齢を重ねて変化していく過程には、衰退と同時に成熟という側面も共に存在する。その時に、衰退のみを重視するのではなく、獲得と衰退の相互作用として精神的な成熟にも目を向けることの重要性が、心理的Well-beingをめざすアプローチから明らかにされている。

高齢期をよく生きるために何が必要かという健康支援のあり方を模索するうえで、不安を含む精神的にネガティブな側面を理解し介入を試みるアプローチとともに、心理的なwell-being（Psychological well-being）に人間の徳（virtues）や強み（strength）からアプローチするポジティブ心理学（Seligman, 1998）の枠組みがある。人間性のより肯定的な側面に注目し、その理解を通して健康に貢献しようとするポジティブ心理学の近年の研究からは、高齢期の心理的well-beingと健康、長寿との関連が指摘されている。

うつ病への従来の心理的アプローチでは、主に弱さの克服に焦点をあてがちだった。しかし、近年のポジティブ心理学のアプローチでは、個人が本来持っている強みを活かし、日々の生活を充実させていくことに目を向ける実践が展開されている。

（日下菜穂子）

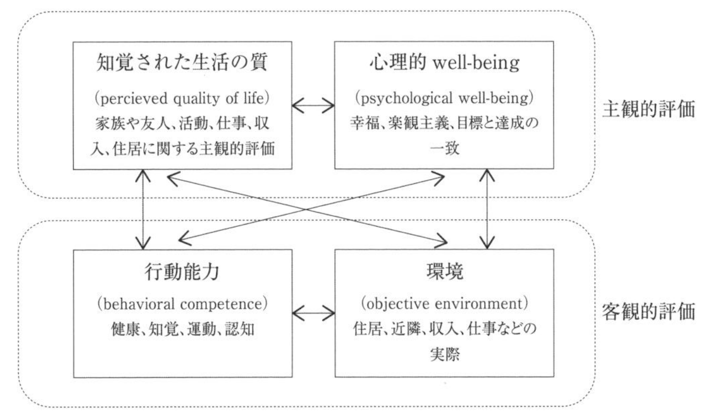

＊図2-5　サクセスフル・エイジングの構成要素（Lawton ,1983; 小田 , 2004）

【引用・参考文献】
1）American Psychiatric Association, 2013 Diagnostic and Statistical Manual of Mental Disorders, Fifth Edition（DSM-5).（日本精神神経学会日本語版用語監修，高橋三郎・大野裕監訳・染矢俊幸・神庭重信・尾崎紀夫・三村将・村井俊哉訳，2014 アメリカ精神医学会『DSM-5 精神疾患の診断・統計マニュアル』、医学書院
2）Birren, J. E. & Schooler, J. J. F. (1996). History, Concepts and Theory in the Psychology of aging. In Birren, J. E. & Schaie, K. W.(Eds.), Handbook of the psychology of aging 4th ed. San Diego: Academic Press. 3-23.
3）Hayes, S.C., 2004 Acceptance and Commitment Therapy, Relational Frame Theory and the Third Wave of behavioral and cognitive therapies. Behavior Therapy, 35, 639-665.
4）James, I. A. (2010). Cognitive behavioural therapy with older people: Interventions for those with and without dementia. London, England: Jessica Kingsley Publishers.
5）Kabat-Zinn, J. 1990 Full catastrophe living: using the wisdom of your body and mind to face in Stress, Pain and illness. New York Dell Publishing.（春木豊訳 1993　生命力がよみがえる瞑想法；"こころ" と "からだ" のリフレッシュ．実務教育出版）
6）Kishita, N., & Laidlaw, K. (2017). Cognitive behaviour therapy for generalized anxiety disorder: Is CBT equally efficacious in adults of working age and older adults? Clinical Psychology Review, 52, 124-136.
7）Laidlaw, K., Thompson, L. W., Gallagher-Thompson, D. 2004, Comprehensive conceptualization of cognitve behaviour therapy for late life depression. Behavioural and Cognitive Psychotherapy, 32(4), 89-399.
8）Lawton, M. P. (1983) Environment and other determinants of well-being in older people. The Gerontologist, 23, 349-357.
9）小田利勝 (2004). サクセスフルエイジングの研究．学文社，東京
10）Seligman, M.E.P. (1998). Learned Optimism. New York: Pocket Books

2．福祉場面に求められる心理学的アセスメント

本節では福祉場面に求められる心理学的アセスメントとして、近年、話題となっている「発達障害」に焦点を当て、その包括的なアセスメントの実際を紹介する。福祉領域において、発達的観点から捉える（アセスメントする）ことの重要性は、前節で既に述べたが、全ての人間が全ての分野において同じ発達を遂げることは考えられない。人は皆、「得手不得手」を有し、それを「個性・特性」と呼ぶ。そういった意味において、全ての人間は、発達に「何らかの個性・特性」を有し、程度の差こそあれ、「何らかの発達障害」を有しているといえる。このことを、杉山（2014）は、近年の罹病率研究により、発達障害は1割を越えるという驚くべき頻度が示されるなか、多因子モデルが適合することをふまえ、従来の発達障害よりもずっと広範な、素因としての特殊な認知特性を有するグループとしての「発達凸凹」と指摘した[1]。それゆえ、各福祉領域における利用者・来談者の「生きにくさ」の背景に発達上の「何らかの個性・特性」が影響を与えているのであるから、そのアセスメントは必須となり得る。

従来、発達障害児・者のアセスメントに関しては、主として医療モデルのなかで①診断や特性把握のために用いられるものや、②教育モデルなどのなかで障害児・者のもつ知的能力などの能力把握を行なう、という２つの側面での使用が中心で、実際に障害児・者福祉に必要とされる、③（障害の度合い把握と必要な支援提供につながる）生活状況や適応把握が、支援者の教育・研修にお

いても、実際の障害程度認定から個別支援計画作成に至る課程においても十分に活用されてこなかった。それどころか、①および②が相補的に存在するにもかかわらず、未だアセスメントにおける有機的な臨床適用が十分とはいえないのが現状である。

なぜなら、発達障害、特に自閉スペクトラム症（以下、ASD）の中核障害である「社会性の障害」については、②にあたるところの児童用ウェクスラー知能検査（以下、WISC）等の知能検査ではスケールすることができないと指摘されているにもかかわらず、未だ、「WISCを施行すれば発達障害（特に、ASD）かどうかがわかる（①に該当）」とか「知能指数（以下、IQ）が高ければ支援は必要ない（③に該当）」等（いわゆる『WISC神話』）が横行し、適切な支援を適切な時期に受けられない状況に陥っている事例は後を絶たないからである。

そこで、本節では、発達障害、特にASDに関する①および②の有機的な臨床適用について先行研究を概観しつつ、自験例に施行されたWISC-Ⅲをはじめとする発達臨床心理アセスメント結果と比較することで、Pdd-Asd - Rating - Scale - Text - Revisoin(以下、PARS-TR)等との関連性に現れるASDの特徴とその臨床的適用（③）の観点からその留意点を検討する。さらには、WISC-ⅢからWISC-Ⅳへの移行に当たり、ASDの中核障害である「社会性の障害」のアセスメントと言った観点から、発達障害臨床のみならず児童虐待臨床に与える影響を検討することで、その臨床的留意点を考察する。

(1) 発達特性のアセスメント

1）Pdd-Asd - Rating - Scale（PARS）について

PARS（パース）は、わが国で独自に開発された、自閉性障害、アスペルガー障害、特定不能の広汎性発達障害など、いわゆる自閉症スペクトラムに焦点を当てて作成された評定尺度である。評定方法はインタビュー形式であり、評定対象者の主養育者に対するインタビューを通じて、評定対象者の幼児期の特徴と現在の特徴を自閉症スペクトラムの行動特徴という観点から把握することができる。そしてPARS評定を通じて得られるPARS得点によって、評定対象者の適応困難の背景に自閉スペクトラム症特性が存在している可能性が高いかそうでないかの示唆を得ることができる。さらにPARS項目は自閉スペクトラム症の人たちの日常生活における適応困難性を反映しているものが多いため、評定対象者の支援ニーズを把握することも可能である。すでに述べたようにPARSは養育者に対するインタビュー評定であるため、幼児期や現在の行動特徴とその行動に関連する情報を詳細に把握することを通じて、評定対象者の支援ニーズだけでなく、支援の手がかりを得ることもできる。同時に、インタビューに答える養育者自身の評定対象者に対する理解が、その行動特徴の観点から深まっていくということも期待できる。

ただし、PARSで確定診断が行なえるわけではなく、あくまで、そのような可能性が示唆される程度が強いかそうでないかということに十分留意しておく必要がある。またPARS委員会ではPARSの適用年齢をその項目内容から3歳以上と考えている。実際、金原（2008）は「有意語が少ない2歳代の幼児は比較的高得点を示すことが多いため評定を慎重にすべきである」旨の報告[2)]をしている。PARSの使用に際しては、この点にも留意すべきである。

2）PARSの尺度構成と項目内容

PARSには57項目で構成されるフルスケール版と23項目で構成される短縮版が存在する。フルスケール版、短縮版とも、尺度構成は評定対象者が該当する年齢帯によって、幼児期ピーク評定と現在評定を実施することとなっている。幼児期ピーク評定とは「幼児期の症状が最も顕著な時の評定」であり、3つの年齢帯とも各版の幼児期項目を用いて評定する。現在評定とは「現在／最近の症状の評定」であり、各年齢帯の現在評定項目を用いて評定する。ただし評定対象者が就学前の場合には、同じ幼児期項目を用いて2つの評定を行なう。これは例えば、評定対象児が現在5歳である場合に、3歳の時に顕著であった症状が5歳時点では軽減し得るからである。PARSには2つあるいは3つの年齢帯に共通の項目があり、フルスケール版では幼児期項目が項目1から項目34、児童期項目が項目21から項目53、思春期・成人期項目が項目25から項目57となっている。

PARSの項目内容は、自閉スペクトラム症の行動特徴（発達・行動症状）に基づいて作成されている。作成経過のなかでは、対人、コミュニケーション、こだわり、常同行動、困難性、併発症、過敏性、その他（不器用）の8領域を想定して項目をリストアップした。しかしその後の研究[3)]において幼児期34項目の因子分析を行なったところ、社会的コミュニケーション（項目1, 2, 3, 4, 5, 6, 7, 9）、感覚性／困難性（項目20, 24, 26, 27, 28, 30, 31, 32, 33, 34）、常同行動（項目12, 14, 15, 17, 18, 19, 22, 23）、興味の限局（項目8, 10, 11, 13, 16, 21,25, 29）という4因子構造が得られている。各因子に該当する具体的な項目内容は、例えば、社会的コミュニケーションでは項目5「指さしで興味あるものを伝えない」、項目6「言葉が遅れる」などがあり、感覚性／困難性では項目28「過去の嫌なことを思い出して、不安定になる」、項目30「特定の音をいやがる」などがあり、常同行動では項目22「ページめくりや紙破りなど、物を同じやり方で繰り返しいじる」、項目14「くるくる回るものを見るのが好きである」などがあり、興味の限局では項目11「CMなどをそのままの言葉で繰り返し言う」、項目25「同じ質問をしつこくする」などがある。PARSの項目は、自閉スペクトラム症の人たちによく見られる行動で日常生活の困難をもたらす行動内容によって構成されている。

3）PARSの評定方法

PARSは［0, 1, 2］の3段階で評定を行なう。0は「なし」であり、そのような行動症状は認められなかった場合の評定、1は「多少目立つ」であり、多少（時々）そのような行動症状が認められた場合の評定、2は「目立つ」であり、そのような行動症状がかなり（よく）認められた場合の評定である。行動症状の程度は頻度と程度の両方の観点から評定して3段階のいずれに該当するかを判断する。インタビューの仕方は、基本的にはPARS本体版に記載されている「聞き方」を読み上げることになるが、評定者の判断で内容が変わらない範囲で質問の仕方や文言を変えることと「聞き方」に例示されていないものの追加は許容されている。このため、「自閉スペクトラム症の基本的理解が使用に必須となる」ので、評定者は自閉症スペクトラムに関わる専門家でなければならない。

なお、ＰＡＲＳが抱えていた幾つかの課題を解消し、より使いやすくするために2013年よりＰＡＲＳ（Pdd - Asj - Rating - Scale）を改訂し、ＰＡＲＳ - ＴＲ（Pdd - Asd - Rating - Scale - Text - Revisoin）とした。ただし、下記の3点以外のＰＡＲＳ - ＴＲの尺度構成はPARSと同じである。

①［0,1,2］の3段階評定の各評定についての指針（評定例）が十分ではなかったので、各評定値として想定している状態像を具体的に示す評定例を大幅に書き加えた。

②評定項目を「頻度と程度」から評定することについての指針が十分ではなかったので、いずれの視点から評定するかを明示した。

③項目を評定できない場合（評定不能の場合）の記録方法が明確でなかったので、［8］養育者からの情報が得られない場合、［9］その他の障害や発達レベルの影響による場合を加えた。

4）PARS-TRの留意点

ＰＡＲＳ - ＴＲは支援ツールであり、養育者と支援者で評定対象児者の理解を共有し深めることが目的である。つまり、養育者にとっての心理教育の機会を与えることが重要となる。さらには、ASD児であるわが子を肯定的に受け止めることを支援するチャンスでもある。それゆえ、支援者である評価者自身も、PARS-TRでリストアップされているASD特性を肯定的に受け止め、時にはその特性が「微笑ましくも愛らしい」尊重されるべき個性・文化であることを忘れてはならない。このように、評価者、支援者、養育者がASD症状を肯定的に受け止めることができて初めて、当事者が確立するであろうASDとしてのアイデンティティ－ASDである自己を肯定的に受け止めることが成就するのである。

(2) 認知機能のアセスメント

1）ウェクスラー知能検査の歴史

ウェクスラー（Wechsler, D.）は、言語性IQ、動作性IQという測定概念を用いて、個人内差の測定をしようと試みたが、その後の因子分析研究により、この2つの区分は4つの指標得点（もしくは群指数）へと洗練された。現在、児童用の第4版であるWISC-Ⅳでは、言語性IQと動作性IQが廃止され、全検査IQと4つの合成得点で個人の認知特性を測定することが強調されるようになった。また、合成得点間を比較する「ディスクレパンシー比較」や下位検査のばらつきを見る「強い能力」「弱い能力」の評価、下位検査内の得点パターンを評価する「プロセス分析」も結果分析に位置づけられるようになった。WAIS-Ⅳ（日本版未刊行）では、言語理解指標と知覚推理指標をもとにGeneral Ability Index；GAIも算出できるようになっている。

2）WISC-Ⅳの構成

WISC-Ⅳは13の下位検査と4つの指標得点、全検査IQから成り立つ（図2-6[4]）。キャテル（Cattele, R.B.）らの知能因子説[5]では、新しい場面への適応を必要とする際に働く能力である「流動性能力」と過去の学習経験から得られた判断力や能力である「結晶性能力」に分けて知能は考えられたが、ウェクスラー検査においても伝統的に「言語性」「動作性」を、それぞれ「結晶性」

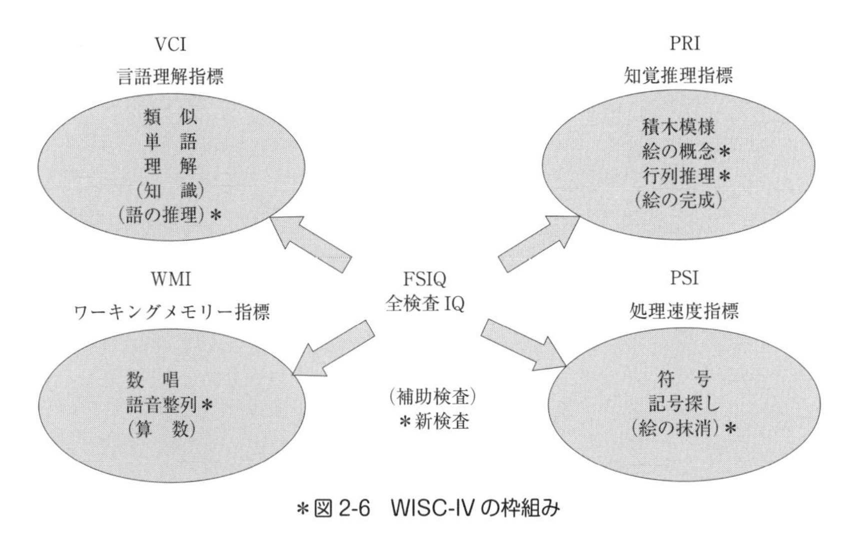

＊図2-6　WISC-Ⅳの枠組み

と「流動性」を反映するものとして捉えてきた。

しかし、近年の知能機能の研究の流れであるＣＨＣ理論[6]を受け、近年の改定の際には流動性能力が強調されるようになり、WISC- Ⅳでは全検査 IQ と4つの指標得点は、知識や結晶性能力を反映しやすい下位検査「知識」「算数」を補助検査に下げ、より推理・推論が必要とされる下位検査「絵の概念」「行列推理」を取り入れるなど下位検査構成が更新された。また、短期記憶を主に測定すると考えられていた注意記憶（freedom from Distractibility）の指標を、学習や日常生活に深く関係する概念である「ワーキングメモリー」に改定したことも、WISC- Ⅲからの大きな変更点である。

4つの指標得点について見てみると、「言語理解」とは言語概念形成、言語推理、環境から得た知識を測定するとされる。つまり、言語理解は、言語発達の状態、言語能力、結晶性能力を表す指標といえる。そして、これらの能力は、言語指示や説明の理解、教科学習の内容の理解、言語表現や言語による意思主張、会話などの言語的コミュニケーションなどとも関係する。「知覚統合」とは、視覚的に情報を入力し、視空間的に考え、イメージし、運動として出力するという視覚的情報処理能力（知覚推理、流動性推理、空間処理、視覚 - 運動の統合）を測定する。なお、知覚統合は、視覚的処理だけでなく、流動性能力、つまり新しい問題や課題に対しての解決能力や対応力も反映する。また、「ワーキングメモリー」は、情報の操作と保持にかかわる記憶であるワーキングメモリー（作動記憶）を測定する。この機能は、例えば計算をするとき、たくさんのことを一度に覚えたり、何か手順を覚えておきながら作業をするときなどに働く記憶の機能である。この能力が低い子どもは、学齢期においては読み書きの習得や暗算、複数の指示の聞き取り、段取りをつけることなどに弱さがみられる。「処理速度」は、視覚情報を素早く正確に読み込み、処理する能力であるが、視覚的短期記憶、注意、視覚運動の協応も関係する。精神的な敏捷性に欠けていたり、マイペースで切りかえが苦手であったりする子どもはこの能力が低くなりやすいことも多い。

3）WISC- Ⅳの解釈

WISC- Ⅳの解釈は「全検査 IQ」→「4つの指標得点」→「複数の下位検査」→「1つの下位検査」→「プロセス分析・反応分析」というように、総合的な特性の分析から下位検査のより詳細な分析へと進んでいく（表 2-6[7]）。解釈の際には、子どもの年齢集団と比較する個人間差と、子どもの得意なこと、苦手なことに関する重要なパターンを明らかにするといった個人内差の２つの視点をとっていく。

＊表 2-6　解釈の基本的な流れ

(日本版 WISC- Ⅳ理論・解釈マニュアル　pp.91-102 より引用)
ステップ 1　全検査 IQ (FSIQ) の報告・記述
ステップ 2　言語理解 (VCI) の報告・記述
ステップ 3　知覚推理 (PRI) の報告・記述
ステップ 4　ワーキングメモリー (WMI) の報告・記述
ステップ 5　処理速度 (PSI) の報告・記述
ステップ 6　指標間の得点の差を評価
ステップ 7　強い能力 (S) と弱い能力の評価 (W)
ステップ 8　下位検査間の得点の差の評価
ステップ 9　下位検査内の得点パターンの評価 (プロセス分析，プロセス観察)

4）臨床クラスター分析

臨床クラスターとは、CHC 理論に基づく理論的に類似の能力を特定すると仮定される下位検査のまとまりである（表 2-7[8]）。個人内分析には、下位検査の得点でなく、合成得点（指標）やクラスターを使うことが望ましいとされる。その場合、分析に用いられる合成得点やクラスターは、指標内あるいはクラス

＊表 2-7　臨床クラスターの定義

臨床クラスター	下位項目	臨床クラスターの定義・CHC 因子との関係
流動性推理 (Gf)	行列推理 絵の概念 算数	自動化して遂行することができない新奇の課題に直面した際の知的操作力として定義される。このような知的操作力は、概念を形成したり、再認識したりすること、また、思考様式（パターン）間の関係を知覚したり、推論を導いたり、問題解決を行ったりすることなどを含む。
視覚処理 (Gv)	積木模様 絵の完成	視覚的な図形や、刺激の生成、知覚、分析、統合、蓄積、再生、操作、変換といった能力として定義される。
非言語性流動性推理 (Gf-nonverbal)	行列推理 絵の概念	視覚情報における流動性推理 (Gf)：Gf-「算数」
言語性流動性推理 (Gf Verbal)	類似語の推理	広範な結晶性知能 (Gc) だけでなく、流動性推理 (Gf) をも測定しようとする「類似」と「語の推理」で構成され、両方とも言語刺激によって（帰納的に）筋道を立てて話す能力が求められる。
語音の知識 (Gc-VL)	語の推理 単語	個人の分化的な知識の集積の広さや深さ、および、そうした知識の効果的な使用として定義される広範な結晶性知能 (Gc) の中でも、「語の推理」「単語」は語葉の知識といった限定的な結晶性知能 (Gc) を測定しており、正しい語の意味が理解されている程度を測定する。
一般的知識 (Gc-KO)	理解知識	広範な結晶性知能 (Gc) の中でも、「理解」「知識」は一般的知識といった限定的な結晶性知能 (Gc) を測定しており、個人が有する一般的な知識の範囲として定義される。
長期記憶 (Gc-LTM)	単語知識	広範な結晶性知能 (Gc) を測定する「知識」「単語」は、一般的知識といった限定的な結晶性知能 (Gc) を多少なりとも測定している。
短期記憶(Gsm-WM)	語音整列 数唱	情報を即時意識の中でとらえ、保持し、数秒内にその情報を操作する能力として定義される。「語音整列」「数唱（逆唱）」で測定しているワーキングメモリーは、分割的に注意を向け、短期記憶の限られた容量の管理を要する情報を、一時的に保持し、一連の認知的操作として遂行する能力である。

ター内の最も高い得点と最も低い得点の間に統計的な有意差がなければ単一の能力を表わしていると見ることができる。今日、CHC 理論を背景にした臨床クラスター間の関係を調べるたくさんの研究が蓄積されつつあるが、その有用性が次第に認められてきている。

WISC-IV の4つの指標が、それぞれ単一の能力として解釈することが困難な場合には、他の下位検査との組み合わせから概念化された臨床クラスターによっての解釈の可能性が生まれる。臨床クラスターの比較は、比較しようとする2つのクラスターがともに単一の能力を表わしていると認められたときにだけ行なうことができる。

5）ウェクスラー検査上に表われる ASD 特性

今日まで ASD の認知特性に関して Wechsler 知能検査のプロフィール分析を用いた研究が多く行なわれてきた。

ASD の中核群である自閉性障害のプロフィール特徴としてまず、言語性 IQ（以下、VIQ と記す）と動作性 IQ（以下、PIQ と記す）には乖離があり、PIQ の方が高いという点があげられる。VIQ よりも PIQ が高い、つまり言語発達に遅れがある一方で、知覚体制化能力は高いという傾向は、自閉性障害に特徴的であると考えられてきた。さらに、下位検査の成績については、言語性下位検査では「数唱」が良く「理解」が低い、動作性では「積木模様」が良く「絵画配列」「符号」が低いという特徴が報告されている。これらの特徴から、機械的な記憶や視覚刺激を部分に分解する力は優れている一方で、社会的な判断や結果の予測をすること、事務的な作業を素早く行なう能力は劣るという特徴がみえてくる。以上のようなプロフィール特徴は、いくつかの研究で共通して報告されており、自閉性障害に特有のパターンとしてとらえられてきた[9) 10)]。

80 年代後半以降になると、アスペルガー障害の概念が広く知られるようになり、アスペルガーをはじめとする高機能群の研究が盛んにおこなわれるようになった。研究が進むにつれ、先述したプロフィール特徴が全ての自閉性障害に認められるわけではないことが報告された。例えば、Siegel, D. J., Minshew, N. J., & Goldstien, G. (1996) は、厳密に診断をした高機能自閉性障害児者（VIQ および FIQ が 70 以上）を対象にプロフィール特徴を検討している[11)]。その結果、自閉性障害に特徴とされている VIQ ＜ PIQ という傾向は多くの被験者には認められたものの、有意な差としてはあらわれなかったとしている。また、下位検査の成績については「理解」が最も低く、「積木模様」が最も高いという自閉性障害のプロフィール特徴と一致した結果であったが、全ての被験者にこの傾向が認められたわけではないと報告している。以上のことから、Siegel, D. J. らは、それまで言われていた自閉性障害に特徴的なプロフィールパターンは、高機能群には必ずしも当てはまらないこと、各個人でプロフィールパターンには幅があることを指摘している[11]。

その一方、自閉性障害に特有といわれるプロフィールは、高機能群には必ずしも当てはまらないが、知能水準が低い群にはあらわれるとの報告もある。Szatmari, P., Tuff, L., & Finlayson, M. A. J. et al.（1990）は、FIQ＜86とFIQ≧85の２群を比較し、プロフィールパターンはIQに左右されると報告している[12]。すなわち、低IQ群には言語性が低く動作性が高いという典型的パターンが明瞭にあらわれた一方で、高IQ群はより複雑なパターンを示しており、外来患者群と比較して「理解」「絵画完成」「絵画配列」「組合せ」の成績が低かったとしている。この結果から、Szatmari, P. らは高IQ群も低IQ群同様、抽象能力の柔軟性が障害されていると指摘している[12]。

このような研究の流れのなか、WISC-Ⅲから WISC-Ⅳに改訂され、所要時間の問題と信頼性の低さから「組合せ」・「絵画配列」が削除された。特に、後者は社会的推理や系列化能力を支持する研究結果がないとも指摘された。ただ、「絵画配列」について、多くの検査者は、臨床的な有益性を認めていた。事実、それは WISC-Ⅲの下位検査のなかで、対人的な状況を表わす唯一の検査であった。WISC－Ⅳにはそのような検査はなく、非常に有能な臨床家であったウェクスラーが決して認めないであろうテスト構造になっている。WISC－Ⅳの構造では、「絵画配列」を補助検査とする可能性はあった（しかし、認められなかった）。にもかかわらず、「絵画配列」と「積木模様」はともに、新しい Wechsler Nonverbal Scale of Ability（WNV）[13][14][15]には含まれており、これは WISC-Ⅳで集積した情報を補うものとなっている[16]。

既に述べたように、ASD臨床において、高IQ群においても成績の低かったと指摘されている「理解」「絵画完成」「絵画配列」「組合せ」の内、「絵画配列」「組合せ」が削除、「絵画完成」が補助問題となっていることは WISC-Ⅳでは ASDの中核障害である「社会性の障害」のスケールを断念したことを意味する。

特に、社会的推理や系列化能力を支持する研究結果がないと指摘された「絵画配列」について、辻井ら（2010）は高機能 ASDの認知機能（WISC-III）と社会的コミュニケーション能力（小児自閉症評定尺度（CARS）における社会的なコミュニケーション因子）の障害との関連を調査したところ、「理解」および「絵画配列」の下位検査項目評価点と社会的なコミュニケーション因子とに有意な負の相関（表2-8[17]）が認められたことを指摘し、意味のある全体にまとめていく（文脈理解）能力の低いことを明らかにしている[17]。

また、横田・渡邉（2009）は、WAIS-Ⅲにおける IQが70前後の成人 ASDの場合でも、社会的認知の代表的な発達指標「心の理論（Theory of

＊表 2-8　WISC-Ⅲ下位検査項目と社会的なコミュニケーション障害との相関

		PDD (N = 72)	ADHD (N = 32)
全 IQ		− 0.25*	− 0.33
言語性 IQ		− 0.23	− 0.13
動作性 IQ		− 0.19	0.42*
群指数	言語理解	− 0.23	0.08
	知覚統合	− 0.2	0.41*
	注意記憶	− 0.04	0.26
処理速度	− 0.09	− 0.1	
言語性下位検査	知識	− 0.16	0.06
	類似	− 0.11	− 0.11
	算数	− 0.19	− 0.26
	単語	− 0.20	− 0.11
	理解	− 0.25*	− 0.08
	数唱	0.12	− 0.21
動作性下位検査	完成	− 0.11	− 0.29
	符号	− 0.03	− 0.18
	配列	− 0.30**	− 0.19
	積木	0.04	− 0.34
	組合	− 0.22	− 0.30
	記号	− 1.37	− 0.09
	迷路	− 0.06	− 0.27

*5% 水準で有意
**1% 水準で有意
辻井（2010）

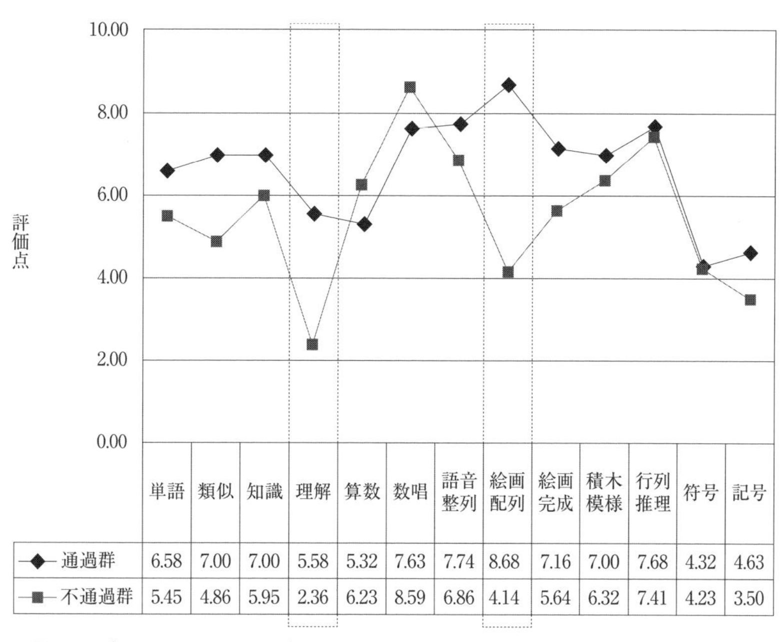

	単語	類似	知識	理解	算数	数唱	語音整列	絵画配列	絵画完成	積木模様	行列推理	符号	記号
◆ 通過群	6.58	7.00	7.00	5.58	5.32	7.63	7.74	8.68	7.16	7.00	7.68	4.32	4.63
■ 不通過群	5.45	4.86	5.95	2.36	6.23	8.59	6.86	4.14	5.64	6.32	7.41	4.23	3.50

＊図 2-7　「サリー・アン課題」通過群と不通過群の WAIS- Ⅲ下位検査評価点の比較（横田, 2009）

Mind)」[18]を評定する誤信念課題「サリー・アン課題（紙面版）」を実施したところ約半数が課題を通過できないという臨床経験から、ASDと診断された41事例（通過19事例･不通過22事例、平均年齢31.6歳、平均IQ = 71.98）の、WAIS-Ⅲのプロフィールについて多変量分散分析（MANOVA）を実施した結果、通過群と不通過群で、「理解」と「絵画配列」に有意差が認められたことを明らかにした（図2-7）[19]。

筆者による自験例についても、現在の社会性の障害指標であるPARS現在％とWISC-Ⅲ下位検査項目「絵画配列」･「組合せ」･「記号探し」･「迷路」と有意な相関を示している（表2-9）。

表2-9　PARS現在得点（%）-心の理論課題合計得点とWISC-Ⅲ下位検査項目との相関

相関														
		知識	類似	算数	単語	理解	数唱	絵画完成	符号	絵画配列	積木	組合せ	記号探し	迷路
PARS現在%	相関係数	.120	.456	.136	.274	.205	0.000	.206	−.459	−.515*	−.426	−.576*	−.544*	−.640**
	有意確率（両側）	.646	.066	.602	.288	.429	1.000	.361	.064	.035	0.88	.016	.024	.006
	度数	17	17	17	17	17	17	17	17	17	17	17	17	17
心の理論課題合計	相関係数	.400	−.123	.451*	.168	.372	.343	−.386	.458*	.417	.257	.259	.363	.126
	有意確率（両側）	.072	.594	.040	.467	.091	.128	.137	.037	.060	.260	.258	.106	.585
	度数	21	21	21	21	21	21	21	21	21	21	21	21	21

**. 相関係数は1%水準で有意（両側）です。

*. 相関係数は5%水準で有意（両側）です。

その一方で、社会的養護状況にある低年齢児における知的特性をWISC－Ⅲによって解析している清水ら(2013)は、下位検査ごとに分析を行なったところ、＜理解＞の高さと＜絵画配列＞の低さが、個人内差として明らかとなった(図2-8)[20]。小野(2012)は、被虐待ケースにおいて＜絵画配列＞が特に低くなる場合、社会的文脈や因果性に関する理解が極端に不足している可能性を指摘している[21]。施設入所という状況で社会的常識は年齢相当に習得されているが、それを運用する土台となる社会的文脈や因果性の理解が十分でないことが明ら

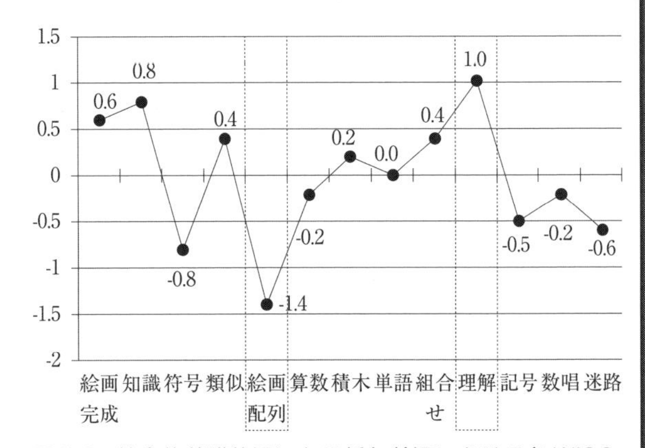

図2-8　社会的養護状況にある低年齢児における各WISC-Ⅲ下位検査評価点における個人内差〈各WISC-Ⅲ下位検査評価点－全WISC-Ⅲ下位検査評価点平均〉(清水ら, 2013)

かとなった。社会的文脈や因果性の獲得には、母子の愛着形成が深く関与しているとの指摘があることから[21]、施設入所児における愛着の形成と社会的文脈や因果性の理解の関係性に関して、今後さらに大規模な調査を行ない、明らかにしていく必要があると指摘している。

以上、ASD臨床だけでなく、児童虐待臨床においても、ウェクスラー検査における「絵画配列」の臨床的意義の大きさは計り知れないにもかかわらず、WISC-Ⅳから削除されたことは誠に遺憾である。

そこで、近年、わが国でも標準化された「適応行動のアセスメント」におけるゴールド・スタンダードとされる「Vineland－Ⅱ」を用い、WISC-Ⅳの各下位検査項目のASD支援における臨床的意義を検討することとする。

(3) 適応行動のアセスメント～WISC-Ⅳと社会性の障害の観点から

そもそも、「Vineland－Ⅱ」は、米国で開発された適応行動尺度である。適応行動全般を検査する標準化尺度としてはもっとも国際的に用いられているものの一つである。近年は特に、自閉症スペクトラム障害をはじめとする発達障害（知的障害を含む）のアセスメントの一環として診断検査（ADOS、ADI-Rなど)、認知検査（ウェクスラー式知能検査など）と共に用いられることが多い。日本版は、日本独特の生活習慣の相違などについて修正を加え、1300人以上のデータをもとに再標準化されている。

「日本版Vineland－Ⅱ」では、適応行動を個人的・社会的充足を満たすのに必要な日常生活における行動と定義づけている。ここに定義される行動は以下の4点によって決定される。

①適応行動は、それぞれの年齢で重要となるものが異なる
②適応行動の評価は、個人が関わる環境の期待や基準によって変化する
③適応行動は、環境の影響および支援効果などによって変容する
④適応行動の評価は、行動そのものを評価するものであり、個人の可能性を評価しない。つまり、「○○することができますか？」と言うことを確認するのではなく、「日常生活で実際、していること」の評価であることを強調しておく。

「日本版Vineland－Ⅱ」は5つの領域で構成され、それぞれの領域には下位領域がある（表2-10[22]）。「運動スキル」領域は、評価対象者が6歳までの場合に実施する。また、下位領域である「読み書き」領域は評価対象者が3歳以上、「家事」領域は1歳以上から実施可能である。発達障害のある人々のアセスメントにおいて重要となる場合が多い不適応行動領域の評価は、「日本版Vineland－Ⅱ」実施手続き上ではオプションであり、回答者の許可を事前に得ることが必要となる。

「日本版Vineland－Ⅱ」は、評価対象者の日常を良く知っている成人に対す

表 2-10　日本版 Vineland － Ⅱの下位領域

領域	下位領域
コミュニケーション領域	受容言語
	表出言語
	読み書き
日常生活スキル領域	身辺自立
	家事
	地域生活
社会性領域	対人関係
	遊びと余暇
	コーピングスキル
運動スキル領域	粗大運動
	微細運動
不適応行動領域	内向性
	外向性
	その他
	重要事項

る面接によって実施される。回答者は多くの場合、保護者や家族となるが、評価対象者が保護者やその他の家族と同居していない場合は、施設職員その他の支援者が回答することも可能である。「日本版 Vineland – Ⅱ」の実施を特徴づけるものとして、半構造化面接方式がある。これは、ウェクスラー式知能検査に代表される標準化検査のように、面接者が質問項目を書いてあるとおりに読みながら質問していくのではなく、なるべく自然な形で全体的な話題から詳細な情報へと移行していく会話形式が望まれる。質問は必ずしも項目番号順にされなくてもよい。このため、実施者には下位領域ごとに全体的内容を把握し、回答者と円滑な会話を維持することが求められる。この半構造化面接方式が直接評価点に影響することはないが、この方式によって評価対象者のより正確な情報を回答者から引き出せるよう柔軟な面接が可能となる。面接時間は 20 ～ 60 分とされているが、半構造化面接方式をとっていること、評価対象者の年齢や特性、回答者の個人差や状態などによって面接時間はそれより長くなることもある。

「日本版 Vineland – Ⅱ」で得られる適応行動評価の情報は、主に診断や特別支援教育等の教育的措置、支援計画の策定および支援経過評価などに利用することが可能である。

「日本版 Vineland – Ⅱ」上に表われる ASD 特性としては、知的水準に比べて、適応行動総合点および全領域の適応行動の得点が低いこと、ASD 群では「コミュニケーション」や「社会性」が低得点であり、不適応行動では「内在化問題」を中心に得点が高く、また、Mild ID 群、Moderate ID 群、Severe ID 群を比べると、ID が重度であるほど適応行動総合点・領域標準得点・下位領域 v 評価点の平均が低くなることが指摘されている（図 2-9[23]）。しかし、高機能 ASD 群内での知能構造と Vineland – Ⅱ下位領域 v 評価点の関連性に関する海外の研究[24]では、ASD 群で低得点を示す「社会性」と各 WISC- Ⅳ下位検査項目評価点との相関は皆無である（表 2-11・2-12[24]）。

このことから、現時点では WISC- Ⅳの各下位検査項目評価点からは ASD 症状の中核であり適応行動上の問題である「社会性の障害」を予測することは不可能であることが明らかとなった。このことは、「WISC（特に、WISC- Ⅳ）を施行すれば発達障害（特に、ASD）かどうかがわかる」とか「IQ が高ければ支援は必要ない」等、いわゆる『WISC 神話』からの脱却を余儀なくされる。

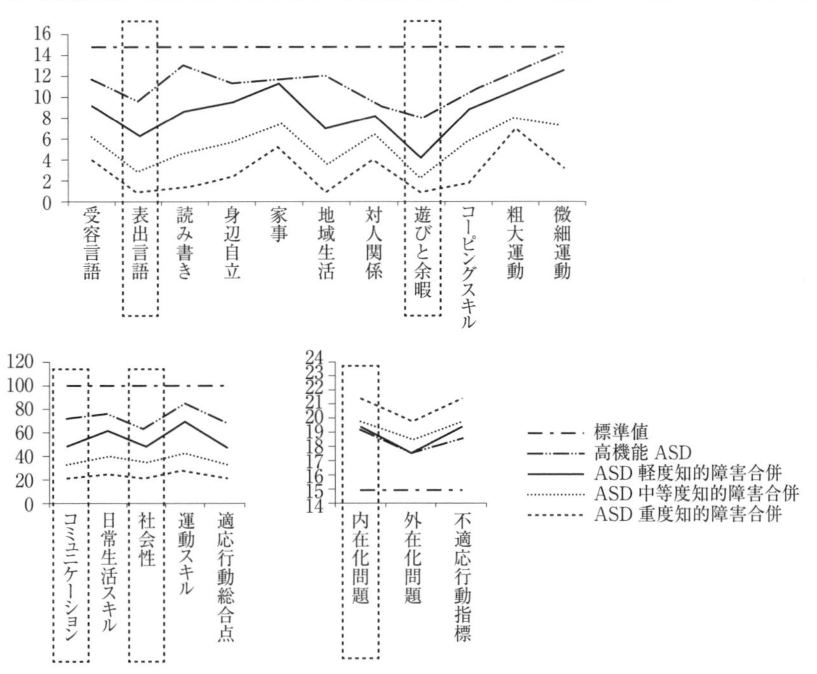

＊図 2-9　各 ASD 群の Vineland-Ⅱスコアプロフィール

本稿では、福祉場面に求められる心理学的アセスメントを、近年、話題となっている「発達障害である ASD」に焦点を当て、(1) 発達特性のアセスメント、(2) 認知機能のアセスメント、(3) 適応行動のアセスメントの 3 つの観点から、先行研究を概観しつつ、自験例に施行された臨床教育心理学的アセスメント結果をもとに WISC- Ⅳ移行に際しての留意点 –「絵画配列」の重要性 – を示唆した。つまり、「絵画配列」が削除された WISC- Ⅳが流布する現時点において、社会的文脈や因果性の獲得レベルをスケールするアセスメント・ツール開発の必要性がクローズアップされた。それは、ASD 臨床のみならず、被虐待児臨床領

＊表 2-11　「WISC- Ⅳ知能検査における指標得点と適応行動及び ASD，ADHD 症状とのピアリン相関係数（一部抜粋）」

Scale	WISC-IV Indices			
	VCI	PRI	WMI	PSI
Vineland (n=45)				
Socialization	0.03	-.02	0	0.08
Communication	.48＊＊	.31＊	.44＊＊	.38＊
Daily Living Skills	0.11	0.21	0.29	0.23

View it in a separate window

＊ p<.05

＊＊ p<.01

表 2-12 「WISC- Ⅳ知能検査における下位検査と適応行動及び ASD，ADHD 症状とのピアリン相関係数（一部抜粋）」

Scale	WISC-IV Subtests							
	Vocabulary	Similarities	Digit Span	Comprehension	Block Design	Matrix Reasoning	Coding	Symbol Search
Vineland (n=45)								
Socialization	0.04	0.02	0.01	0.04	0.03	-.01	0.01	0.14
Communication	.49＊＊	.46＊＊	.54＊＊	.42＊＊	0.25	0.25	0.26	.41＊＊
Daily Living Skills	0.12	0.05	.31＊	0.1	0.26	0.14	0.12	0.28

View it in a separate window

＊ p<.05

＊＊ p<.01

域においても、臨床心理アセスメントの最重要課題となろう。

（4）教育心理学および臨床心理学における今日的課題　～　適応機能の観点から

今までの教育心理学および臨床心理学は、その症状（困っていること）の背景にある病理の心理学的解明（犯人捜し？）とそれに基づく治療法（平均的な人間の状態に戻す方法？）の開発に傾倒してきた。しかし、その病理の心理学的解明（犯人捜し？）により浮き彫りにされた特性を有する人が、必ずしも“困って”いない事実も明らかとなり、その多くは、自分の病理（特性）を“強み”（個性＝自分らしさ）としてポジティブに活用することで日常生活に適応していたのである（そもそも、自分に特性（病理）持っていない人などいないわけである）。そこで、病理を解明し（診断を受け）、平均的な人間の状態にすること（治療）より、何に困っていて、困らなくするにはどうすれば良いか（適応機能）がわかれば良いわけで、たとえ、その方法が“人と違っていても”、結果として環境に適応し幸せな人生を送れることを最優先することが求められるようになったのだ。これが、まさに福祉現場に求められる心理学的アセスメントといえよう。

（櫻井秀雄）

【引用文献】

1）杉山 登志郎（2014）：「発達障害から発達凸凹へ」, 小児耳鼻咽喉科，35(3)，179-184.

2）金原洋治（2008）：日本自閉症協会広汎性発達障害評定尺度(PARS)をどう使うか - 小児科クリニックにおける使用例の検討 -. 外来小児科 10(3), 248-256.

3）Ito, Hiroyuki; Tani, Iori; Yukihiro, Ryoji; Adachi, Jun; Hara, Koichi; Ogasawara, Megumi; Inoue, Masahiko; Kamio, Yoko; Nakamura, Kazuhiko; Uchiyama, Tokio; Ichikawa, Hironobu; Sugiyama, Toshiro; Hagiwara, Taku; Tsujii, Masatsugu（2012）：Validation of an Interview-Based Rating Scale Developed in Japan for Pervasive Developmental Disorders. Research in Autism Spectrum Disorders, v6 n4 pp1265-1272.

4）Horn, J. L., & Cattell, R. B. (1967). Age differences in fluid and crystallized intelligence. Acta Psychologica, 26, 107-129.

5）Wechsler,D. (2003a). Administration and scoring manual for WISC-IV（日本版WISC- Ⅳ刊行委員会(2010a). 日本版 WISC- Ⅳ実施・採点マニュアル日本文化科学社）
6）Carroll, J. B. (2005): The three-stratum theory of cognitive abilities. In D.P. Flanagan & P.L. Harrison (Eds.) Contemporary intellectual α assessment : theories, test, and issues. 2nd ed. New York: The Guilford Press. pp.69-76.
7）Wechsler, D. (2003b). Technical and interpretive manual for WISC-IV（日本版WISC- Ⅳ刊行委員会 (2010b). 日本版 WISC- Ⅳ理論・解釈マニュアル日本文化科学社）
8）上野一彦・松田修・小林玄・木下智子（2015）：日本版 WISC-IV による発達障害のアセスメント　- 代表的な指標パターンの解釈と事例紹介　- 日本文化科学社.
9）Ohta, M.(1987): Cognitive disorders of infantile autism: A study employing the WISC, spatial relationship conceptualization, and gesture imitations. Journal of Autism and Developmental Disorder, Vol. 17, No.1, 45–62.
10）Lincoln, A. J., Courchesne, E., Kilman, B. A., Elmasian, R., & Allen, M. (1988): A study of intellectual abilities in high-functioning people with autism. Journal of Autism and Developmental Disorder, Vol.18, No. 4, 505–524.
11）Siegel, D. J., Minshew, N. J., & Goldstien, G. (1996): Wechsler IQ profiles in diagnosis of high-functioning autism. Journal of Autism and Developmental Disorder, Vol. 26, No. 4, 389–406.
12）Szatmari, P., Tuff, L., Finlayson, M. A. J., & Allen J. (1990): Asperger's Syndrome and autism : Neurocognitive aspects. Journal of the American Academy of Child & Adolescent Psychiatry, Vol. 29, No. 1, 130–136.
13）Wechsler, D. & Naglieri, J. A. (2006a):Wechsler Nonverbal Scale of Ability Technical and Interpretive Manual. San Antonio, TX: Pearson.
14）Wechsler, D. & Naglieri, J. A. (2006b): Wechsler Nonverbal Scale of Ability. San Antonio, TX: Pearson.
15）Wechsler, D. & Naglieri, J. A. (2006c): Wechsler Nonverbal Scale of Ability Administration and Scoring Manual. San Antonio,TX: Pearson.
16）Flanagan, Dawn P. Kaufman, Alan S.(2009/2014): Essentials of WISC-IV Asessment, Second Edition. Wiley.
17）辻井農亜・岡田章・佐藤篤・白川治（2010）：高機能広汎性発達障害児の認知機能と社会的コミュニケーション能力の障害との関連　ADHD 児との比較，児童青年精神医学とその近接領域，第 51 巻 5 号 pp520-528.
18）Baron-Cohen,S.,Leslie,A.M.&Frith,U.(1985): Does the autistic child have a "theory of mind"? Cognition,21,37-46.
19）横田裕幸・渡邉純（2009）：成人期広汎性発達障害のスクリーニング・ツールとしての誤信念課題の臨床的利用について．第 50 回日本児童青年精神医学会総会抄録集 pp187.
20）清水優美・小野純平・奥村晴子・繁田沙世子（2013）：社会的養護状況にある低年齢児における知的特性－WISC －Ⅲの分析を通して－．日本心理臨床学会第 32 回秋季大会発表論文集.
21）小野純平（2012）：あらためて問う発達障害児の学習支援—知能・学力・生きる力—2）被虐待児の認知特性と学習の遅れ．LD 研究第 21 巻 2 号 pp152-161.
22）特定非営利活動法人アスペ・エルデの会（2013）：「発達障害児者のアセスメントツールの効果的使用とその研修について」厚生労働省 平成 24 年度障害者総合福祉推進事業 報告書.
23）辻井正次・村上隆・黒田美保・伊藤大幸・萩原拓・染木史緒（2014）：Vineland-II 適応行動尺度　日本文化科学社.
24）Rafael E. Oliveras-Rentas. et al (2012)：WISC-IV Profile in High-Functioning Autism Spectrum Disorders: Impaired Processing Speed is Associated with Increased Autism Communication Symptoms and Decreased Adaptive Communication Abilities. J Autism Dev Disord. May 2012; 42(5): 655–664.

2部 ソーシャルワークにおける実践アプローチに活かせる教育学・教育心理学とその実践事例

3章 ソーシャルワークのアプローチの変遷と統合化 ～その背景理論と教育学・教育心理学

1．ソーシャルワークのアプローチの変遷

ソーシャルワークが専門職として名乗りをあげたのは、リッチモンド（Richmond, M.）が『社会診断』を著わした1917年だとされる。その後、時代や社会の影響を受けながら、さまざまなモデルやアプローチ[1)]が登場してきた。今日では、ターナー（Turner, F. J.）によれば、27のアプローチを数えるまでになっている[2)]。生物学においては、進化は必ずしも進歩とはかぎらない。ソーシャルワークにおいてはどうなのだろうか。本章では、ケースワーク（Social Work with Individual）に焦点を当てて、その歴史を、主流のアプローチとそれらへのチャレンジという2つの軸から検討してみたい。そして、そのあとで、統合化のアイデアも含めて、ソーシャルワークが、現在ではどのように考えられているのかをみてみることにしよう。

(1) 慈善活動の時代

19世紀に始まった慈善活動には2つのタイプがあった。ひとつは、慈善組織協会（COS, Community Organization Society）の活動である。当時は個人の道徳的な欠陥が貧困の原因だと考えられていたので、救済に値する貧民だけに戸別訪問を行なっていた。もうひとつは、セツルメント運動である。こちらは、スラムと呼ばれる地域に施設を建て、そこで生活をしながら住民に読み書きや余暇の過ごし方などを教えるというものであった。

20世紀になると、COSでは、従来の徒弟的な従事者の養成方法にかわって専門教育が行なわれるようになった。そのための教材として、それまでの知見を集大成して著わされたのがリッチモンドの『社会診断』である。これは、医学のメタファーを用いて科学的に援助を展開する方法をソーシャル・ケースワーク[3)]として体系化したものであった。その定義は「人びとと社会環境との間に、個別的な効果を意識して行なう調整によって、人格を発達させる諸過程からなる」[4)]とされた。

他方、セツルメント運動は、生活の場や体験を共有しながら社会教育を展開したところに特色がある。

このことから、援助者の枠組みにもとづいた援助と、利用者とおなじ目線に立つ援助の2つが、慈善活動の時代から存在していたことがわかる[5)]。

＊表 3-1　慈善活動の時代

	リッチモンド	セツルメント運動
価値	医学のメタファー(社会調査－社会診断－社会治療) 病理（貧困、環境） 人と社会の関係（環境が人格の成長に影響）	社会教育
知識	原因→結果（過去→現在）	生活の場と体験の共有
人	個別の調整 個性と個人的特徴への洞察 援助者からの人格的感化	生活技能の獲得（学習） qq
社会	社会改良	社会改良

(2) 病理（医学）モデルの時代（1920 年代から 1940 年代）

1920 年代になると、第一次世界大戦から帰還した兵士たちのあいだで、戦争神経症と呼ばれる症状が目立つようになってきた。当時、その支援にかかわっていたこともあり、ソーシャル・ケースワークにも精神分析の理論が取り入れられるようになった[6]。ハミルトン（Hamilton, G.）が体系化したこのアプローチは「診断派」と呼ばれ、この流れを引き継いだホリス（Hollis, F.）は、後に「心理社会的アプローチ」としてこれをブラッシュアップした。精神分析では、過去の外傷体験（トラウマ）が現在の症状の原因だと考えるので、診断派では、クライエントの生活歴を聴取しながら原因を診断し、適切な処遇（treatment）を行なうという方法が採用された。また、環境（社会）よりも個人（の内面）に関心が移っていく契機にもなった。

1930 年代になると、ランク（Rank, O.）の考えをもとにしてタフト（Taft, J.）やロビンソン（Robinson, V.）が「機能派」のケースワークを主張するようになる。援助者それぞれが所属する機関の機能や時間という制限（limitation）がクライエントのニーズをより明確にするという発想から、自己決定を重視し、開始期から終結期へと向かう援助のプロセスを、ランクが主張した依存から自

＊表 3-2　病理モデルの時代

	心理社会的アプローチ	機能派アプローチ
価値	医学のメタファー(社会調査－社会診断－社会治療) 病理（自我機能の未熟さ）	機関の機能と利用者の潜在能力（限界と協働）
知識	精神分析（自我心理学） 原因→結果（過去→現在）	意志心理学（オットー・ランク） 今、ここで 責任性
人	状況のなかの人間 洞察（防衛機制反復強迫　転移―逆転移）	利用者の創造力を引き出すような関係の提供 共感　尊重　時間の活用
社会	間接療法　社会的弁護	ソーシャルワークの二次機能

立のプロセスになぞらえて援助を展開した。

診断派が、過去（原因）や援助者の枠組みに軸足を置いているのに対して、機能派は、今、ここで、クライエントがどのように自己決定していくのかを重視したのである。

(3) 移行期（1950年代から1970年代）

この対立をなんとか解決しようとしたのがパールマン（Perlman, H.）である。彼女は精神分析的な発想をベースにしながらも、機関の機能（場所）[7] にも留意し、クライエントのワーカビリティ（workability 問題解決能力）に焦点を当てた問題解決アプローチを提唱した。

このころ、北米では、1950年代に公民権運動が、1960年代には福祉権運動が起こっていた。これらは、差別に立ち向かおうとするアフリカ系アメリカ人（いわゆる黒人）や公的扶助の受給者、すなわちサービスを受ける側の人びとが起こしたものである。このことから、当時のソーシャルワークは、社会的に弱い立場に立たされた人びとの力になれていなかったと考えられる。しかも、これらの運動は一定の成果を収めたため、ソーシャルワークへの批判は厳しくなっていき、前述したパールマンもその矢面に立たされたのであった。

苦難の時代を迎えたソーシャルワークは、人と社会の関係にも関心を向けるようになり、社会的弁護や仲介といった新しい役割を採用する。また、1950年代から発展してきた短期志向アプローチ（危機介入や課題中心ケースワークなど）や行動アプローチなどは、従来の「病理モデル（医学モデル）」に対して「ライフ・モデル」と総称される[8]。また、ソーシャルワークが役に立っている証拠、エビデンスや新たな科学性も模索されるようになった[9]。

このような経緯をふまえて、本章では、ライフ・モデルを、このようなさま

＊表3-3　移行期（問題解決アプローチと初期ライフ・モデル）

	問題解決アプローチ	行動アプローチ
価値	医学のメタファー（社会調査－社会診断－社会治療） ワーカビリティ（能力・動機づけ・機会）	学習 契約（約束）
知識	折衷的 精神分析（自我心理学） 身体的・心理的・社会的－過去・現在・未来の布置	行動理論（リスポンデント　オペラント　モデリング） 原因→結果（刺激と反応）、同時性（行動と感情） 客観的事実（数量化　スケーリング） 認知（見通し）→行動
人	人、問題、過程 役割理論（役割分担　主体性） 洞察（防衛機制反復強迫　転移―逆転移）	適切な行動の学習（強化と消去） アサーションの技術
社会	場所（機関の機能）、機会	学習のための環境の提供

ざまなアプローチを包み込む上位概念（メタ理論）として理解しておきたい。

(4) ライフ・モデルの時代（1980年代以降）

他方で、ソーシャルワークは、人と社会を全体として理解しアプローチするための方法を求めて、システム論に関心を向けるようになる。ただ、この理論は説明には適していたが、支援の方法については必ずしも明確ではなかったので、前述した公民権運動などから学び、当事者の立場から変化を起こしていくアプローチとしてエンパワメントなどが登場した[10]。

＊表3-4　ライフ・モデル（システム・アプローチとエンパワメント・アプローチ）

	システム・アプローチ	エンパワメント・アプローチ
価値	全体への影響、全体からの影響 マッチング	人間の尊厳　人権と社会正義
知識	システム理論 相互関係　不調和	権利　差別 スティグマ化された集団 学習された無力感（社会との関係） 認知（行動科学）
人	構造—機能	効力感の学習（機会、動機づけ）
社会	関係の調整	マイノリティ・グループのサポート（協働）

また、ジャーメインは、生態学の発想を援用した「生活モデル（1980年）」を著わした[11]。この生態学的アプローチの登場によって、利用者は「治療されるべき人」ではなく「生活者」として理解されるようになった。そして「人間は環境によって変えられる存在だが、環境を変えていく存在でもある」という「交互作用」の視点が確立され[12]、ストレングス視座に理論的な根拠が与えられた。

このように、生活モデルは、利用者理解について画期的なアイデアを提供したが、そこから自動的に利用者中心の支援が導き出されるわけではない[13]。そのため、1990年代になると、利用者中心の支援方法としてナラティブ・アプローチが登場する。このアプローチは、社会構成主義の考え方をベースにしているが、これは、たとえばアンデルセン（Andersen, H. C.）の『はだかの王様』を思い浮かべるとわかりやすい。この物語に登場する「王様の新しい着物」は実際には存在しない。しかし、これが実在すると信じて振る舞う臣下や国民が、どんどんこの着物を実在のものにしていくのである。ナラティブ・アプローチでは、このようなその社会の多数派が信じている思想や価値観、知識などをドミナント・ストーリーと呼び、それによって差別されたり排除され、尊厳をもって生きていくことに困難を感じている人たちが、それに代わるもの

＊表 3-5　ライフ・モデル（生態学的アプローチとナラティブ・アプローチ）

	生態学的アプローチ	ナラティブ・アプローチ
価値	生態学のメタファー 人と環境との交互関係 互恵性	ドミナント・ストーリー（主流となっている、あるいは今まで自分がそうだと信じてきた価値観や考え方）への不適合　違和感
知識	自我心理学と生態学 人と環境との接触面	社会構成主義 利用者・マイノリティ 認知（現象学的）
人	環境への適応 生活様式	オルタナティヴ・ストーリーとコーピング・スキルの発見
社会	慈恵的な環境の創造	

の見方や考え方（オルタナティブ・ストーリー）を見つけ、対処方法（コーピング・スキル）を獲得していくことを支援するのである。また、ある人が今まで信じてきた物語が、反対にその人の生きづらさを助長している場合の支援も同様である。

2．統合化の歴史

(1) 多様化の背景

前述したように、ライフ・モデルはメタ理論であり、具体的に利用者中心の支援方法を示したわけではない。図 3-1 は、一般的なライフ・モデルの支援関係（左側）とあるべき支援（右側）を図にしたものである。

つまり、主体（支援者）と主体（利用者）の協働ではなく、主体（援助者）と客体（利用者）という関係が相変わらず前提されているのである。主流とされるソーシャルワークには、いつの時代においても支援者側の枠組みへの根強い「固着」があり、それこそが、前節で述べたような利用者を主体として尊重しようとする立場からのチャレンジを次々と登場させ、アプローチを多様化させてきたのだと考えられる。

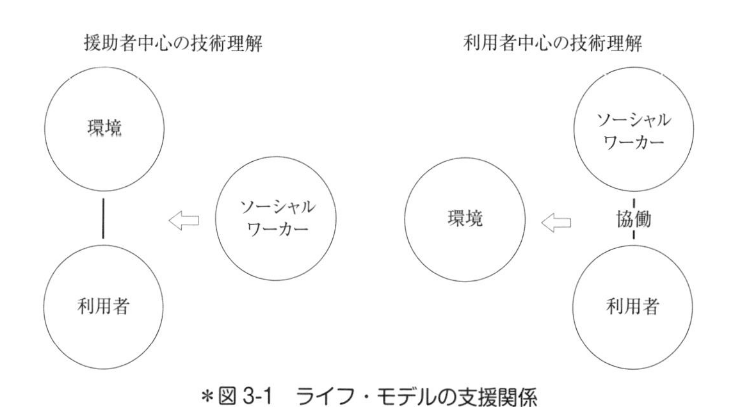

＊図 3-1　ライフ・モデルの支援関係

(2) ロジャーズの教育論とソーシャルワーク

たとえば、前述した機能派のケースワークは、依存から自立に向かうクライエントの「意志」と機関の機能を中心概念として、タフトらによって提唱された。彼女の講義を聴講し、大いに触発されたロジャーズ（Rogers, C.R.）は、そのカウンセリング理論を、非指示的アプローチを経て、パーソン・センタード・アプローチ（来談者中心療法）としてまとめあげた。彼が主張するパーソナリティ変化のための必要十分条件（無条件の肯定的関心、共感的理解、自己一致）の３つ[14]は、後に教育にも適用され、人間中心の教育として実践されるようになった[15]。

このことをふまえて、前節で述べたソーシャルワークの歴史を、「教育」という観点から再構成してみよう。まず、スラム街において、社会教育（読み書きやレクリエーションなどの生活技術）や、パーソナリティが成長できるような環境の整備（リッチモンド）を試みたのがその始まりである。それが、病理モデルの時代には、機能派の理論家によって、機関の機能が人格化されたものであるソーシャルワーカーとの関係として焦点化され、クライエントが主体的に人生を切り開いていくための関係のあり方として体系化された。そして、ライフ・モデルの時代になると、そのような支援関係をベースにしながら、社会的弁護などの機能を加えることで、クライエントが社会の圧力に対抗していけるように支援しようとした。1980年代になると、その方向がさらに推し進められ、スティグマ化された集団に属する人びとの尊厳を取りもどすために、マイノリティ・グループとソーシャルワーカーが協働するエンパワメント・アプローチへと発展していったと考えられる。

このエンパワメントには、教育という契機が重要だと考えられる。公民権運動の指導者のひとりであるキング牧師（King, M. L. Jr.）は、その当時のアフリカ系アメリカ人としては異例の高学歴（博士号取得者）であったし、彼が運動の手本にしたガンジー（Gandhi, M. K.）、ネルー（Nehru, J.）らインド独立運動の指導者たちは、英国の大学で人間の権利や尊厳、ヒューマニズムやデモクラシー（民主主義）という思想を学んだからである。このことは、インドに亡命したダライ・ラマ14世（14th Dalai Lama）やアウンサンスーチー（Aung San Suu Kyi）にもあてはまるだろう。

その流れが、その後、マイノリティとされる文化や価値観、考え方などからドミナント・ストーリーを問い返そうとするナラティブ・アプローチにつながっていったと考えられる。

(3) 統合化の歴史

統合化の動きは、専門職としての黎明期（当時はまだ、ソーシャルワークという「ことば」はなかった)、1929年のミルフォード会議にすでにみられる。その当時、医療や児童などさまざまな分野で活動していたソーシャル・ケースワーカーたちは、働いている分野に専門性があるのか（スペシフィック)、ソーシャル・ケースワークという職種にあるのか（ジェネリック）を話し合い、専門性は職種にあることが確認された。

その後、ソーシャル・グループワークやコミュニティ・オーガニゼーションなどの専門的援助方法が生まれ、それぞれに活動を展開していった。1955年には、全米ソーシャルワーカー連盟（NASW, National Association of Social Workers)が組織され、これらの方法の共通基盤は何かについての研究も始まった。バートレット（Bartlett, H. M.）は、1970年に『社会福祉実践の共通基盤』を著わし、ソーシャルワークは、どの方法にも共通する価値・知識・インターベンションという3つの構成要素から成り立っていることを示した[16)]。

1956年には国際ソーシャルワーカー連盟（IFSW International Federation of Social Workers）が設立された。最近の動きとしては、2000年と2014年にソーシャルワークの定義を採択している。表3-5は、その国際定義（2000年）とグローバル定義（2014年）[17)]を、バートレットが示したソーシャルワークの構成要素別に整理したものである。

＊表3-6　国際定義とグローバル定義

	国際定義（2000年）	グローバル定義（2014年）
価値	生態学のメタファー ウェル・ビーイング 人権・社会正義	生態学のメタファー ウェル・ビーイング 人権・社会正義 集団的責任、多様性尊重
知識	人間の行動と社会のシステム 人々がその環境と相互に影響し合う接点	民族固有の知 社会科学と人文学
人	人間関係における問題解決	人々やさまざまな構造への働きかけ
社会	エンパワメントと解放 社会の変革	エンパワメントと解放 社会開発・社会変革・社会的結束

この2つの定義に共通しているのは、社会正義や人権という価値を起点として、ウェル・ビーイングを考えるという発想である。人権と社会正義は、ともに「私もOK（人格の境界を侵されていない）で、あなたもOK（人格の境界を侵さない)」あるいは「私もOKで、社会もOK」であるような関係性をめざすものである。これは、異なった者同士が、それぞれの世界観や文化、価値観などを分かちあい、たがいに尊重しあいながら、ともに生きる、あるいはともに社会を作っていくという共生という発想にも通じるものである。

では、なぜ、わずか14年間で、定義の変更が必要になったのだろうか。主流とされるソーシャルワークには支援者側の枠組みへの根強い「固着」があったことは前述したが、2000年の国際定義にも、西洋の社会や文化の枠組みのなかでエンパワメントを理解できる余地が残されていたと考えられる。つまり、西洋の価値や文化をグローバル・スタンダードとして、それですべてを塗り込めようとするグローバリズムではなく、対等な立場でローカルな（民族固有の）ものを尊重しあうことこそが、真の意味での「グローバリズム」であることを主張して、ローカルな立場を前面に押しだしたのだと考えられる。

これまでみてきた主流のアプローチとそれらへのチャレンジという対立は、北米というローカルな舞台で繰り広げられてきたのだが、今後は世界を舞台にしたグローバルな展開になっていくと予想される。

(4) 利用者中心の発想によるアプローチ群の統合

次に、前節で取りあげた「病理モデル」と「ライフ・モデル（行動アプローチ、エンパワメント・アプローチ、ナラティブ・アプローチ）」を、「支援の志向性」と「利用者との関係」という2つの観点から考察してみたい。表3-7は、それをまとめたものである。

＊表3-7　実践モデル・アプローチにおける支援の志向性と利用者との関係

実践モデル・アプローチ	志向性	利用者との関係
病理モデル	精神分析は19世紀末から20世紀にかけてのオーストリア上流社会におけるモラルへのチャレンジであり、理性（自我）によって無意識の超自我やエスを相対化する試みだと考えることもできる[3]。 過去の心的外傷体験を埋め合わせようとして、同じような生き方を繰り返す「反復強迫」に対するセラピーは、その人の人生においてドミナントであったストーリーを、別のものに変えていく試みだといえる	「治療同盟」は、問題解決に向けて、治療者と利用者が協働するという概念
行動アプローチ	不適切に学習されてしまった行動や思考は、新たに学習し直せばよい	契約（約束）を交わし、支援者と利用者のパートナーシップ（適切な行動を学習するための環境）を重視
エンパワメント・アプローチ	エンパワメント・アプローチやフェミニスト・アプローチは、差別や蔑視にもとづいて、その社会が自明のこととして押しつけてく価値観や生き方、社会の仕組みなどを、マイノリティの立場から、人間としての尊厳を感じられるものに変えようとしている	マイノリティ・グループとの協働を志向
ナラティブ・アプローチ	ナラティブ・アプローチは、その人やその社会にとって自明な生き方や価値観、社会の仕組みなどを、オルタナティブなものに変えていくことを目指している 「ドミナント・ストーリー」は、精神分析の「超自我」と類似した概念	ストーリーを作っていくのは本人であり、支援者はそれを手助けする存在 特に社会構成主義は、支援者の権威を否定し、対等な関係性を強調

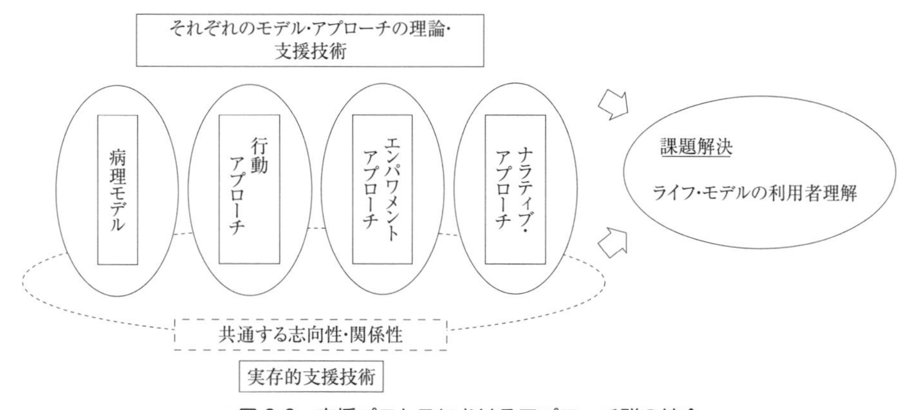

＊図 3-2　支援プロセスにおけるアプローチ群の統合

ここで、少し視野を広げて、ソーシャルワークの一般的な支援技術を考えてみよう。たとえば、バイステック（Biestek, F. P.）の 7 原則は、機能派アプローチやその影響を受けた来談者中心療法と共通点が多い。ロジャーズは 1961 年に「十分に機能する人間」というアイデアを示し、その特徴の 1 つとして、自分の有機体（身体と心の全体で経験していること）への信頼をあげている [18)]。つまり、外部の価値観や評価よりも、自分の内的な基準にしたがおうとするのである。これは、これまでみてきたモデルやアプローチに共通の特徴でもある。したがって、これらを利用者中心の実存的支援技術としてまとめても不調和は生じないと考えられる。

このことをふまえると、これらのアプローチ群の共通部分は実存的支援技術として活用し、その他の部分は課題の特性に応じて課題解決に活用するという支援デザインが実用的だろう（図 3-2 を参照）。その場合、課題によっては他のソーシャルワーカーや他職種に依頼してもよい。これだけ多くのアプローチを一人のソーシャルワーカーがマスターするのは現実的ではないと考えられるからである。

（安井理夫）

【注】

1）本稿では、実践モデルを「課題認識、目標設定への類型をともなった支援過程（中範囲概念）とし、そのモデルにより決められた支援の方向性に向け課題解決していく具体的方法、技法をともなった支援過程を実践アプローチ」としてとらえておきたい。（太田義弘・中村佐織・安井理夫編著『高度専門職業としてのソーシャルワーク』光生館　2017 年　62 頁）

2）F. J. Turner, ed., *Social Work Treatment : Interlocking Theoretical Approaches*, The Free Press, 1996.（米本秀仁監訳『ソーシャルワーク・トリートメント　相互連結理論アプローチ【上】【下】』中央法規　1999 年）

3）ケースワークやグループワークは独自の支援方法として別々に発展してきたため、従来ソーシャル・ケースワークやソーシャル・グループワークと呼ばれていたが、支援方法は異なっていても同じ「ソーシャルワーク」という専門職だという理解のもとに NASW（全米ソーシャルワーカー連盟）が 1955 年に結成されたため、それ以降は「ソーシャル」の語が取れて、ケースワーク、グループワークと呼ばれるようになった。

4）久保紘章・高橋重宏・佐藤豊道編著『ケースワーク　社会福祉援助技術各論Ⅰ』川島書店　1998年　75頁
5）ただし、セツルメント運動を母体として生まれたグループワークなどにおいても、専門職として発展していく過程で、援助者の枠組みにもとづいたアプローチも登場してくることは付言しておきたい。
6）1909年にスミス大学が、フロイトを講演に招いて以降、北米では、精神分析が精神科医のあいだで広がりはじめていた。精神分析は、神経症の治療方法として画期的なものであった。
7）パールマンが主張した「4つのP」のうち、placeが機関の機能に当たる。
8）久保紘章「社会福祉援助活動を支える諸理論」山崎貴美子・北川清一編著『社会福祉援助活動　転換期における専門職のあり方を問う』岩崎学術出版社　1998年　88-89頁
9）戸塚法子「社会福祉援助活動の歴史」山崎貴美子・北川清一編著　同書　71頁
10）B. B. Solomon, *Black Empowerment : Social Work in Oppressed Communities*, Columbia University Press, 1976, p19.
11）Germain,C.B.&Gitterman,A., "*The Life Model of Social Work Practice, 2nd edition*", Columbia University Press, 1996. このジャーメインのものがライフモデル（生活モデル）とされることもあるが、本稿ではメタ理論としてライフ・モデルを理解しているので、こちらは「生態学的アプローチ」として区別しておきたい
12）久保紘章　前掲書8）　90頁
13）たとえば、岡本民夫「専門援助技術をめぐるわが国および諸外国の動向と課題」久保紘章・佐藤豊道・川延宗之編著『社会福祉援助技術論【上】』川島書店　2004年　294頁などを参照
14）ロジャーズ「セラピーによるパーソナリティ変化の必要にして十分な条件」H. カーシェンバウム、V. L. ヘンダーソン編　伊東博・村山正治監訳『ロジャーズ選集（上）』誠信書房　2001年　p.265-285
15）たとえば、村田進、畠瀬稔「ロジャーズ　教育論の発展　―フライバーグの教育改革を中心に―」村山正治編『〔現在のエスプリ〕別冊　ロジャーズ学派の現在』至文堂　2003年　p.67-78などを参照
16）H. M. バートレット、小松源助訳『社会福祉実践の共通基盤』ミネルヴァ書房 1978年
17）社会福祉専門職団体協議会国際委員会「IFSW（国際ソーシャルワーカー連盟）の『ソーシャルワークのグローバル定義』新しい提議案を考える10のポイント」http://www.japsw.or.jp/international/ifsw/SW_teigi_kaitei.pdf　2014年などを参照（2017/5/31現在）
18）ロジャーズ「十分に機能する人間」H. カーシェンバウム･V. L. ヘンダーソン編、伊東博･村山正治監訳『ロジャーズ選集（下）』2001年 誠信書房 196-197頁

4章　各実践アプローチの概念とその臨床的適用（事例紹介）

前章では、ソーシャルワークがどのような変遷をたどって、現在のような姿になったのかみてきた。本章では、代表的ないくつかのアプローチに焦点を当て、それぞれの基盤となる理論と具体的な事例を紹介することにしよう。

1．心理社会的アプローチ

(1) 理論解説

1）背景になっている理論

心理社会的アプローチのベースとなっているのは精神分析理論である。フロイト（Freud, S.）は、身体的な成長にともなってリビドー（性的エネルギー）が活性化し快感を感じる部位が変遷していくことに対応させて、乳児期から成人期までの心理的な発達を考えた（「性—心理的」な立場）。かれの娘アンナ・フロイトの弟子であるエリクソン（Ericson, E. H.）は、重要な人物や社会との関係のなかでどのような発達課題（危機）をクリアする必要があるのかという発想から乳児期から老年期に至る「心理—社会的（psycho-social）」な発達理論を提案した。前者が乳児期から成人の性愛に至るまでの５段階で発達を考えるのに対して、後者は老年期までの８つの発達段階が示されている。

では、フロイトにはじまる精神分析は、どのような人間観をもっているのだろうか。

①意識と無意識

人間の心には、簡単に気づくことができる領域と、夢などによってしか意識化できない無意識という領域がある。無意識ほど深層ではないが、ふだんは意識されていない領域は前意識と呼ばれ、ホリス（Hollis, F.）によれば、ケースワークではおもにこの領域が扱われる[(1)]。無意識は、しばしば、声の調子や素振りの形で現われるので、ワーカーは、このような兆候に敏感でなければならない[(2)]。

②心的装置（エス、自我、超自我）

人間の心は、比喩的に３つの部分に分けられる。たとえば、授業中にトイレに行きたくなった場合を考えてみよう。エス（本能的衝動）は「いま､ここで」その欲求を満たしたいと言い、超自我は「ここではだめだ」と禁止の指令を出す。このままではジレンマなので、そのときの現実に即して自我が「授業が終わるまで我慢しよう」とか「先生に断ってトイレに行こう」などの調整案を出す。この3つが心的装置であり、実際の行動は、このような心の会話（精神力動）によって決定されているが、意識できる場合と、無意識の（意識されない）ときがある。

③自我の防衛機制

ときには、エスや超自我が自分にとって受け入れがたい要求をしてきたり、とうてい容認できない感情が込み上げてくることもある。そんなとき、自我がこれらを受け入れやすく加工し、心の安定を図るメカニズムがあると考えられている。これが自我の防衛機制である。以下、いくつかあげておこう。

〈抑圧〉ほんとうは水上さんの方が好きなのだが、自分には水川さんという恋人がいるので、その気持ちを心の奥底に閉じ込めて、出てこないようにすること。

（反動形成）ほんとうは青山さんが好きなのだが、知られるのは嫌なので、過度にそっけない態度を取ったりすること。

〈投影〉ほんとうは好きなのは自分の方なのだが、それを知られると逃げられてしまいそうなので、真木さんの方が自分を好きなのだと思い込み満足すること。

これらは、多かれ少なかれだれもが行なっていることであるが、過度になったり融通が利かなくなってくると、現実認識が歪み、不適応を起こす可能性が高まる。

④治療プロセス

〈転移と逆転移〉

治療者が禁欲的であれば、クライエントは過去において未解決の課題を治療場面に持ち込み、治療者に対して、そのときの主要な人物（幼児期の体験であれば、父母の場合が多い）にとったのとおなじ態度で接してくるようになる。それが転移であり、それに対する治療者の反応が逆転移である。つまり、クライエントの人生において、さまざまなバリエーションで繰り返されてきた未解決の課題は、転移というかたちで治療場面のなかで再現されることになる。

〈ワーキング・スルー（徹底操作）〉

治療者が転移関係において中立的な立場を保つことができれば、クライエントは治療者に対して抱いている気持ちが、治療者そのひとに起因しているのではなく、治療者に過去の重要な人物の面影を重ねているだけだと気づけるようになる。そのようなプロセスを、そのときの感情をともなってクライエント自身の内面で再体験することができれば、過去の未解決の課題に振り回されることはなくなると考えられている。

2）診断派のケースワーク理論

第一次世界大戦後の北米では精神分析が最先端の科学として一世を風靡したので、ケースワークはそのアイデアを取り入れることで科学性を高め、専門職としての評価を獲得しようとした[(3)]。「心理社会的」という用語は、ハミルトン（Hamilton, G.）が1941年の論文で最初に用い[(4)]、それを引き継いだホリス（Hollis, F.）が心理社会療法（1964年）としてまとめた（この当時は、現在の援助に相当することばとして「処置（treatment）」が用いられていた）。

その後、ロバーツ＆ニーの『ケースワークの理論』（1970年）[(5)]には心理社会的アプローチという名称で登場し、現在では臨床ソーシャルワークのなかで北米の独立開業（private practice）のソーシャルワーカーを中心に実践されている。

①ホリスのケースワーク理論

ホリスはケースワークをつぎのように定義している。

> ケースワークは、〈逆機能〉（dysfunctioning）の内的･精神的要因と、外的･社会的要因の両面を認識し、個人が、社会関係のなかで、自己の〈要求〉（needs）を完全に満足させ、いっそう適切に機能することができるように援助すること[(6)]

そして、ケースワークを精神療法やカウンセリングから明確に区別するものとして「状況のなかの人間（the-person-in-his situation）」という概念をあげ、つぎのように説明している。環境は、食物、衣服、住居、医療、就職の機会、身体の安全、娯楽の機会、教育の機会の利用などの〈具体的現実〉から成り立っているだけではなく、対人関係を通して表現される〈心理社会的現実〉からも成り立っている。個人は、あらゆる種類の社会関係の機会、たとえば、親、兄弟姉妹、親族関係、配偶者、友人、知人など人間関係の機会を与えてくれる環境に依存して生きているが、他方で、社会的に規定された精神的現実からも、人種、階級、地域、役割などの諸要因によって、行動の基準や抱負、自己自身についての知覚の仕方に影響を受けている。このように、個人によって経験される環境の全体は、同時に、多くの異なった方向から本人に作用する複雑に相互に影響しあう諸力の全体であり、同様に、本人自身のパーソナリティ内部の複雑な諸力の全体と相互に作用し合っている[(7)]と考えるのである。

②技法分類

ホリスは、ケースワークで用いられる技法をつぎのようにまとめている。

【直接療法】

〈持続的支持〉

クライエントの福祉に対し、親身になって関心をもち、クライエントをあるがままにあたたかく受容することである。ここでいう「受容」とは、「クライエントが自己について話した事がらをワーカーが是認するしないにかかわらず、ワーカーがクライエントに対して積極的で理解のある態度を示しつづける」[(8)]ことである。また、自己決定については、自己志向（self-direction）ということばを用いて、自分自身の生活を方向づけるクライエントの権利を強調する[(9)]ことであると説明している。

〈直接的指示〉

この技法は、環境か、パーソナリティか、あるいはその両方に関連をもつように作用する。それがパーソナリティに向けられる時は、幼児期の生活体験の影響力を弱めたり、現在の生活体験をもっと現実的に取り扱えるように自我や超自我の能力を強化することによって、個人の〈破壊傾向〉を緩和することができる[(10)]。

〈換気法〉

クライエントの感情の自由な表現を促進する過程である[(11)]。

〈人と状況の相互交流の反省的考察〉

クライエントの自我（すなわち、思考したり、反省したり、理解する能力）を〈状況のなかでの彼自身〉の再検討に従事させることをめざし[(12)]た理性的な方法である。扱われるのは、現在の状況、自分自身の反応、内面的な応答、関係の取り扱いの４つである[(13)]。

〈力動的・発生的要因の反省的考察〉

自我の知覚能力や現実検討能力の改善、今までに利用していた防衛の変更、要求の変化、または超自我要求に対する反応の変化、慢性の潜在的敵意や依存などの破壊的な性格特性に内在する力の永続的な減少、親に対する固着の放棄、本能的な生活の成熟など[(14)]を扱う。

また、成人してから後の世界に対しても不当な要求を起こさせる原因となる幼児期から持ち越された幼児的な要求や衝動[(15)]を扱う場合もありうる。

【環境療法】

過度の圧迫を与える現在の生活状況[(16)]の改善をめざし、たとえば公的扶助（経済的困窮の場合に食物、衣服、住居などに必要な金銭）、生活上の困難（病気の際の医療、家庭のない子どもの里親、教育や娯楽の機会を与える）などへの直接的なサービス提供がこれにあたる[(17)]。

(2) 事例紹介

（初回面接）

「いままでのおはなしをまとめると、おかあさま（義母）が大腿骨を骨折されて、その介護をずっとしてこられたのですね。ご主人は最近とくに仕事がいそがしくなり、娘さんは今年大学受験で、とても手伝いを頼める状況ではないのですね」

「そうなんです。いままでやさしくしてくれた義母の役に立ちたいと思うのですが、もう半年近くこのような状態で、最近は身体も辛くなってきて、このままでは倒れてしまうのではないかと不安なんです」

「疲れがどんどんたまってきて、もう限界かもしれないと感じてらっしゃるんですね。これは提案なのですが、介護保険を使って、訪問介護サービスを利用してみるというのはどうですか」

「そのことも考えたのですが、介護福祉士の方にきていただいて、私が休憩したり、リフレッシュも兼ねて遊びに行くというのは、なんだか義母にも介護福祉士さんにも悪い気がして」

「自分だけ楽をするのは気が引ける」

「というか、一度楽をしてしまうと、そのままずるずるとだめな人間になってしまいそうで怖いんです」

「一度楽をすると、そのままずるずるいってしまう」

「そうです。こどものころ、父によく言われたんです。『勉強もしないで遊んでばかりいると将来ろくな人間にならない。だからしっかり勉強しなさい』って。私はもともと怠け者なので、一度気を緩めてしまうと、そのままだらだらしてしまう気がするんです」

「なるほど。がんばり続けないと、わたしはだめ人間になってしまう」

「そう、そうなんです。だから、どうしたらいいか、わからなくなってしまって」

「ご主人は、どうおっしゃってるんですか」

「このあいだ、主人にそのことを話したんですが、『おまえの思い過ごしだ。いままでずいぶんがんばってきたのだから、ここらで少し楽したところで、感謝こそすれ、だれもおまえを責めたりしない』と言ってくれました。でも、このあいだ娘に『しっかり勉強しないと、ろくな大学に入れないぞ』と言っているのを聞いてから、わたしにもおなじように思ってるんだろうなって思えてならないんです」

「口ではやさしいことばをかけてくれているけれど、心のなかでは『怠け者』と思っているにちがいない、ということですか」

「そうです。もっとしっかり働けと思っていると思うんです。かれの笑顔を見るたびに、責められている気がするんです」
（夫へのインタビュー）
「そうなんです。『ぼくがいくら休んでもだれも責めやしない。君が辛そうにしているのを見る方が、ぼくは辛いんだ』といっても聞いてくれないんです。何度言っても働き続けるので、だんだん腹が立ってきて、でも不機嫌な顔を見せるのは嫌なので、最近は妻を避けるようになってきました。ほんとうは心配でたまらないのですが」
（娘へのインタビュー）
「わたしは今年、大学受験で、精神的にも時間的にも余裕はないのですが、でも少しなら手伝えるし、手伝うことで母が少しでも楽になってくれるなら、その方がうれしいんです。でも父に『しっかり勉強しないと、ろくな大学に入れないぞ』と言われると、勉強していない時間が怖くなってきて、手伝うって言い出せないんです」
（義母へのインタビュー）
「わたしが寝たきりになってしまったせいで、あさみさん（義娘）に迷惑をかけっぱなしで。特に最近は辛そうにしているので、介護の人を雇ってって頼んでるんですが、だいじょうぶですって断られるんです」
（一週間後）
「もう限界かもしれません。2～3日前から、義母の寝室に行くと、要領の悪いわたしが責められているような気がしてくるんです。口では介護の人を雇ってとか、わたしのことは後まわしでいいとか言ってくれるんですが、ほんとうは私のこと、責めてるにちがいないんです」
「わたしが聞いたところでは、みなさん、あさみさんのことが心配だと言っておられましたよ。もしよろしければ、ご家族そろって、今後のことを話しあう場を設けたいと思っているのですが、いかがですか」
（家族の合同面接）
「おかあさん、わたし、おかあさんが心配なの。でもおとうさんに『勉強しないと、ろくな大学に入れない』って言われて、言い出せなくなってしまったの」
「ごめん。そんなふうに思ってたのか。そういえば、俺も親父に、よくそんなふうに言われてたな。みんなに、がんばれ、がんばれって、現場監督みたいな親父だった。俺はそれが嫌で、みんなにやさしく接しようとがんばってきたつもりだったんだけどなあ。おまえは自分のペースでがんばればいいよ。あさみもそう。自分の身体を壊してまでがんばることはないんだ。いや、頼むから休んでくれ。介護保険を使えば、ヘルパーさんだって頼めるんだから」
「でも、あなた、わたしを避けているじゃありませんか」

「きみが辛そうにしているのを見ると、やさしくしてあげたいのに、なぜ言うことをきいてくれないんだって腹がたってきて、でも怒りたいわけじゃないから、つい顔を合わせられなくて」
「ほんとうは、わたしのこと、怠け者って思ってるんでしょ」
「ちがうよ！　……ごめん。つい声を荒げてしまって」
「そうよ、あさみさん。わたしも辛いの。わたしのことなんか忘れて、しばらく休んでくださいな」
「お義母さんだって、わたしのこと責めてるのでしょう」
「とんでもない。感謝こそすれ、責めるなんて」
「うそです。きっと責めてるんです。お義母さんもあなたも、わたしのこと、怠け者って責めてるにちがいなんです。わたしのおかあさんも、おとうさんに、おまえは家のことも満足にできないって、ずっと言われていて、とうとう仕事を辞めたんです。家事に専念してからも、ずっとおとうさんに怒られ続けて。だから、わたし、おとうさんに怒られないようにって、ずっとがんばってきたんです。それなのに、みんなでわたしのこと責めるなんて」泣きながら、あさみさんはそう言って、お義母さんのふとんを叩き続けた。そして、夫の肩をつかんで揺すり続けた。夫は、そんな妻に、何度もうなずきながら、「もういいよ。もうがんばらなくていいよ」と言って、とうとう自分まで泣き出した。その光景を見ていた娘は、ふたりに近づき、「おかあさん、だいじょうぶ。ヘルパーさんに来てもらいましょ。きっと、だいじょうぶ」と声をかけた。娘の目にも涙が光っていた。
　しばらく抱きあって泣き続けたあと、あさみさんは、はっとして顔をあげた。そして言った。「わたし、勘違いしていたの？ わたしの勘違いだったの？みんな、ずっと私のこと心配してくれてたの？ えっ？」
「きっと、いつのまにか、ご主人におとうさんの面影を重ねてしまって、がんばらなければ愛されないって思い込んでいたのかもしれませんね。そして、こんなにがんばってるのにって思えば思うほど、怒りに似た感情が込み上げてきて、その気持ちを抑えようとすればするほど、責められている気になってこられたのかもしれないですね。でもだいじょうぶです。すべて思い過ごしだったみたいです」
「あなたも、わたしのこと責めてない？」
「もちろんです」主人も娘も義母も、みんな泣きながらうなずいていた。
「じゃあ、おことばに甘えて、ヘルパー頼みます。そして、わたしはしばらくお暇をいただきます」あさみさんは、そう宣言した。そして、こう付け加えた。「考えてみたら、わたし、誰かに甘えたことってなかったかもしれない。そんな甘えん坊の妻でもあなたは愛してくれますか。わたし、もう以前のがんばり屋にはもどれないかもしれませんよ」

「う、うん。ちょっと自信はないけど」ご主人は頼りなげにそう答えていた。

（安井理夫）

【注】

（1）フローレンス・ホリス、本出祐之・黒川昭登・森野郁子訳『ケースワーク　心理社会療法』岩崎学術出版社　1966年　177ページ
（2）同書　167ページ
（3）古川孝順「社会福祉援助の価値規範」古川孝順・岩崎晋也・稲沢公一・児島亜紀子『援助するということ　社会福祉実践を支える価値規範を問う』有斐閣　2002年　47ページ
（4）R. A. ドルフマン、西尾祐吾・上續宏道訳『臨床ソーシャルワーク　定義、実践そしてビジョン』相川書房　1999年　9ページ
（5）邦訳は、ロバート W. ロバーツ・ロバート H.　ニー、久保紘章訳『ソーシャル・ケースワークの理論　7つのアプローチとその比較Ⅰ』川島書店　1985年
（6）ホリス、本出・黒川・森野訳　前掲書　7ページ　ここでいう「逆機能」とは機能不全のことであり、愛や信頼にもとづいた関係を築けないことを意味している。
（7）同書　13～14ページ
（8）同書　103～104ページ
（9）同書　118ページ
（10）同書　34ページ
（11）同書　119ページ
（12）同書　33ページ
（13）同書　126ページ
（14）同書　33ページ
（15）同書　21ページ
（16）同書　21ページ
（17）同書　23ページ

2．機能派アプローチ

(1) 理論解説

1）背景になっている理論

機能派アプローチの背景にあるのは、オットー・ランクの意志心理学である。まず、ランクの理論についてみてみよう。

ランクによれば、出産とは、乳児にとって、子宮のなかの保護された環境から見知らぬ世界に唐突に放り出されるという外傷体験であり、この体験がもとで、人間は「保護されていたい」という気持ちと、「独立したい」という思いのあいだを揺れ動くことになる[1)]。

しかし、人間は本来、分離を乗り越え自力で自分の生き方を作っていくことができる創造的な力を持っていると考え、その力を組織しコントロールする働きを「意志」と呼んだ[2)]。

したがって、セラピーも、セラピストからの分離と終結に焦点が当てられることになる。本当の成長と変化、未知への冒険を可能にするのは、計画された分離を通してであるとランクは述べている[3)]。

つまり、セラピストとの関係を通してクライエントは成長する。援助関係そ

のものに意義があると考えるので、「今、ここで」起こるできごとが重視されるのである[4]。

まとめると、クライエントには、自分自身で変化する力、資源を動員する力（意志）が潜在的に備わっているという人間に対する信頼を前提に、クライエントが変化する主体であり、クライエント自身の創造力を引き出すような「関係を作る」ことが、援助者の役割だと考えるのが意志心理学なのである[5]。

2）初期の機能派

初期の機能派はタフトとロビンソンによってはじまった。

そのひとりであるタフトによれば、援助とは、クライエントが割り当てられた時間をはじめから終わりまで利用することを学ぶ過程であり、有限なるものの囲いの内部で、人間として生き、働き、創造しようとする意欲をしめすとした。つまり、時間を人生全体の問題の象徴だと考えたのである[6]。

また、クライエント自身でさえ、本当のニーズが何であるかは、わかっていないことが少なくない。ニーズとは、援助を受ける状況で、自分が何を行なうかを理解することによってしか発見できないもの[7]なのである。したがって、援助を受ける状況を設定することが、ソーシャルワーカーの役割として重要になる。援助者は潜在的可能性を持つクライエントのニーズを完全には理解できないという限界を認識しているからこそ、機関の機能という制限を効果的に利用するのである[8]。また、おなじ理由で、自己決定が尊重される。

つぎに、ロビンソンの考えについてみてみたい。

ロビンソンは、援助関係を、クライエントが自分自身の問題を解決する機会となる新しい環境[9]だと考えた。したがって、援助関係において、自己と他者の受容、人間関係における自己の意識化、相互作用を起こしているこの人間関係を治療的なものにすることの重要性を指摘した[10]。

また、援助者が学ぶべき内容として、機関の機能の明確化、時間と過程のコントロール、「機関との関係における動き」と「成長」に関する理解の3つをあげた[11]。

機能派のケースワークは、あらかじめゴールを設定することを拒否している[12]。それは、技術を操作とみなし、援助者の限界を認識した結果、援助関係の形成に機関の機能を活用しながら、過程のなかで自分の役割をコントロールすることがワーカーの責任[13]だと考えたからである。

3）スモーリーのケースワーク理論

スモーリー（Smalley, R. E.）は、タフト、ロビンソンらを引き継ぎ、1960年代以降の機能派アプローチをリードした。

スモーリーは、ソーシャルワークを、一次機能（直接援助）と二次機能（環境への働きかけ）に分類し[14]、ソーシャルワーク統合化への先駆けとなったほか、機能派ソーシャルワークのアイデアを５つの介入の原則にまとめた。

原則１　効果的な診断の活用[15]

診断には、(a) 特定のサービスの活用と関係づけられる場合、(b) クライエントとの取り決めと参加によって徐々に展開される場合の２つがあり、現象が変化するにしたがって継続的に修正したり、適切だと思われた場合には、利用者の「準備性（レディネス）」[16]に合わせて診断や現象の理解をクライエントが活用できるように提供する必要がある。

原則２　時間の段階の意識的・意図的活用[17]

援助プロセスは、開始期、中間期、終結期の３つに分けられる。開始期はニーズを具体化し取り組みを始める時期、中間期は、取り組みを評価しつつ新しく設定した課題にも取り組む時期、終結期は、これまでの総括や、達成できたことの評価をし、自立に向けた取り組みをする時期である。

原則３　機関の機能と専門職の役割機能の活用[18]

機関の機能は、プロセスに焦点を定め、内容と方向性を与える。社会と機関に対する責任を保証するものである。スモーリーは、ケースワーカーを「機関の機能が人格化したもの」[19]と考えた。実際にサービスを利用する際には、機関の機能を、部分化、具体化、個別化する（限定性）こと、機関のサービスプログラムを発展・修正することなどが重要である。

原則４　構造の意識的活用[20]

期間や時間、場所についての取り決めをすることで、クライエントは自分が今何をしているのかを知ることができ、利用しやすくなる。

原則５　関係を用いることの重要性[21]

関係とは、クライエント自身が自分ではっきりさせた目的を達成しようと努力するときの核心である選択や決定を、クライエントが独力でできるように援助するためのものである。関係が形成されているからこそ、そのなかでクライエントは決断することが可能になる。したがって、葛藤やアンビバレンスについても、回避したり軽減するのではなく、存在するものとして精一杯経験できるように援助しようとする[22]。クライエントが彼自身の自己、感情、自発性を発見し成長していけるのは(自己を経験し、所有できるようになるのは)、ケースワーカーとの関係を通して[23]なのである。

４）精神分析的発想との関係

過去をどう扱うかについて、ドーリー（Dawley, A.）は「人の歴史は、現在を侵害しているときのみ重要であり、幼少期の体験は、クライエントとケースワーカーが、その体験が現在の問題の一因となっていると意見が一致した場合にのみ分析の対象となる。アセスメントの過程は、協働での努力であり、治療の初期段階を構成する」[24]と述べている。

転移については、タフトが、「自身の意志で自己に、成長過程の一時期を引き入れている」[25]現象だとし、ロビンソンは、「ケースワーカーは、クライエントが自分のことを知ってもらいたいと願い、そうするための唯一の方法がワーカーのうえに彼らの欲望、恐れ、葛藤を、投影することなのだと仮定する」[26]と述べている。

また、「抵抗」について、ダンラップ（Dunlap, K. M.）は、「自己を保持するための自然な試みである抵抗は（中略）問題や欠陥とみられるのではなく、新たな成長のためには不可欠な強さの印と考えられている」[27]とした。

(2) 事例紹介

（初期）

Aさん（40歳）は、妻Bさんとともに、C病院の精神科を受診され、Dソーシャルワーカーが面談することになった。

Aさんは「酒をやめればいいことはわかっているのですが、飲まないと手が震えてきて、仕事ができません。飲めば収まるので、やめることができずにいました。最近は身体がしんどくて、内科を受診したのですが、こちらで相談するように言われました」と切り出した。

Dワーカーは「内科の医師からは、肝臓がかなり悪く、お酒をやめることが先決だときいています。ただ、アルコール依存症だと思われるので、そちらの治療をしないと、身体の治療をしても役に立たないということでした。これからどうすればよいか、時間を決めて、いっしょに考えていくのがわたしの仕事です。1回の面談は50分です」と話しはじめた。

すると、妻のBさんが間髪を入れずにこう質問してきた。「入院しなければ、このひとはお酒がやめられません。これまで何度も『酒はやめる』と約束してくれましたが、結局やめられませんでした」。

「そのときの気持ちにうそはなくても、結局は飲んでしまう。そんなことのくり返しで、ご主人のことが信用できなくなってしまわれたのですね。もちろん、入院しているあいだは、お酒が飲めないので、アルコールでやられた身体を治すことはできます。ただ、それだけで、お酒をやめられるわけではありません。飲めない状況で飲んでいなかったことよりも、いつでも飲める状況で飲まないでいることがたいせつなのです」Dワーカーのこの話に、Bさんは途方に暮れた様子だった。「じゃあ、どうすればいいのですか」問い詰めるように

Bさんはつぶやいた。

「お困りですよね。そんな提案をいきなりされても判断がつきませんよね。ただ、ひとつだけいえることは、今までとおなじことをしても、またおなじことをくり返すだけです。そのことは、Bさんがいやというほど経験されたのではありませんか。当院の精神科では、3か月の入院をお勧めしています。最初の1か月は身体の治療とアルコール依存症についての学習、2か月めからは、毎週1泊の外泊をしていただいて、地域の断酒会かAA（断酒会のもとになった北米発祥のグループ）に参加していただいています」

「でも、」とAさんがさえぎった。「急に3か月の入院と言われても、仕事の都合がつきません」。

Dワーカーは言った。「そうですね。急に3か月と言われても、仕事がどうなるか不安ですよね。ただ、手が震えると仕事にならないので、つい飲んでしまうとおっしゃっていましたね。最近の仕事ぶりを振り返っていただいで、お仕事は順調にこなせていましたか」

「そうですねえ。手の震えを抑えるために、仕事中にお酒を飲んでしまって、それを隠すために、ひととなるべく話さないようにはしていました。この何年かは、こそこそすることが増えていたかもしれません」

そこでDワーカーは、つぎのような提案をした。「ご主人は、二日酔いや体調不良で仕事を休むことが多く、職場で頼りにされているとは思えません。いい機会なので、3か月しっかりと治療した方が、今後の仕事のためにもよいのではないでしょうか」

（中期）

入院して2か月が経とうとする頃、Aさん宅からDワーカーに電話があった。「昨晩、夫が飲酒して帰ってきました。今は寝ているようなのですが、かっこ悪いので病院には帰らないと言っています」

「なるほど。そうですか。Bさんもお困りですね」

「困っているというか。なにか怒りが込みあげてきて、こどもの目のまえで怒鳴りつけそうになりました。ほんとうに情けないです」

「ずっと我慢されていたんですね。自分がしっかりしないとって、ひとりでがんばってこられたんですね」

「はい。ずっと、あのひとにもしっかりしてほしいと言ってきたのに。それで、やっと治療を受けてくれる気になって、ほっとしていたのに」

「がっかりして怒りさえ感じておられるのですね」そのあと、Dワーカーはつぎのように続けた。「他の入院患者さんたちも、お酒をやめようと決心して入院しておられます。その気持ちに嘘はなくても、やはり外泊中に飲酒される方が多いです。やめようと決心していても、ふとしたことで飲酒してしまうところに、この病気の怖さがあるのです。酒を飲むか飲まないかは、本人の意志の力ではコントロールできないのです。それはご家族でもおなじです。いくら家族でも、誰かの行動を自分が望む方向にコントロールすることはできないのです。でも、今回の飲酒は、Aさんの回復への第一歩です。みんな、この道をたどってきたのです。失敗のなかから、ひとは多くを学ぶものです。つぎ、飲まないで帰院するためにはどうすればよいかをいっしょに考えませんか」とAさんに伝えてもらうことにしました。

その日の夕方、Aさんがひとりで帰院しました。病室にもどるまえに話したいというので、Dワーカーは30分間、時間を作りました。

「ショックでしたね」

「はい。まさか飲酒してしまうとは思ってもいませんでした。恥ずかしいです。院内のミーティングで、偉そうなことをいっぱい言ってきたのに、こんなに早く失敗するなんて」

「そうですね。Aさんの意志は固いとわたしも思っていました。きっと他のアルコール依存症のひとたちも、Aさんとおなじように悩んできたんだと思います。だから、自分の力だけではなくて、みんなの力を借りて、先人の知恵も結集させて、なんとか飲まずに生きる方法を探してきたんでしょうね」

「なにかに自分を委ねるとか、ひとに助けを求めるというのはむずかしいです。これ以上、だれかに迷惑をかけるのは辛いです」

「でも、今のところ、それしか道がないみたいです」

「そうなんですねえ。今までどおりでは、きっとまた同じことのくり返しなんでしょうね。でも、自分は自分なんですよ。自分の頑なさが恨めしいです」

「残りの1か月半で、なんとか納得できる生き方が見つかるといいですね。でも、頭で考えても答えは見つからなくて、試行錯誤しかないのかもしれません。自分の考えや行動と、そのあとの結果を比較してみることが役に立つというひともいます。根気強くいっしょに考えていきましょう」

（終結期）

Aさんは、その後、無事に帰院していたが、退院まであと2週間というときになって、また飲酒して帰ってきた。そして、Dワーカーにこう話しはじめた。「退院するのは怖いです。このまま、同じ病気の仲間たちと、ここに籠もっていたいです」

「今、どんなお気持ちなのですか」

「今は、こうして悩んでいても、Dさんや病棟の仲間がいます。でも、退院したら、ひとりでやっていかないといけないんです。それを考えただけで、不安でたまらないんです。まだ入院して2か月あまりだというのに、もどってきたひとも何人かいました。ほんとうにうまくいくのでしょうか」

「そうですよね。失敗しているひとも少なくないのに、自分だけがうまくいくとは思えないですよね」

「そうでしょう。自分のような人間は、ずっとここに籠もっているのがいいんです」

「でも、ほんとうは、そんなことができないのはわかっているから、こうして苦しんでらっしゃるのですね」

Aさんはしばらく無言だった。そして、聞こえるか聞こえないかの声でこう言った。「そうなんですよね。逃げていないで、向きあわないといけないんですよね」

「でも、ひとりじゃないですよ。AAの仲間もBさんも、Aさんさえその気になれば、助けてくれるはずです」

「ほかのひとは、いったいどんな気持ちで退院していくんでしょうか」

「きっと自信のあるひとは、また戻ってこられるんでしょうね。自信がない方が用心するので、そういう意味では入院時より進歩しておられるのではないでしょうか」

「でも、今日も飲んで帰ってきたし、今の自分はこんな有様です」

「失ったものを、すぐにでも取りもどしたい気持ちはわかります。でも、その焦りがこの病気のひとを失敗させるんです。今の惨めなAさんを、これからも失敗するかもしれないというリスク込みで応援したいと思っているひとがいることを忘れないでください。後はAさん次第なんですよ」

2週間後、Aさんは退院した。Dワーカーは、週に一度受診すること、必要なときは、いつでも呼んでもらってよいことを伝えた。

（安井理夫）

【注】

1）高山恵理子「機能的アプローチ」 久保紘章・副田あけみ編著『ソーシャルワークの実践アプローチ　心理社会的アプローチからナラティブまで』川島書店　2005年　20ページ

2）同書　20ページ、スモーリー／久保紘章訳「ケースワーク実践に対する機能的アプローチ」 ロバートW.ロバーツ・ロバートH.ニー編／久保紘章訳『ソーシャルケースワークの理論：7つのアプローチとその比較　I』川島書店　1985年　79ページ

3）同書　20ページ

4）同書　20ページ

5）同書　22ページ

6）同書　20～21ページ

7）同書　21ページ

8）同書　21ページ

9）ロビンソン／杉本照子訳『ケースワーク心理学の変遷』岩崎学術出版社　1969年　194ページ

10）高山恵理子　前掲書　21～22ページ

11）同書　22ページ

12）同書　24ページ

13）スモーリー／久保紘章訳　前掲書　77ページ

14）同書　訳注1）　128～129ページ

15）同書　77ページ、95ページ、100～101ページ
16）同書　107ページ
17）同書　77ページ、93～100ページ
18）同書　77ページ、101～102ページ、110～113ページ
19）同書　102ページ、112ページ
20）同書　77～78ページ、102～103ページ、113～115ページ
21）同書　78ページ、103～104ページ、115～117ページ
22）同書　92ページ、107ページ
23）同書　117ページ
24）ダンラップ「機能的理論」フランシス・J・ターナー編、米本秀仁監訳『ソーシャルワーク・トリートメント　相互連結理論アプローチ』中央法規出版　514ページ
25）ダンラップ　前掲書　517ページ
26）ダンラップ　前掲書　517～518ページ
27）ダンラップ　前掲書　517ページ

3．問題解決アプローチ

(1) 問題解決アプローチの誕生

問題解決アプローチは、一人の実践家であるソーシャルワーカーによって生み出された臨床の知であり、ほかの理論の発展にも大きな影響を与え、多くのソーシャルワーカーの実践の基盤となっている。すなわち、すべてのソーシャルワーク実践理論の根底であるといえる。

その誕生は、1950年代にシカゴ大学のパールマン（H. H. Perlman）の実践に起源し、診断主義と機能主義を折衷・統合して発展していった。彼女は、主要な業績である『ソーシャル・ケースワーク　－問題解決プロセス』を1957年に出版している[1)]。この問題解決アプローチは、実践を一層実用的にし、いま－ここの姿勢をもつための努力として誕生した。これは診断主義が治療のプロセスは形式的な診断と治療のプランに基づいて行なわれるべきだという、誤った固定観念に対抗して生まれた。この理論の初期形成期において、“ケースワーク（個別支援）”の理論としてみなれていたが、今ではすべての実践にあてはまるものとみなされている[2)]。

彼女によると「ケースワークの過程は本質的には問題解決の過程である」[3)]と述べている。さらに、ソーシャルワーク（ソーシャル・ケースワーク）の技術について「ヴァン・ゴッホ、モネ、ルノアール、そしてスーラーは、みな光をとらえること、光の影響を色彩、生地、形に表すことに関心をもっていた。しかも彼らの共通な関心と仕事の素材、そして彼らが用いる共通の原理にもかかわらず、彼らの技術、彼らが意図を表現するあり方は高度に個別的であった」[4)]と比喩し、ソーシャルワーカーの支援プロセスにおいて、ソーシャルワーカー一人ひとりの個性があり、同じ事物のとらえ方、表現方法にはさまざまな種類の技術もあると理解することができる。このように幅広い知識と教養をもとに表現豊かに、そしてなによりも臨床から問題解決アプローチを提唱してい

るのである。

(2) 問題解決アプローチの固有性

1）問題解決とは

問題解決アプローチでは、利用者自身が「問題」と感じていることに焦点をあてるのである。問題解決の主役は、利用者自身である。問題解決アプローチは、利用者とソーシャルワーカーとの協働で行なわれるものであるが、その中心は利用者自身でなくてはならない。日々の生活のなかで問題をかかえ、悩み、苦しんで相談に訪れた人たちが、「あっそうか、自分にはこんなことができるはずだ、こんなふうにしてみよう」と思い、混乱や不安のなかから自分を見つめ直し、自分の問題を考え、解決する過程を自分自身で拓いていけるように寄り添うことこそが問題解決アプローチの特徴である。

ここで、問題解決の概念について考えておきたい。そもそも問題解決とは、「今ある状態から目標状態へ、問題を変化させることを目的とした認知的活動」[5)]と定義されている。もしくは、「好ましからざる状態から好ましい状態への移動を含むシステマティックで段階的な思考、活動プロセス」[6)]とも定義される。

2）6つのP

人間は、いまこの瞬間を生き、問題に取り組み、解決の過程に存在している。問題をかかえることは自然なことである。問題解決の主体は利用者自身にあり、解決へのみちすじを自分自身で切り拓く力をもっている。

問題解決アプローチでは、6つのPをたいせつにしている。

それは、問題をかかえ支援を必要としている人（Person）、生活のなかで発生する問題（Problem）、支援が展開される場所（Place）、支援を必要としている利用者とともに歩む支援過程（Process）、さらに支援者としてのソーシャルワーカーである専門家（Professional）、社会資源として供給される制度・政策（Provisions）である。

(3) 問題解決アプローチの展開方法

1）利用者とソーシャルワーカーとのパートナーシップ

問題解決アプローチを展開するにあたっての利用者とソーシャルワーカーとの関係について、「人々の間の密接な関係は、ともに責任をもち、感情をともにする状況から生じる」[7)]のである。それは、利用者とソーシャルワーカーとのパートナーシップの確立を意味している。そのためには、利用者の生活への広い視野と発想が不可欠である。高度な専門性を発揮することのできるソーシャルワーカーを養成し、ソーシャルワーカー一人ひとりを「人材から人財へと昇華すること」[8] は、あらゆるアプローチにおいても共通することであるとともに、ソーシャルワークの揺るぎない根底でもある。

2）問題の焦点を決める・問題を細かく部分化する

問題解決アプローチを具体的に展開方法は、漠然とした大きな問題に対して、焦点を決めることおよび局部化（部分化）すること[9] である。これは、問題が何であるのかを明確にし、大きな塊を細かく切り分けることで全体を把握しやすくすることを意味している。細かく切り分けた問題に対して、達成可能な目標を設定して取り組むことが可能になるのである。

3）利用者の問題解決に取り組む力を高める

パールマンは、利用者の問題解決に取り組む力を「ワーカービリティ」と呼び、ワーカービリティを高める要素として「MCO 過程」があるとした。

MCO 過程とは、「動機づけ（Motivation）」、「能力（Capacity）」、「機会（Opportunity）」である。

1）問題解決に対する利用者の「動機づけ（Motivation）」を強める。

2）自ら問題解決への「能力（Capacity）」を高める。

3）能力を発揮する「機会（Opportunity）」を提供する。

(4) 事例

1）事例の概要

クラシックバレエ教室の講師をしているK氏（35歳・男性）は、母と祖母、そして単身赴任をしている父の4人家族である。K氏はバレエ教室で働きながら、夜は祖母の介護をしながら祖母のベッドの横で自分も寝ている。母はK氏が不在になる日中の介護を担っている。祖母はK氏と母を気づかって近所のデイサービスに週3回通っている。単身赴任中の父は、最近体調が悪く仕事を辞めて自宅に戻ってくる準備に取りかかった。そんなK氏は、今後の人生について悩んでいる。その悩みとは、身体の弱い母と一緒に祖母を自宅で介護していること。結婚を前提に付き合っている女性との交際を両親に反対されていること。ある日、交際に反対している父親と自宅のリビングで口論となっている時に、父親が突然吐血し救急搬送して検査した結果、末期の癌であることが判明したこと。それらの悩みは夜間の不眠へとつながり、仕事に身が入らなくなってしまい、バレエ教室の生徒から苦情がでるようになった。

そこで、近所のストレスケアのクリニックを受診しソーシャルワーカーに相談した。

2）問題解決アプローチにおける６つのＰ

人（Person）

クラシックバレエ教室の講師をしているＫ氏（35歳・男性）

問題（Problem）

大きな塊としての問題：今後の人生について悩んでいること。

場所（Place）

ストレスケアのクリニックの面談室

過程（Process）

大きな塊としての問題の焦点を決め、細かく部分化することで達成可能な目標を設定して取り組む。

専門家（Professional）

ストレスケアのクリニックのソーシャルワーカー

制度・政策（Provisions）

介護のことに関しては介護保険、医療のことに関しては医療保険、西洋医学と東洋医学を併用する統合医療などの社会資源を活用

3）問題の焦点を決める・問題を細かく部分化する

日々の生活や人生において問題に直面することは自然なことであり、問題の大きさにかかわらず誰もが経験していることである。Ｋ氏場合、漠然とした大きな塊としての問題として今後の人生について悩んでいるである。

その問題を細かく切り分けると、以下の３つにすることができる。

1）身体の弱い母と一緒に祖母を自宅で介護していること。

2）結婚を前提に付き合っている女性との交際を両親に反対されていること。

3）ある日、交際に反対している父親と口論となっている時に、父親が突然吐血し救急搬送して検査した結果、末期の癌であることが判明したこと。

このように問題を小さく切り分けて考えることにより、今何をしなければならないのかといった現実を見つめることができるようになるのである。

4）ソーシャルワーク支援プロセスの展開

ソーシャルワークでは、図4-1のような支援プロセスを展開する[10)]。今回の事例の問題解決アプローチをこの支援プロセスに即して展開すると、インテーク（エンゲージメント）では、Ｋ氏とのパートナーシップを確立することに主軸を置き、Ｋ氏の自我機能を安定させる。そして、Ｋ氏とソーシャルワーカーが同じ方向を目指していることを確認するとともに、その問題解決へのみちすじは、Ｋ氏自身が切り拓く能力をもっていることに気がつくことができるように支援する。

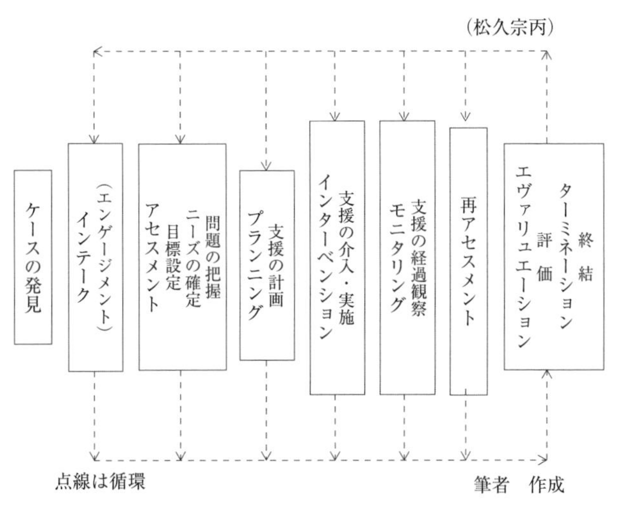

＊図 4-1　ソーシャルワークの支援プロセス

アセスメントでは、「今後の人生について悩んでいる」K 氏の大きな塊としての問題を把握するために、ソーシャルワーカーは「今後の人生について、どんなことで悩んでいるのですか？」と質問すると、K 氏は「祖母の介護のことや恋人との今後のこと、父の体調のことなどが重なって自分でもどうしたらいいのかわからないんです」と答えた。ソーシャルワーカーには、K 氏の問題の塊の輪郭が少しずつ見えてきた。しかし、まだ霧のようにぼやけている部分もあった。

そこでプランニング（支援の計画）では、K 氏と共にその問題について小さく切り分けて考えるようにした。すると、大きな塊としての問題は、上記のような 3 つの問題に部分化することができ、それぞれについて達成可能な目標を設定することにした。まずは、1）身体の弱い母と一緒に祖母を自宅で介護していることについて、週 3 回のデイサービスの利用をもう少し増やすことで K 氏と母の介護負担の軽減をすること、夜間の介護については、定期的にショートステイを利用することなどが導き出された。2）結婚を前提に付き合っている女性との交際を両親に反対されていることについては、なぜ両親が反対しているのかを紐解いていくと、その女性はシングルマザーであることが反対の原因であることがわかった。3）父親が突然吐血し救急搬送して検査した結果、末期の癌であることが判明したことについては、現在の病状を医師より説明を受けることで何ができることなのかを明らかにすることになった。

インターベンション（支援の介入・実施）では、1）において祖母のデイサービスの利用回数を増やすことについて祖母に父の病状の説明をし、祖母の理解を得て週 3 回から週 5 回へ増やすことになった。その際には介護保険の利用限度額を意識しながら金銭的な負担も考慮して担当のケアマネジャーの協力を得ながらすすめた。しかし、祖母から「ショートステイへは行きたくない」と発言があり、K氏自身もできる限り自宅で介護を続けていきたいと気持ちを改めて確認することができたため、ショートステイの利用を見送ることにした。2）の交際を反対されていることについてK氏は、「シングルマザーであっても前向きに生きていること、これまでの生活がどうであったかではなく、その人自身の人格を見て欲しい、これまで一度も彼女と会ってもいないのに・・・」と強く思っていることがソーシャルワーカーとの会話のなかで明らかになってきた。それは少しずつ霧が晴れてきたことを意味している。そこで、まずは両親に彼女を紹介する機会を持つことにしたが、父の病状のこともあって具体的にすすんではいない。3）父の病状については、主治医から前立腺癌であること、既に身体のあちこちに転移していること、特に脳とリンパへの転移もあることの説明があった。そこで西洋医学として抗がん剤の治療をしながら、東洋医学の気功や食生活の改善など生活の質の改善を併用することにした。

モニタリング（支援の経過観察）と再アセスメントとして、定期的にソーシャルワーカーとの面談を重ね、それぞれの問題についての達成状況を確認することでK氏のワーカービリティ（「動機づけ」、「能力」、「機会」）は高められていった。

エヴァリュエーション（評価）・ターミネーション（終結）では、1）については、介護保険を活用したデイサービスの利用回数を増やすことでK氏と母の介護負担は軽減することができるようになった。2）についてK氏は「父の体調のいい時に彼女を父と母に紹介しようと思います。きっと彼女に会えば、彼女のいいところをわかってくれると思います」と明るい表情で語っていた。3）については、「父がどんな重い病気になったとしても、家族として皆で支えあっていきたいと思います。いい時もあればそうでない時もあります。たとえそれが治らないかもしれない病気だとしても、どんな時も家族としてともに歩んでいきます」とK氏は希望に満ち溢れていた。

5）まとめ

今回の事例のK氏のように、問題解決アプローチでは、利用者とソーシャルワーカーとのパートナーシップを根底にしている。ソーシャルワーカーは利用者の生活への広い視野と発想をたいせつにしなければならない。なぜなら、木を見て森を見ずという言葉あるように生活全体を見渡すことで見えてくる問題もあり、それらの解決方法を見いだす糸口になるからである。そして、大きな塊としての問題を細かく切り分けることで達成可能な目標を設定して取り組むことが可能になるのである。

人は誰しも問題をかかえることは自然なことであるが、問題解決の主体は利用者自身にあること、解決へのみちすじを自分自身で切り拓く力をもっていることは問題解決アプローチにおいて重要なことであり、ソーシャルワーカーとして信じ貫き通さねばならないことである。そして、問題解決に対する利用者の「動機づけ」を強め、自ら問題解決への「能力」を高め、能力を発揮する「機会」を提供する必要がある。

このような実践ができるソーシャルワーカーこそが、高度な専門性を有したソーシャルワーカーであり、本書の読者への期待である。

（松久宗丙）

【引用文献】

1）H. H. Perlman, (1957). *Social Casework: A Problem-solving Process.* Chicago: University of Chicago Press.（松本武子訳（1966）『ソーシャル・ケースワーク　－問題解決の過程』全国社会福祉協議会）
2）J. C. Turner and R. M. Jaco, Problem-Solving Theory and Social Work Treatment, edited by F. J. Turner, (1996).*Social Work Treatment: Interlocking Theoretical Approaches, 4th ed.* The Free Press, A Division of Macmillan Publishing Co., Inc. 横山穣訳「第21章　問題解決理論」F. J. Turner編，米本秀仁監訳(1999)『ソーシャルワーク・トリートメント　－相互連結理論アプローチ　下』中央法規出版.P232.
3）前掲1）P65.
4）同書　P194.
5）Mayer, R. E., (1994). Problem Solving. *Encyclopedia of Human Behavior.* Vol.3. San Diego: Academic Press, P600.
6）Gelfand, B. (1988). *The Creative Practitioner: Creative Theory and Method for the Helping Services.* New York: Haworth Press. P1.
7）前掲1）P78.
8）松久宗丙「組織支援レベルでの展開」太田義弘・中村佐織・安井理夫編著（2017）『高度専門職業としてのソーシャルワーク　－理論・構想・方法・実践の科学的統合化』光生館．P139.
9）前掲1）P176.
10）松久宗丙「ソーシャルワークの基本的な考え方」小口将典編（2015）『臨床ソーシャルワーク　－いのちと歩む高度専門職へのみちすじ』大学図書出版．P29.

【参考文献】

・H. H. Perlman, (1957). *Social Casework: A Problem-solving Process.* Chicago: University of Chicago Press.（松本武子訳（1966）『ソーシャル・ケースワーク　－問題解決の過程』全国社会福祉協議会）
・J. C. Turner and R. M. Jaco, Problem-Solving Theory and Social Work Treatment, edited by F. J. Turner, (1996).*Social Work Treatment: Interlocking Theoretical Approaches, 4th ed.* The Free Press, A Division of Macmillan Publishing Co., Inc. 横山穣訳「第21章　問題解決理論」F. J. Turner編，米本秀仁監訳（1999）『ソーシャルワーク・トリートメント　－相互連結理論アプローチ　下』中央法規出版.
・白澤政和（1978）「1960年代以降のケースワーク諸理論の変遷とその考察（2）　－問題解決モデルを中心にして」『大阪市立大学生活科学部紀要』第26巻　大阪市立大学生活科学部.P237-254.
・H. H. Perlman, (1968). *Persona : (Social Role and Personality).* Chicago : University of Chicago Press.

4．行動変容アプローチ

（1）概要

高齢者等の施設で生活する利用者の行動は、自分自身にとって望ましい行動もあれば、自身や他者に悪影響を及ぼしかねない行動もある。時には、行動の結果、施設内の人間関係の形成や利用者の生活の質に悪影響を及ぼし、問題化するケースもある。この場合、利用者における行動の改善が求められる。行動変容アプローチは、利用者の問題行動を改善し、望ましい行動の形成をめざす実践アプローチの一つである。本節では、理論および実践事例をふまえて、行動変容アプローチを理解していきたい。

ソーシャルワーカーは、さまざまなソーシャルワークのアプローチの中から、利用者の問題解決に適した方法を選択し、利用者に介入する。介入結果については、主観的な評価、測定可能な客観的評価の両面から、その効果が問われる。特に、客観的評価について、その重要性が1960年代頃から問われるようになった。ソーシャルワークにおけるアプローチのうち、ケースワークにおいては、利用者の生育歴、利用者との関係性等を重視する傾向が強かった。しかし、面接等によるケースワークの関わりは、その効果が見えにくい等の批判があった。そのため、医学における疾病の治療のように、ソーシャルワークにおいても、利用者に対する介入効果の実証が求められていた。行動変容アプローチは、利用者の問題行動をどの程度改善し、望ましい行動がどの程度見られたかなど、その効果が具体的に測定可能であるため、ケースワークにおいて注目されるようになった。

行動変容アプローチは、行動変容を用いた行動療法がケースワークに導入され、ソーシャルワークのアプローチの一つとして発展してきた。行動変容とは、「応用行動分析に基づき、人間の行動を変化させること」[1)]を意味する。行動変容アプローチは、利用者の問題行動における原因の解消、考え方や意識の変容等の内面を問題視することを直接的な目的とはせず、あくまで現在の行動を修正し、望ましい行動への変容をめざしていくことを目的としている。

行動変容アプローチは、学習理論に基づき、あらゆる行動が経験を通して学習されたものであると考える行動療法として理論化された。行動変容アプローチには、レスポンデント条件づけ、オペラント条件づけ、観察学習の主に3つの学習理論が導入されている（表4-1）。

＊表4-1　行動変容アプローチにおける学習理論

レスポンデント条件づけ	条件刺激と無条件刺激をくり返して提示し、無条件刺激に対して生じていた反応を、条件刺激にも起こるようにする条件反応。古典的条件づけとも呼ばれる。パブロフが提唱した学習理論。
オペラント条件づけ	ある行動に対する報酬の付加、罰の除去等を行なうことにより、その行動の発生回数が増加したり、減少したりする操作を意味する。行動には、行動した結果の刺激により、その行動の出現傾向が高められる操作（オペラント）型の条件反応があり、オペラント条件づけと呼ばれる。スキナーによる箱を用いたネズミの実験から得られた理論が有名。道具的条件づけともいう。
観察学習	他者の行為・態度等を意識的に観察することにより、それを模倣し同様の行動を取り、観察者の行動に修正・除去等の変化が生じる学習を意味する。単に模倣するのではなく、観察した行動がどのような結果に結びつくか、行動と結果の関係を一つのモデルとして観察し理解することが求められる。モデリングとも呼ばれ、バンデューラが展開した社会的学習理論の主要理論。

ソーシャルワーカーは、これらの理論等を理解したうえで、利用者のニーズ解決に適切な援助方法であるかを判断し、行動変容アプローチによる介入を行なう。ただし、介入後は、今までの行動を変容することが求められるため、利用者が苦痛を感じる可能性がある。そのため、ソーシャルワーカーは、利用者の行動が本当に変容しなければならない状況であるかを判断し、行動変容アプローチの特徴や利点を理解したうえで、支援を展開する必要がある。

行動変容アプローチの利点について、三原（2006）は、①基本的な原理が比較的容易、②介入に対する報酬等による動機づけの提供、③問題行動や目標行動の頻度や時間が客観的に測定され、介入効果の有無を判断することが可能、等を指摘している[2)]。

ソーシャルワーカーは、利点等をふまえて、行動変容アプローチを援助方法として選択した場合、利用者の望ましくない行動は過去のさまざまな経験により、誤って学習された結果であると捉える。そして、利用者が正しく再学習す

アセスメント	・利用者の主訴や利用者の状況に関する情報等をもとにアセスメントし、利用者の行動を観察し、問題となっている行動を明確化 ・その行動が実際に解決すべき課題であるか、その妥当性を評価 ・現在の行動を修正し、望ましい行動への変容が必要であると判断された場合、介入前の期間（ベースライン期）におけるその行動の出現頻度を観察し測定 ・利用者がどのような刺激により、問題となっている行動を起こし、利用者にとってどのような報酬や罰が結果としてもたらされていると学習されているかを把握 ・利用者の行動の目的を分析し、ニーズを把握
↓	
プランニング	・具体的な目標行動を設定し、介入方法を検討 ・「刺激・行動・結果」の流れで利用者の行動を分析し利用者の行動の変容をめざす ・利用者が望ましい行動を起こすための新たな刺激とは何かを考え、それがくり返されるような報酬を用意。その後、介入方法・期間・場所等を検討し、計画書を作成
↓	
介入・モニタリング	・計画書に基づき、介入 ・介入後は介入期間をいくつかの介入期に分類し、介入効果等をモニタリング
↓	
評価	・介入効果等をモニタリングしたうえで、目標行動の達成状況を確認 ・介入の有効性を客観的に評価
↓	
終結	・目標達成後は、利用者が現在の状態を維持できるよう、状況によっては、利用者の行動の強化、減少等により微調整 ・利用者の状態の継続的維持が確認された場合、支援を終結
↓	
フォローアップ	・終結を迎えれば、ソーシャルワーカーの支援が全て終了ではない ・行動変容アプローチが扱う利用者の行動は、単発的な行動ではなく永続性を伴った行動であるため、支援終了後も、行動維持状況を定期的に把握し、行動の改善が必要な状態になれば、再アセスメントし、再介入を検討

＊図 4-2　行動変容アプローチの援助過程

ることによって、行動が改善し変容できると考え、利用者とともに支援を展開していくことになる。

行動変容アプローチにおける支援は、インテーク（受理面接）後、基本的には図4-2のように、アセスメント→プランニング（個別支援計画作成）→介入、モニタリング→評価（エバリュエーション）→終結→フォローアップ（追跡調査）の過程を経て展開される。利用者の状況によっては、介入・モニタリング後、あるいは評価、フォローアップ後に再度、アセスメントの段階に逆戻りするケースもある。

(2) 事例

次に、事例を通して、行動変容アプローチへの理解を深めてみたい。

Cさん（女性）は、首都圏のA県に所在するB介護付有料老人ホームに入居し、個室で生活している。Cさんは、72歳、要介護2の状態であり、脳梗塞による左片麻痺がある。兄弟姉妹はおらず、その他の親族とも交流はない。結婚歴はなく、両親が他界後、入居まで18年間一人暮らしをしていた。

Cさんは入居後、居室に閉じこもり、他の利用者との交流が全くない状況が継続していたことに、施設のD生活相談員（ソーシャルワーカー）は問題意識を持っていた。

D生活相談員は、Cさんとの関わりを通して、居室に閉じこもり、日中の大半をベッドで過ごし、他の利用者との交流を避ける傾向が、入居までの生活習慣やいじめ体験等をもとにした対人恐怖傾向等が背景にあることを情報収集により把握していた。D生活相談員は、閉じこもりの原因を解消し、他の利用者との交流を避けようとするCさんの考え方や意識等の内面を変化させるためさまざまなアプローチを試みてきた。しかし、目に見えた効果は見られず、今までのアプローチによる支援に限界を感じていた。D生活相談員は、自身が所属する専門職団体の実践事例検討会に参加し、同様の事例にて、行動変容アプローチによる介入を用いて、効果が見られたという情報を得た。D生活相談員は、収集した情報をヒントにし、施設内の他の専門職等にも相談し、Cさんへの支援において、行動変容アプローチによる介入を検討した。

1）事例概要

Cさんは、入居後1年が経過した時点で、食事等の時間以外は居室に閉じこもり、1日の大半をベッドで過ごすこと、他の利用者と交流することがないことについて、当初はそのことがなぜ悪いのか、認識していなかった。その後、D生活相談員は、共感を持ってCさんの気持ちや考えを聴いたうえで、日中の大半の時間を居室のベッド上で過ごしていることのリスクについて、情報提供等を行なった。具体的には、日中時間において、過度の安静により、活動量が低下することは、身体的影響として、体力の低下、筋力の低下、呼吸機能の低下、精神的影響として、情緒不安定やうつ状態等、身体にさまざまな障害が生じる廃用症候群につながる可能性があることなどについて、日々の関わりを通して説明をおこなった。Cさんは、居室を出てリビングスペース等で活動し、居室の閉じこもり行動を改善することの重要性を認識するようになっていた。しかし、Cさんは、居室から出て共有スペース等で他の利用者と一緒に交流し活動することに自信がない。Cさんは、居室での閉じこもり改善の重要性を感じながらも、簡単には変われない自分自身にイライラした言動を見せるようになった。

D生活相談員は、Cさんの過去に行動を変えて成功した例がないか尋ねた。すると、Cさんは、高校卒業後、実家に引きこもっていたが、両親の勧めもあり、簿記の資格をめざすことになった。勉強が苦手であったが、計算など数字を扱うことは嫌いではなかったこともあり、資格の勉強に自宅で取り組んだ。勉強が思うように進まず、紆余曲折があり2年を要したが、簿記の資格を取得することができた。Cさんは、資格取得により、両親からはじめて褒められたこと、就職することができたことを語った。D生活相談員は、Cさんのその成功例に対して、言語的賞賛を複数回行なった。その後、Cさんは、もしかしたら今回も何とかやれるかもしれないと自信を高めるようになり、閉じこもり行動の改善に向けた決意を固めた。

D生活相談員は、問題行動の原因を解消し、Cさんの考え方や意識を変容させることを直接的目的とせず、Cさんの行動を改善し、望ましい行動の形成により、閉じこもり状況等の改善をめざすことにした。D生活相談員は、Cさんの主訴等をふまえ、ニーズを改めて把握し、個別支援計画として、居室での閉じこもりの改善のため、①リビングスペースでの日中の活動時間の増加、②他の利用者との交流時間の増加、を行動目標とし立案した。Cさんは、計画内容に同意し、具体的な行動期に移った。

Cさんは、過去の経験からもたらされた他者への恐怖心が刺激となり、他者との交流を避け居室に閉じこもるという行動を選択し、その結果、恐怖心を感じることなく平穏な生活がもたらされていることが学習されていた。Cさんの対人恐怖心などにより、居室に閉じこもり、日常生活行動に支障をきたしている行動は、誤った学習から生じたものとみなし、その学習を消去し正しい行動へ導く必要がある。そのためには、Cさんが少しずつ実際に居室から出て行動し、成功体験を重ねることにより、他の利用者との交流を増やし、閉じこもり行動を克服することが求められた。

D生活相談員は、Cさんと話し合い、最初の一歩を踏み出しやすくなるような短期ゴールを決めた。具体的には、1日1回居室を出て、リビングスペースで午前中10分間を過ごすことにした。また、リビングスペースでCさんを見かけた際は、D生活相談員だけでなく他の職員も、言語的賞賛を行なうことにした。すると、午前中は、リビングスペースで過ごす利用者が少ないこともあり、Cさんは、恐怖心をあまり感じずに時間を過ごすことができ、職員から褒められることを嬉しく感じ、また明日も褒められたいと思うようになった。その結果、食事等の時間以外に、1日1回10分間は、居室を出てリビングスペースで過ごす行動が定着していった。同様の方法で1日1回15分、20分、1日2回15分、20分というように、Cさんが少しずつクリアしていくイメージを作った。Cさんは、そのハードルをクリアし、居室での閉じこもりの改善に向けて、リビングスペースでの日中の活動時間が1日2回合計40分増加した。

しかし、リビングスペースにおける他の利用者との会話等の交流は、ほとんど見られなかった。そのため、次の段階として、他の利用者との交流時間を増やすために、リビングスペースで放映されている午前、午後のテレビの情報番組等を30分間見て、その時取り上げられている話題等について、他の利用者と意見を交換する方法を、CさんとD生活相談員で一緒に考えて決めた。具体的には、テレビを見ながら、Cさんは、近くにいる利用者にそのテレビの内容等の感想を聞き、いくつかの言葉を返すという流れであった。その際、施設の職員がその行動を見かけた際は、言語的賞賛だけでなく、背中に触れ、身体的接触を加えて褒めるようにした。Cさんのそれらの行動を職員が誰も見ていなかった場合も考えられるため、D生活相談員が必ず夕刻にその日の状況を確認し、他の利用者と交流できた場合は同様の方法で褒めるようにした。

当初は順調であったが、Cさんが他の利用者（認知症）との会話時に混乱する場面が見られた。そのため、認知症の中核症状や周辺症状等について、D生活相談員が説明を何度か行ない、Cさんは他の利用者の特徴に驚くことなく、会話できるようになった。その後、Cさんのリビングスペースでの日中の活動時間及び他の利用者との交流時間が1日2回合計60分増加した。

さらに、生活相談員は、リビングスペースでの滞在時間および他の利用者との交流時間の増加に向けて、1日1時間、施設内でのクラブ活動への参加を促した。Cさんは関心を示し、絵画のクラブ活動に参加した。当初は、絵を描くことを通して、少し他の利用者との交流もでき、その様子についても、職員から褒められるようにし、順調に参加できていた。各利用者が、紙に絵を描く際、下を向く場面が多く、互いに目を合わせる機会が少なかったことも順調に参加できた要因の一つ考えられる。

その後、和紙を用いて絵はがきを作成する内容の活動時に、Cさんは自分だけが、絵はがきを出す相手がいないことを実感したことにより、以降、クラブ活動への参加が滞り、居室での閉じこもり時間が再び長くなっていった。そのため、D生活相談員は、Cさんと別のクラブ活動の参加について相談した。しかし、Cさんが関心のあるクラブ活動は他にはなく、D生活相談員は新規のクラブ活動の立ち上げを検討した。

Cさんは幼少期から自宅で一人、百人一首で遊ぶことが好きであったこともあり、「百人一首を介してであれば他の利用者と交流を深められるかも」と語った。D生活相談員は、施設のイベントとして、百人一首大会を企画した。大会を行なうと、多くの利用者が参加し、盛り上がりを見せ、Cさんはその時、直接参加しなかったが、その様子を傍らから眺め、にこやかな表情を浮かべていた。イベント開催により、百人一首に関心を持っている利用者が思った以上に多く、施設内の新規のクラブ活動として、百人一首クラブを立ち上げ、Cさんもその後参加することになった。

クラブ活動は週3日午後90分間行なわれ、Cさんは百人一首の和歌を通して、その舞台になっている地域等について、他の利用者と会話し、「その地域にみんなで行ってみたいね」等、テレビを介した時より会話が弾むことも多くなった。また、施設の職員は、前回同様、言語的賞賛や身体的接触により、Cさんの行動を褒めるようにした。その後も参加状況は順調に進み、クラブ活動日は午前30分午後90分の計120分、居室での閉じこもり行動が改善した。その結果、1週間のうち、食事の時間以外に、クラブ活動日の3日間は各120分、残りの4日間は各60分、日中の活動時間および他の利用者との交流時間が増加し、その後も継続的維持が確認され、終結となった。D生活相談員は、終結後も、Cさんの行動維持状況を定期的に把握している。

2）事例のまとめ

ソーシャルワークにおける行動変容アプローチは、ソーシャルワーカーが行動を変容させるのではなく、あくまで行動を変えるのは利用者本人である。ソーシャルワーカーは、利用者自らの考えで、行動が変容できるよう、側面的に支援する。しかし、実際の介入時においては、効果が見られた場合においても、行動が逆戻りする等、行動が維持され、確立されていくためにはさまざまな困難が伴う。ソーシャルワーカーは、利用者がこれならできるかもしれないと感じる方法を利用者と共に考え、いくつものハードルを、利用者が少しずつクリアしていけるイメージを作っていく必要がある。ソーシャルワーカーは、その都度、利用者の思い、考えをふまえ、受け止めてもらえる内容を投げかけ、利用者にとって望ましい行動が維持されるよう継続的支援を行なう。

利用者の問題となっている行動を修正し、望ましい行動へ変容させることは簡単ではない。しかし、常に利用者中心のソーシャルワークを実践しようとすれば、自ずと行動変容の手がかりが見えてくる。ソーシャルワーカーは、共感を持って利用者の問題に対する認識に耳を傾け、専門職としての認識を説明し、共通点や相違点を認識できるよう相談したうえで、同意を得て、支援を展開していくのである。ソーシャルワーカーは、徹底的に利用者と向き合い、利用者の潜在能力を信じ、利用者が行動を改善できるよう、側面的に支援していくことが行動変容アプローチの基本といえる。

（田中康雄）

【引用文献】
1）秋元美代，他編（2005）『現代社会福祉辞典』，有斐閣，117.
2）三原博光（2006）『行動変容アプローチによる問題解決実践事例』，34-36.

【参考文献】
・武田建（2010）「ソーシャルワークにおける行動アプローチの台頭」，総合福祉科学研究，1-16.

5. 生活場面面接アプローチ

ソーシャルワーカーにとって面接は最も重要な援助の手段である。そして、その面接が展開される場所は援助の内容を大きく左右させるものである。ソーシャルワーカーによる面接は、面接室だけにとどまらず利用者の生活が営まれている自宅や居室、ちょっとした立ち話などさりげないかかわりのなかで始まる場合もある。言い換えれば、面接室が場所、空間、時間が定められた構造化されたものであれば、利用者のふだんの暮らしのなかでの面接は構造化されない面接であるといえる。本節では、構造化されない面接を特徴とする生活場面面接アプローチについて説明する。

（1）生活場面面接アプローチとは

1）ソーシャルワーク実践における生活場面面接の広がり

生活場面面接（the Life-Space Interview）とは、レドル（*Redl*）によって1950年代に提唱されたものであり、伝統的な精神分析学的な心理療法において用いられる面接室のような閉じられた空間での面接ではなく、開かれたクライエントの生活空間へとアプローチの場を変えたものである。

この生活空間（Life-Space）とは、その人を取り囲んでいる身体的、社会的、心理的、文化的な「空間」のことを示しており、利用者の「普段の生活のなかでの面接」が重視される。こうした生活空間での面接が用いられるように至った背景には、ソーシャルワークの理論的なアプローチが医学モデルから生活モデルへと移行したことが大きく影響している。生活モデルでは、人間と環境との相互関係と、それを基盤として展開される人間の日常生活の現実に着目して援助が展開される。個人や家族を取り巻く生活場面においてどのような問題が生じているのかを発見し、具体的な援助につなげるためには、生活の場で行なわれる面接が有用であるという考え方に立っている。そのため、面接自体もこれまで場所、時間が定められた「構造化された空間」から、立ち話、ちょっとしたその場での会話など普段の暮らしのなかでの面接が強調され、「構造化されない空間」での面接が重視されるようになってきた。

生活場面面接は、近年では福祉サービスを利用するクラインとの生活に寄り添う形で提供される面接方法として、また生活者という視点で利用者をサポートするソーシャルワークの援助技術として広まっている。

２）生活場面面接の考え方

久保は、生活場面面接について「日常生活場面にかかるソーシャルワーカーによって、クライエントとその環境およびそれらの関係性に焦点をあてて、その時・その場で行なわれるところに特徴がある」[1)] とし、構造化されない面接によって利用者の暮らしの場面からプローチする生活場面面接の特徴を説明している。さらに、具体的な援助の展開では「利用者の日常生活の場で、立ち話や雑談などのふだんのコミュニケーションを通じて援助を行なおうとする面接のあり方で、利用者の何気ない言動や生活背景から利用者のニーズや状況の理解を深めたり、その時・その場に適した援助に結びつけることを意図している」[2)] としている。

このように、生活場面面接は、日常の生活の場でのコミュニケーションを通して、利用者理解を深め、そこで得た情報を手がかりに利用者の生活に即して展開される援助であるといえる。生活場面面接の特徴をふまえ、「生活場面面接アプローチ」としてソーシャルワークの実践アプローチとしての機能をあわせて整理をすると、次のように説明することができる。

生活場面面接アプローチとは、利用者の日常生活場面において援助目標に沿い利用者の多様な側面と必要に応じて環境（生活環境、出来事、他者との関係など）を活用し、意図的な専門的援助関係のなかで展開されるソーシャルワーク実践である。

ここでいう、専門的援助関係というのはソーシャルワーカーと利用者との信頼関係に基づいた相互関係のなかで行なわれる共同作業のことをいう。どのような援助であっても、その当事者であるクライエントが援助を受けて変わろうという意思をもち、問題を解決する主体者としての参加がなければ成り立たない。ソーシャルワーカーとの関係を通して、抱えていた不安、混乱、葛藤のなかから抜け出し、利用者が自分のなかにある可能性に気づき、自らの生活に向かって動きはじめることによって援助ははじまっていく。このような信頼関係

に基づいた援助関係をソーシャルワークにおいては、一般的にラポールとよんでいる。

窪田暁子は、ラポールに基づいた援助関係におけるワーカーの立場を「共感する他者」であると表現している。つまり、「自分の言い表しがたい気分に共感をもって接してくれる、安心できる、好感のもてる相手（ワーカー）の眼の中に映っている自分と出会うことによって、人は自分自身を新しい眼で見なおすことを学ぶ」としている[3]。さらに、「専門的な援助関係のなかで他人（ワーカー）に受容され、傾聴され、理解される体験自体が、問題を客観的に明らかにするとともに本人の問題認識および問題解決能力を高める手段である」[4] 述べているように、相互の関係のなかで展開される援助の構造を説明している。

よって、生活場面面接アプローチは、チェックリストやマニュアルなどに沿って決まって進められるものではなく、常にそれまでに相手から得ることのできた情報や反応に基づいて、次の質問や、呼びかけ、説明、慰め、励ましなどを、ワーカーが自らの言葉や仕草によって相手に伝達するものである。そのため、ソーシャルワーカーには、利用者の衝動、思考、認知、行動に深くかかわって、抱えている問題を的確に理解し、その中に入り込んで共に考える力が求められる。利用者の日々の生活場面にソーシャルワーカーが身を置き、利用者が望み、安心する場所にて、できるだけ日常的な会話、雑談に近い会話による相互交流的な関係形成のなかで進めていく一連の援助過程が生活場面面接アプローチであるといえる。

(2) 生活場面面接アプローチの特徴

生活場面面接アプローチの特徴を考えるにあたり、改めて従来の伝統的な面接として用いられてきた面接室といういわゆる「閉じられた空間」での面接について触れておく。従来の考え方では、面接は特別な時間と特別な空間の中で構成されており、とりわけ精神分析による考え方に重きが置かれていた。

小此木は伝統的な面接室における面接を「治療的構造」という言葉を用いて「治療者と患者の交流を規定するさまざまな要因と条件が構造化されたもの」であるとしている[5]。そして、「治療者が意図的に設定するもの」として、①時間的・空間的な条件、②治療者・患者間の交流を規定する面接のルールなどの枠組みがあり、治療は治療契約を介して精神療法の過程がはじまる。つまり、「閉じられた空間」での面接を構造という点から捉えると、その要因には、時間（時間の長さ、時間が決めれていること）、期間（回数の頻度、期間が決められていること）、場所（面接室などの場所があらかじめ決められていること）などさまざまな制約が規定されているものである。

このような知見から、久保は面接を構造という点から捉え、従来の「閉じら

＊表 4-2　生活場面面接の特徴

①場所（空間）	伝統的な面接室という特別な場所ではなく、クライエントの普段の中での面接。
②時間・期間	「毎週１回 50 分程度の面接」というようなあらかじめ約束された時間や機関の設定をしない。その場（no-the-spot）、瞬間（split-second）というように、概して面接時間は短く、その時間や期間を決めない。
③非構造という特徴	空間、時間、両者の契約といった構造がゆるやかで、ルーズなところがむしろ特徴である。面接者はあくまで利用者の側に寄り添うように意図され、配慮されていることが必要。

出典：久保紘章「構造化されない面接－生活場面面接の視点から－」『ソーシャルワーク研究』Vol.16No.4,p.18-22, 相川書房 ,1991 を基に作成

れた空間」での面接は、時間や、期間（回数の頻度）が決められていることから生活モデルでの援助展開が、構造的に成り立たないことを指摘した。閉じられた空間での面接が、構造的面接として捉えることができるのであれば、生活場面面接は、その場面接、瞬間の場面面接、ふだんの状況のなかでの面接などの用語にみられるように「構造化されていない」点が特徴である。

以上をふまえ久保は、構造化されない生活場面面接の特徴として表 4-2 のように整理している。

生活場面面接では、両者が規定した面接の基本的ルールなどがあいまいである。面接者は、あくまで利用者に寄り添うように意図的にかかわることが必要である。このような､非構造的というゆるやかで､あいまいな場面のなかであっても、ソーシャルワークの専門性をふまえた意図的な面接であることを自覚してアプローチしているかどうかが問われてくる。立ち話的なものや、施設などの支援での日常的なかかわり、在宅への訪問などにおいても生活場面という特性と有用性を生かして意図的に展開されることに、生活場面面接アプローチ固有の特徴がある。

(3) 生活場面面接アプローチによる支援展開

１）関係の相互性の構築と共同作業

生活場面面接アプローチでは、「相手との交流」と「関係の相互性」が重視される。たとえば、ソーシャルワーカーは、これまで面識のないクライエントに出会い、あいさつを交わし、会話、観察、時には紹介状などの書類によって何ほどかの情報を得て、それに即しつつ、次の質問へと続いていく。相互の交流のなかで見いだされた情報に基づいて、ワーカーの認知は拡大され、深められ、ワーカーが持つ援助課題の図式と照合されていく。そのなかでクライエントの抱えている生活困難の内容と輪郭、それがその個人の生活の全体のなかでどのような重さを持っているのかが明らかとなり、さらにワーカーは次のステップへと推し進めていく。利用者との相互交流と、専門的援助関係の持つ相

互性に根ざすなかで展開されるものである。つまり、対象者の多様性を十分考慮しながら交流のなかで事象をとらえるという認識の仕方が基本にあり、相手との交流と関係の相互性のなかで共同作業として進められることが、生活場面面接アプローチの基本である。

窪田は、こうした生活場面面接アプローチの展開では、「社会福祉制度の利用にあたっての資格要件の確認や、サービスの評価のために行なわれる面接とは明らかに異なるものであって、『援助の一過程』として、サービスの一部であることを前提とし、客観的な事実や情報の収集にとどまらず、心理―社会力動の理解とそれへの働きかけを含む、個別性の高い面接」[6] でなければならないとしている。よって、生活場面面接アプローチは、情報収集というアセスメントにとどまらず、そのプロセス自体が明確な援助実践としての性格をもつものであるという認識が必要である。一方的にアセスメントをする人／される人という対峙する関係ではなく、面接を通して、クライエント自身も自己の生活を対象化し外側から客観的に理解し、問題解決に向けた方法を自らが獲得することを目指していくものである（図 4-3)。

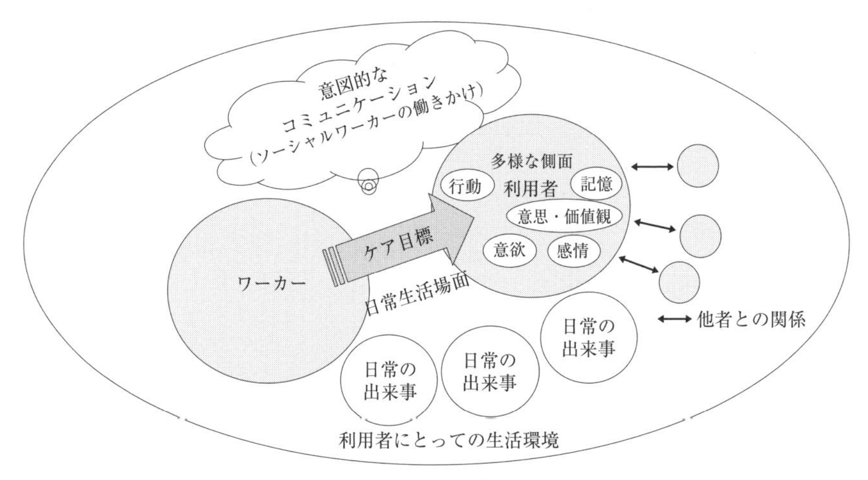

＊図 4-3　生活場面面接の構造

出典：嶌松憲子・小嶋章吾（2013)「生活支援の基盤としての生活場面面接 - 利用者の持てる力を高め、介護のやりがいを生む」『ホームヘルパー』No,443,p.11

2）生活場面面接を構成させる条件

生活場面面接においては、人と人の関係、人とモノの関係、人と事柄との関係、そして生活関係のなかを流れる情緒（感情）をふくみながら、対象者の主観的な生活経験と客観的な生活経験とを会話を通して得られた情報を統合してトータルな理解につなぐものでなければならない。そのため、以下の５つの条件をもつものとして展開されることが求められる [7]。

① 一方的な「調査」「査定」「評価」の印象をあたえないものであること。言い換えれば、抵抗感を与えることがなく本人もまた意欲をもって参加できる面接であること。
② 面接で得られる情報は、できる限り具体的であり「意見」「希望」「期待」等にとどまらないこと。優等生的な答えや願望ではなく、いいわけや告白を含めて語ってもらえるものが望まれる。
③ 生活の全体像を描きつつ同時に援助課題の設定と援助方法の選択への手がかりとなるもの。
④ 援助者とクライエントの双方が予期しなかった「発見」を共有できるような内容であること。
⑤ 展開される面接は自由度の高いもので、質問項目に関連して本人が説明したかったり、質問したかったりすればそれができるように構成されていること。

具体的な面接での展開では、ソーシャルワーカーは自己表現を助ける役割を担いながら、クライエントができるだけ自分の言葉で、自分の生活を表現できるように支援することが求められる。援助者であるワーカーに自身の生活の場面・体験を説明し語るということは、クライエント自身が頭のなかで整理し、もう一度再現して理解することであり、むしろ現状の課題や思いを表現するものである。投げかかられる質問は、単にアセスメントのための情報収集という目的ではなく、それらに答えるなかで、自分の行動を多少とも客観的に見直し、改めて考えられるものでなくてはならない。

3）生活場面面接のプロセス

生活場面面接のプロセスは、図4-4の通りである。生活場面という開かれた場面において（【援助展開の促進】）、生活環境を整え利用者との信頼関係を強化し（【生活環境・関係性の構築】）、クライエントのもてる力を高める働きかけを行なう。そのため、クライエントの意思・価値観、記憶、感情、意欲、行動などのさまざまな側面（図）に働きかける（意図的なコミュニケーション）ことで、クライエントのもてる力を高め、生活目標の達成につなげていくことを促していく。これらのプロセスでは、それぞれ【行動への働きかけ】、【知覚の活性化】、【生活や人生に対する意欲への働きかけ】、【肯定的感情の醸成】、【意思・価値観の尊重】といったプロセスは相互に関係し合い、クライエントのいかなる日常生活からでも、その時・その場で【もてる力を高める】ことができるような連鎖を生み出していくことが求められる[8]。

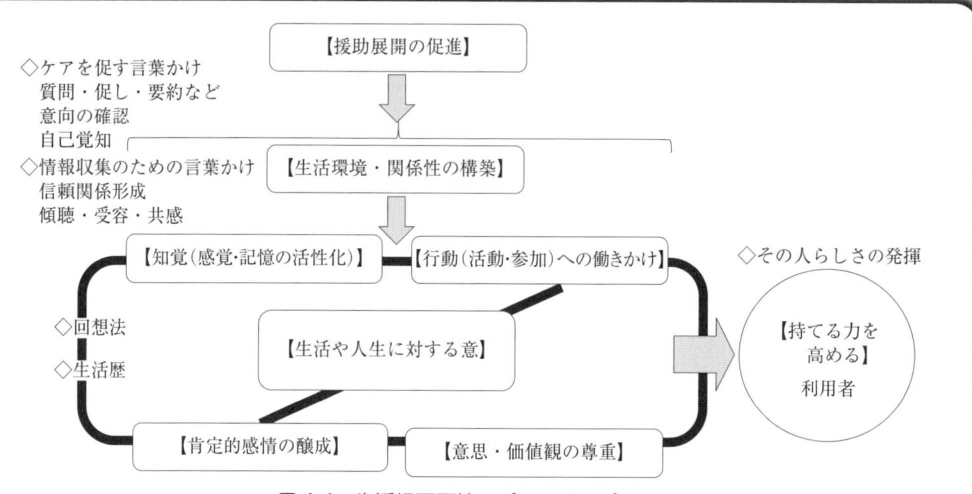

＊図 4-4　生活場面面接アプローチのプロセス

出典：嵩松憲子・小嶋章吾（2013）「生活支援の基盤としての生活場面面接 - 利用者の持てる力を高め、介護のやりがいを生む」『ホームヘルパー』No,443,p.12

(4) 生活場面面接アプローチの実際（事例の展開）

1）質問を深めるための情報収集

生活場面面接においては、クライエントの生活をどれだけイメージすることができるかが重要である。この写真は、ある高齢者の自宅玄関を撮影したものである。どれだけの生活がイメージできるだろうか。

例えば、①掃除が行き届いている、②観葉植物の手入れがしてある、③庭に咲いた花が飾ってある、④カレンダーがあることから予定を把握することができている、などがあげられる。こうした情報から、日頃クライエントがどのような生活をしているのか、ストレングスは何かに結びつけて生活を知ることになる。

次に、援助を「拒否」するクライエントの生活場面面接を通した対応から、具体的な援助展開について考えてみよう。クライエントが示す「拒否」の背景にある意味をアセスメントし、ソーシャルワーカーとしてどのような関りをしていくのかが重要となる。この時のワーカーのアセスメントの視点と行動の一例は表4-3に示した通りである。

このように、クライエントの示す表現を手がかりに、その背景に隠されているさまざまな要因を生活場面と重ねてながら、アセスメントを行ない得た情報や相手の反応をもとに、ワーカーの次の質問と行動へとつながり、クライエントの理解を深めながら援助は展開されていく。

＊表4-3　生活場面におけるアセスメントとワーカーの対応

場面	拒否の表現	アセスメント	ワーカーの次の行動
クライエントに出会う前	電話に出ない 電話を切る	・電話の音が聞こえない（聴力） ・歩きにくくて電話に出るまでに時間がかかる（歩行能力） ・受話器越しの声は聞こえない（聴力・意思決定力） ・話すことができない（意思伝達力） ・面倒くさい（意欲） ・警戒心が強い（意思決定能力）	・身体能力に関する情報を周囲から収集する ・自宅を訪れる ・自宅を訪れる前に申請者が安心できる方に同行を依頼する
	自宅を訪れるが、返事がない	・洗濯物が干されているかを確認（整容意欲） ・庭の木々や草の生え方を確認（活動範囲） ・自動車の有無を確認（活動範囲） ・電気がついていないかを確認 ・ペットがいないかを確認（生活歴） ・自宅周辺の臭いはどうかを確認（衛生意欲） ・自宅内で物音がしないかを確認（聴力）	・自宅にいるかどうかを確認する ・申請者の生活を感じる情報を収集して、その生活を想像する
クライエントに出会った時	玄関を開けてもらえずに「お帰り下さい」と言われる	・足音の速度はどうか（歩行能力） ・返事がある（聴力、意思伝達能力） ・声かけが理解できる（認知能力） ・声のトーン（体調、気分）	・来訪した事情を語りだす ・「お元気そうですね」「体調はいかがですか」など、一般的な短い質問をする ・諦めて帰る
	・少し戸を開けて、「けっこうです」と言われる ・少し戸を開けて、目を合わすことなく「何ですか？」と聞かれる	・自宅内の臭い（排泄、調理、衛生意欲）	・「お庭をずいぶんときれいにされているのですね」「今日は天気がいいから洗濯物が良く乾きそうですね」など、自宅周辺の様子を肯定的に話す
	奥のガラス窓から不可解な表情でこちらを見ている	・支援者が確認できる（視力） ・玄関まで歩けない（歩行能力）	・名札を掲げて頭を下げ、用事があって来たことを表現する ・申請者のもとへゆっくりと歩いていく

クライエントに出会ってから	「帰れ」と怒られる	・感情に不安定さがあるか（認知機能）	・来訪した事情を語りだす ・「体調はいかがですか」など、一般的な短い質問をする ・諦めて帰る
	・不機嫌そうな表情でこちらを見ている ・話しかけても返事がない ・自分から話そうとしない	・目が合うか（視力） ・表情や目元、口元はどうか（体調、整容意欲、拒否の程度） ・衣服や頭髪に乱れはないか（衣服の着脱、整容意欲） ・室内の整頓状況や床や畳の状況（整容意欲、掃除状況） ・カレンダーや時計（日課の理解力、季節感） ・玄関に置いてあるもの（来客頻度） ・壁に貼ってある写真（家族関係） ・壁にかけてある賞状やガラス棚にあるトロフィー（過去の生活歴） ・すぐに手が届く机の上にあるもの（整容意欲、日頃使う頻度が多いもの） ・室内の臭い（排泄の失敗、入浴頻度、調理の有無、ペットの有無、整容意欲） ・室内の湿度（拒否の程度、衛生意欲）	・訪問をした一般的な話をする ・自宅周辺の様子から、申請者が生活のなかで大切にしているであろう事柄を話題にする ・今日の体調を聞いてみる ・「今、食事をとられたのですか」と、嗅覚から想像される内容を聞いてみる ・症状やトロフィーの内容について触れてみる
	自分のできることばかりを主張し、事実を話さない	・カーテンの状況（衛生意欲）	・申請者の主張を受容し、その途中で客観的事実から、生活を語ってもらう
	途中で話すのをやめ、その場からいなくなる		・本人の後を追う ・しばらく待つ ・日を改める

出典：小口将典（2015）「セルフ・ネグレクトにおける援助「拒否」への介入と援助展開」『大阪社会福祉士』No.21を一部改変

2）老老介護をする在宅福祉における生活場面面接アプローチの事例

以下の事例は、ソーシャルワーカーが生活場面面接を実践している実例である。

【概要】Aさん、65歳の女性。全面介護の状態であり、ほとんど発話はなく「痛い」などの端的な言葉を話す程度である。夫と2人暮らし。最近、夫の介護疲れのためか時々きつい言葉や介護時に軽く手が出るなどの虐待がみられる。

ソーシャルワーカーは当面の援助目標として、Aさんの自己表現の促進や意欲の向上を掲げている。

ほとんど感情表出や意思表示のなかったAさんであるが、自宅に訪問したときにAさんの興味がありそうな話題についていくつか尋ねてみた。「デイサービスの様子はいかがですか？」と問いかけたところ（a,c)、ワーカーはわずかながらAさんの表情が和らいだことに気づいた（b,d,e)。先日のデイサービスにて、誕生日のお祝いが書かれた色紙を持って帰ってきたが、夫は「どうせお前なんか見ても字を読むことができないのだから」と言って引き出しに片づけてしまっていた。

ワーカーは、「Aさんと色紙が見たいです」と夫に話すと、すぐに持ってきてくれた。色紙を見ながらデイサービスの様子を少し話し、「デイサービスのみなさんはAさんをとても大切に思っているのですね」と話しかけた（c,d)。

すると、Aさんの顔がほころび、握っていたAさんの手に少し力が入ったことを感じた。またAさんの目が少し潤んでもきた（b）。
それを見た夫は「妻が笑ったり泣いたりするなんて、何を言ってもわかんないと思っていたのに…」と少し嬉しそうに話した。ワーカが「Aさんはいろいろと分かっていらしていて、ご主人とお話がしたいのかもしれませんね」と言うと、普段は怖い顔をしている夫の目も潤んできた。ワーカーは帰りしなに「Aさんの笑顔がとっても素敵だったので感動しました。私も元気が出ました」と、色紙を見せてくれた夫に感謝し、その行為を賞賛した（c）. 夫がAさんに「ワーカーに手を振らないの？」と勧めたところ、普段はほとんど動作のないAさんだが手を上げた。ワーカーはAさんと夫に見送られながら、「Aさんは色紙がいいみたいですね。何かあったら私もAさんに今日のような笑顔を見せてもらえるように頑張りますから」と挨拶を（b）しながら退出した。

出典：小嶋章吾・嶌松憲子（2015）「M-GTAによる生活場面面接研究の応用」ハーベスト社,p.18-19の事例を改変

このような短時間においても、随所に生活場面面接の特徴を認めることができる。ここでのやり取りにおける生活場面面接に用いられている技術は下記の通りである[9)]。

a）生活の継続性と利用者との共同

利用者との日常生活の継続性のなかで、あるいは共同的な作業のなかで共感性のあるコミュニケーション（言語的および非言語的）を介して行なわれる。

b）信頼関係と肯定的感情の醸成

信頼関係を全体として行なうとともに、信頼関係を維持し発展させ、喜び・楽しみ・快適性・満足感・連帯感・安心感・生きている実感など、肯定的な感情の醸成に役立つ。

c）明確な援助目標

さまざまな側面の悪化や低下の予防、自己表現や自己決定を促す、利用者の意欲の向上、ADLの拡大、エンパワメント、生活の再構築、家族関係の改善などを通して、QOLの向上、自立、自己実現などの援助目標を実現するという明確な意図をもつ。

d）個別的援助と他職種との共同

他職種と連携しながら、利用者に対してニーズや状況把握、アセスメント、ケア計画、ケアの提供、モニタリングなど一連の援助を提供する。

e）援助の統合性

生活援助、相談援助、身体介護、その他の援助（レクリエーションやリハビリテーション）といった統合的援助の基盤となる。

面接という援助の一過程において、その主役は困難さを抱えている本人であり、具体的な援助を展開するためには、たくさんの情報を集める必要がある。そのために、①本人が語りやすい『環境』を整えること、②本人の生活が想像できる「環境」を把握することであり、語りと質問を丁寧に重ねていく過程において共感は高まっていく。生活場面面接アプローチの考え方は多様な援助場面において用いることが可能であり、生活を支えるというソーシャルワークにいくつかの示唆を与えるものである。

（小口将典）

【引用文献】
1）久保紘章（2004）「ソーシャルワーク - 利用者へのまなざし - 」相川書房 ,p.91
2）上記1）と同じ P.96
3）窪田暁子（2013）「福祉援助の臨床 - 共感する他者として - 」誠信書房 ,p.55
4）窪田暁子（1975）「第7講 社会福祉の方法・技術」一番ケ瀬康子・真田是編『社会福祉論』有斐閣 ,p.94-95
5）小此木啓吾（1990）「治療構造論序説」岩崎徹也編『治療構造論』岩崎学術出版社 ,p.1-14
6）窪田暁子（1993）「食事状況に関するアセスメント面接の生まれるまで－生活の実態把握と理解の方法としての臨床的面接－」『生活問題研究第3号』生活問題研究会 ,p.57
7）上記6）と同じ
8）嶌松憲子・小嶋章吾（2013）「生活支援の基盤としての生活場面面接 - 利用者の持てる力を高め、介護のやりがいを生む」『ホームヘルパー』No,443,p.12
9）小嶋章吾・嶌松憲子（2015）「M-GTA による生活場面面接研究の応用」ハーベスト社 ,p.20-21

【参考文献】
小口将典編（2015）「臨床ソーシャルワーク - いのちと歩む高度専門職へのみちすじ - 」大学図書出版

6．家族療法アプローチ

（1）家族療法アプローチとは

①家族療法アプローチ

「家族」は「家族各員ひとりひとりがウエルビーイングな状態にあって、始めて、家族は家族として機能している」[1]といえる。そして、「家族は、社会的には個人と環境の緩衝システムと言い得るが、『全体としての家族』は、密接に相互作用しつつ容れ子状態になって、その境界も曖昧な『個人―家族―（親戚・近隣などの家族のような）コミュニティ―社会・自然環境』の多層レベルの総合体である」[2]と、得津はまとめている。

家族の問題を解決するために、支援者は「問題の根源」＝「悪者」や「原因」を探そうとする。それを正すと問題は解決したかに思えるからだ。しかし、「悪者」や「原因」は次から次へと現われ、支援者はその対応に追われ続けることとなる。解決しようとする支援者の努力がかえって悪循環の手助けをしているときもあるかもしれない。

「家族療法アプローチ」は、家族員個別の問題や原因にではなく家族全体の関係性に焦点をあてることによって、家族それぞれが持つ自身の力を引き出し家族の関係性の枠組みを変え、問題解決できるように支援するアプローチである。得津は「システム論に基づく家族療法とは、システム論というひとつ上位概念に基づいて、他のシステムと相互影響しあっている家族システムを対象として、問題とされる事柄や人や家族を取り巻くシステムに変化を生じさせることを目標とする治療者の態度である」[3] と説明している。

②家族システム

1）基本的な考え方としてのシステム論

家族療法アプローチの理論的背景はシステム論という認識論にある。システムという考えについて著したベルタランフィは『一般システム理論』で、システムを「相互に作用しあう要素の集合」[4] と定義している。システムは、「非生物体システム」と、人間を含む生物の「生物体システム」に大別され、システムそれぞれには、同位・上位・下位システムが存在する（図 4-5）。家族もシステムでありサブシステムを持つひとつの集合体である。

生物体システムの主な特徴は、他のシステムと相互に影響しあうことで発展していく「開放システム」であり、図 4-6 のように、原因・結果が、次の原因・

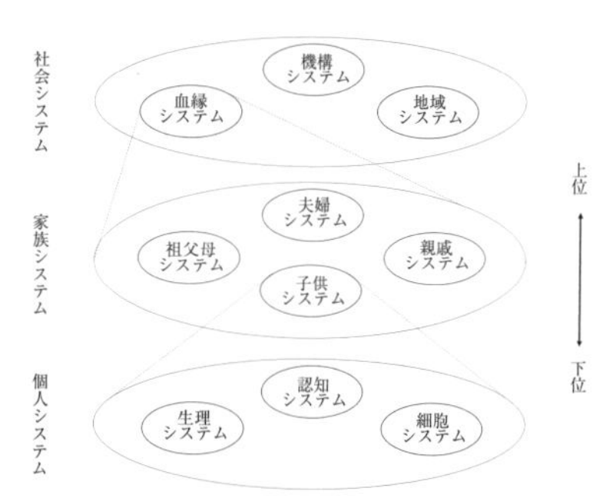

＊図 4-5　システム論のアイソモーフィズムの考え方
（出典：吉川悟『家族療法―システムズアプローチの〈ものの見方〉』ミネルヴァ書房 1993 年 p.34）

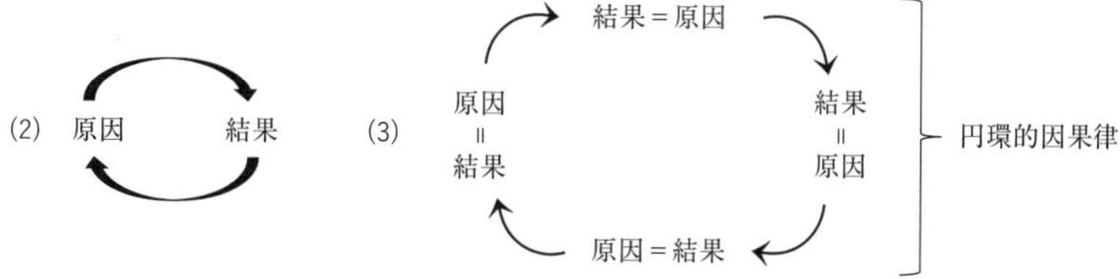

＊図 4-6　直線的因果律と円環的因果律
（出典：遊佐安一郎『家族療法入門―システムズ・アプローチの理論と実際』星和書店 1984 年 p.27）

結果となり連鎖していく「円環的因果律」であることである。システム内部は、相互影響の処理や新たな創造のための秩序として、「構造」「機能」「発達」の三つの属性を持つ。

「システムは、その特性に従って構造（各要素の組織の様態）・機能（一定のルールによって維持された過程）をもち、発達（システムの時間的変化に伴う各要素の分化と統合）する。他のシステムと関係・交流をもち、相互に影響しあう開放システムであり、絶えず変化と安定を繰り返す」[5]のである。例えば、父親が子どもを厳しく叱るというパターンは、子と父親という構造において、父親という役割で機能を果たしているのである。また、この父子の関係性は、時間の経過と共に変わっていく。ライフサイクルによって家族形態は変化する。そのたびに家族システムは全体としてのまとまりを維持するために、構造・機能を変化させ発達していく。

そうした家族システムの理解に役立つアセスメントツールとして、世代間の家族関係などがわかる家系図である「ジェノグラム」、家族と環境の関わりの視覚化となる「エコマップ」、権力関係・連携・境界線の概念を図示化した「家族構造図」などがある。それらは「家族周期やライフステージ」と共に家族システムが変化していくことの理解を助けるだろう。

2）家族療法とサイバネティクス

「いかなる生命システムが生き残るためにも、二つの重要な過程を必要とする。一つは、『形態維持』であり、（中略）他の過程は『形態発生』であり、ある時点でシステムがその基本構造を変化させなければならないことを意味している」[6]と、セカンドサイバネティクス（形態発生）の必要性をマルヤマは主張していると、ホフマンは『家族療法の基礎理論』の中で述べている。生物体システムは開放システムであり、他のシステムからの影響を受け、情報を授受するフィードバックを繰り返すサイバネティクス（平衡維持的）なものである。

例えば、室内の温度を一定に保つエアコンの自動調節機能は、ファーストサイバネティクス（第一次変化）である。しかし、室外の気温が急激に上がるか下がるかした時には、セカンドサイバネティクス（第二次変化）を起こすために、誰かがその自動調節機能の設定温度を変更しなければならない。

家族システムにおいても、同様に安定と変化をくり返す機能が働いているが、その拮抗が崩れる時がある。その時、第二次変化を起こすために、家族システムに変化を生じさせ、システムの自己組織的な機能を活かして新たな家族システムとなるように支援することが本アプローチの仕組みである。

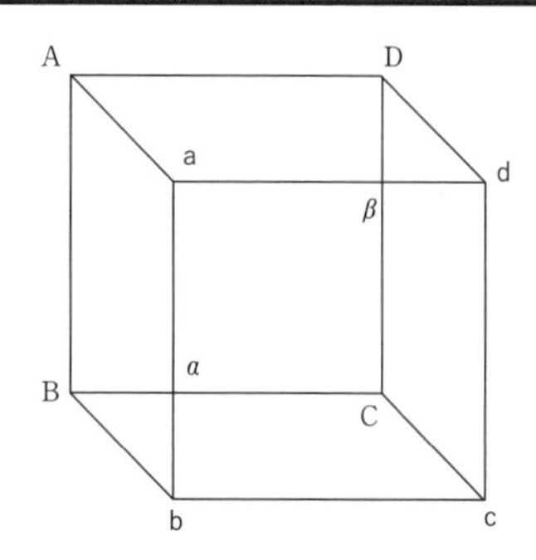

＊図 4-7　ネッカーの図形
（出典：村上陽一郎『科学と日常性の文脈』海鳴社 1979 年 p.31）

(2) 家族療法アプローチの特徴

①家族という文脈の中で問題を理解する

システム論に基づく家族療法では、ものの見方はそれぞれ異なるという認識論にたつ。図 4-7 のネッカーの図形はどのように見えるだろうか。abcd を正面とする立方体、ABCD が正面の立方体、単なる線だから立方体ではない等々、見え方は人によりさまざまである。それは、そのように見えているその場の「その人にとっての真実」であり、同時にほかの見え方で見ることはできない。真実は人それぞれに幾つもある。ゆえに、その場の真実は一つの「仮説」にすぎない。問題の捉え方において、一面だけを見ていては隠れた真実にたどり着けない。本アプローチは、家族という文脈の中で問題を理解し、多くの仮説をたて解決に向けて援助を行なうという特徴を持つ。

②家族システム全体の関係性を捉え枠組みを変える

1）直線的因果律から円環的思考へ

従来の問題の捉え方は、一つの原因があり、それにより結果があるとみなされる直線的因果律である（図 4-6）。しかし、相互作用しているシステムの因果律は円環的である。限定された原因や結果があるのではなく、連鎖的な相互作用の現象全体をとらえる円環的因果律という認識をおこなうことで、システム全体を見ることができる。

家族というシステムの中にあるうまく機能していない枠組みを、機能する枠組みに変えていく事で、新たな家族システムが作られていく。

2）コミュニケーション＜コンテンツとコンテクスト、パンクチュエーション＞

コミュニケーションの分類はさまざまであるが、コンテンツとコンテクストという分け方がある。コンテンツ（内容）は言葉の意味内容のことで、コンテクスト（文脈）は使われている言葉の意味内容を規定するもののことである。

家族システムのコミュニケーションについて整理しているベイトソン[7]は、コミュニケーションには、対等でどちらもリードできる関係性の「対称性」と一方がリードし他方が従う「相補性」とがあり、コンテクスト構造もそれ自体がメッセージになると述べている。よくある例だが、会議室で上司が「暑いねえ（内容)」と独り言を言えば、「暑いのをどうにかするのが部下である君の仕事じゃないか（文脈)」と、「上司と部下という相補的な関係性」が規定され、「涼しくしてくれ」と受け取った部下は、クーラーを入れるかもしれない。

次の連鎖が示すのは、夫が酔っ払う、妻はそれを怒る、夫は嫌になり飲む、妻は怒る、夫は飲む・・という円環的因果律の「酒を飲む夫」と「怒る妻」による悪循環のコミュニケーションパターンである。悪循環を好循環に変化させるには、「パンクチュエーション（句読点・区切り)」を替える事が有効となる[*1]。それは、互いの句読点で切り取った「飲むから怒る」「怒るから飲む」という枠組みが変わり、今までとは異なる関係性が作られることによる。

本アプローチは、家族システム全体の関係性を捉えることによって、解決を図るところに特徴がある。

(3) 家族療法アプローチによる支援展開

①ジョイニング～援助システムの形成

家族療法の「ジョイニング」は、支援者が、信頼関係を築きながら家族の仲間入りをさせてもらい、家族システムが問題を解決できるシステムとなるように準備する段階である。家族の中にあるルールなどを尊重し、受容と共感を持って話を聴き、まず仲間にしてもらい援助システムを形成していく。キーパーソンや家族の関係性など、全体としての家族をアセスメントしていくことになる。

家族の社交の窓口、家族のヒエラルキー、役割、ルールなどに注意を払いながら、言語非言語から家族の関係性を知り、仲間となっていく段階が「ジョイニング」である。

②仮説設定～介入～終結

面接が進むと、家族に何が起こっているか（問題）や、家族の誰が何に困っているか（家族のニーズ)、家族の関係性やパターン等も明らかになってくる。そこで支援者は＜父と母の力関係が逆転すると、家族の関係性が変わるのでは？＞といったような一つの仮説を設定してみる。ネッカーの図形で見たように、事実は一つではない。ゆえに、仮説はくり返し立てられる。糸口はどこにでも見いだすことができるだろう。支援者は、家族が持つ強み「ストレングス」や、家族が困難を跳ね返し回復する「レジリエンス」等の力を信じ、人と環境の交互作用を促進させていく。

例えば、悪循環のパンクチュエーションを替える、否定的ラベルを肯定的に貼り替えるなどが有効である。支援者のかかわりによって、家族が問題と思っていることに対して、家族各員それぞれの知らない面に気づき関係性が変化するかもしれない。すると家族各員にとっての、家族にとってのウエルビーイングな状態であることの目標が達成でき、新たな家族システムが機能し始めるかもしれない。そうなると終結となり、支援者は援助システムから退く。

家族療法アプローチによる支援展開とは、支援者が家族システムに入ることでシステムが変化するきっかけを作り、家族全体の関係性が変わり家族自身が解決できるように、「今ここ」での「仮説」をたて働きかけることをくり返す過程である。

(4) 家族療法アプローチの実際（事例の展開）

①事例（A さんの介護拒否問題）

地域包括支援センターのソーシャルワーカー（SW）に、A さん（85 歳）の長女から電話相談があった。寄せられた主訴は以下である。「父は、心臓疾患があり、幾度も救急搬送されているが、在宅生活を希望している。弟一家が近くに住むが、独居の父の世話をしている様子もない。介護サービスの利用を促すが、本人が拒否していて、話が進展しない。私は夫の急な転勤で遠方に引っ越してしまい今までしていた世話ができなくなった。なんとかしてほしい」とのことである。

1）第 1 回面談—本人 A、長男、長女、SW（以下敬称略）。

SW は、長女の帰省に合わせて日時を決め、面談場所を A 宅とした。ジョイニングにより、家族の状況が少しわかってきた。早くに亡くなった母の代わりに母役割をしてきた長女に二人とも頭が上がらない様子である。しかし、長女が父に介護サービスの利用を勧めると、長男は、「いらないと言っている」と父の代弁をする。長女は、「そうは言っても、食事面や、病気のことなど心配だ」と主張すると、長男は「自分なりにやっている。なんとかするから」と、小さな声で言い、平行線である。力の強い長女が二人を動かそうとするが、父と長男はゆるやかに抵抗する。長女は「今回はあきらめます、また来ます」と東京に戻ろうする。SW は、＜長女が不在のほうが、父と長男は本音が言えるのではないか＞と考え、「遠いことだし、次回の面談は長女なしでどうか」と皆に提案すると、長女は自身が忙しいこともあって「後は頼みます」と言う。父と長男は不要と話すが、長女に面談することを強いられ、しぶしぶ賛成する。

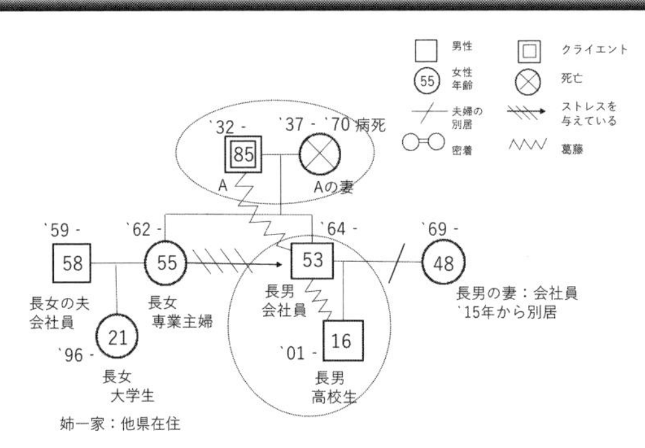

＊図 4-8　A 家のジェノグラム

2）第 2 回面談 ―A、長男、長男の息子、SW

場所は A 宅である。面談中、事情を知らない長男の息子が訪ねてくる。祖父との会話などから祖父と孫の関係は良好そうである。SW は、ジョイニングをしながら、＜孫を面談に巻き込むことで変化を期待＞した。長男の息子と長男は折り合いが悪いこと、夜遊びをしているらしいこと、度々自発的に祖父宅を訪れていること、それが長男にとっては不愉快であること等などが親子のけんか腰の話しなどから明らかになる。A と長男もたびたびいさかいになるようである。SW は＜ A と長男の関係と長男と長男の息子の関係がパラレルではないか＞と考えた。また、普段の様子が語られている中で、＜「長男の息子が夜遊びをして A 宅に泊まる→長男が息子を叱る→ A が長男の息子を庇う→長男の息子が A 宅に泊まる→長男が息子を叱る→長男の息子が A 宅に泊まる・・・」というコミュニケーションパターンがあるのではないか＞と仮定した。そして、＜それを変えるために「長男が長男の息子を叱る」行動を取り上げて介入することとし、そのことにより変化が起こるのではないか＞と想定した。

そこで SW は、＜長男が否定的に思っていることについて、「肯定的意味づけ」として、長男の息子が A 宅にいることの良い面に気づいてもらう＞ことにした。すると話の途中から、A が「孫は私のことを心配してきてくれている」と話し出した。長男の息子も「伯母がいなくなったし父は忙しいので、食事の世話などするが力が及ばない」と話す。遊びほうけていると思っていた息子がそんなことをしていたのかと、長男は驚く。A は「長男の体面や気持ちを考えてサービス利用に踏み切れなかった」と話す。実は、長男は最近妻と別居中であり、仕事も多忙なので心配をかけないようにとの A の気遣いであった。長男らは目の前のことばかりに気を取られ、気づかなかった家族との関係を見直すこととなった。SW は介護サービス利用や医療的なことの説明をし、面談を終了した。

②まとめ

この事例は、長女が父を心配し、介護の相談をしたことが発端だった。長女にとって介護拒否が一番の問題だった。しかし、他の家族員にとって、関心事はそれぞれ異なっていた。長男は夜遊びする息子を、息子は独居の祖父を、Aさんは妻に出ていかれた長男をという風に、それぞれを心配していたことが明らかになった。家族の課題や家族各員のライフサイクルの課題や突然の出来事（事例では夫婦の別居、Aさんの救急搬送、長女の引越）等に取り組み解決し乗り越えていく力「レジリエンス」を持っていると考え、支援者は関わっていく。SWは、家族がうまく動き出せるように支援し、援助システムの中で変化を待った。問題を解決したのは家族たち自身であったのだ。

表面に見えていたのは「Aさんの介護拒否」という問題だった。しかしその解決ばかりに目をむけていたのでは、解決に至らなかったのではないだろうか。この事例では、家族全体がどのような状態にあるのかを捉え、ストレングスを見つけ、第二次変化を起こし家族システム全体の成長へと展開させることが有効であった。

（松本眞美）

【引用文献】

1）得津愼子『新版　家族援助の理論と方法—システム論に基づく家族福祉の実践』西日本法規出版,2003年,p15
2）得津愼子「家族レジリエンス」『家族療法研究』第33巻第1号,2016年,p31
3）前掲1), p50
4）フォン・ベルタランフィ / 長野敬・太田邦昌訳『一般システム理論』みすず書房,1973年,p.35
5）得津愼子編著『家族支援論—一人ひとりの家族のために—』相川書房,2005年,p.75
6）リン・ホフマン / 亀口憲治訳『家族療法の基礎理論—創始者と主要なアプローチ』朝日出版社,2006年,p.83
7）ベイトソン、G/ 佐藤良明訳『精神の生態学 改訂第2版』新思索社,2000年,p234

【参考文献】

亀口憲治「家族臨床」下山晴彦編『教育心理学Ⅱ　発達と臨床援助の心理学』東京大学出版会,1998年
日本家族研究・家族療法学会編『家族療法テキストブック』金剛出版,2013年
岡堂哲雄『家族心理学講義』金子書房,1991年
得津愼子『家族主体ソーシャルワーク論　家族レジリエンス概念を手がかりに』ナカニシヤ出版　2018年
ポール・ワツラヴィック、ジャネット・ベヴン・バヴェラス、ドン・D・ジャクソン / 山本和郎監訳尾川丈一訳『人間コミュニケーションの語用論—相互作用パターン、病理とパラドックスの研究　第2版』二瓶社,2007年

*[1]「コミュニケーションにおける暫定的公理」(Watzlawick,Bavelas,jackson1967) 第一公理：人はコミュニケーションをしないことは不可能である。第二公理：コミュニケーションには、情報と情報に関する情報の二つのレベルがある。第三公理：人間関係は、人間間のコミュニケーションの連鎖のパンクチュエーションによって規定される。第四公理：コミュニケーションには、デジタルモードとアナログモードがある。第五公理：すべてのコミュニケーションの交流は、対称的か相補的かのいずれかである。

7．課題中心アプローチ

(1) 課題中心アプローチとは

課題中心アプローチ理論については、心理社会的アプローチや行動変容アプ

ローチ、そしてパールマンの役割理論などを利用して体系化された問題解決アプローチからの影響を大きく受けており、1970年代初頭、シカゴ大学のリードとエプスタインによってその理論は構築されたと言われている。

このアプローチでは、クライエントが解決を強く希望している問題をできるかぎり細かく切り分けながら明確化し、クライエントとの契約の中で、取り組む目標と課題が決められ問題解決をめざすことになる。ソーシャルワーカーはクライエント自身の力と課題のバランスや取り組む期間設定が適切なのか等を見極めるとともに、クライエントの持つ力を信頼、信用し、解決への動機づけを高めながら側面的支援を行なっていくことになる。

(2) 課題中心アプローチの特徴

①クライエント自身が自覚し、解決を望む問題を標的とする

課題中心アプローチの特徴の1つとしてあげられるのが、このアプローチが標的とする問題はあくまでクライエント自身が自覚し、解決を望んでいる問題でなければならない点にある。さらに言えば、クライエント自らが自分の言葉で説明できる具体性を持つ問題でなければならない。ただし、ここで注意しなければならないこととしては、クライエント自身が冷静さを欠く状態で意識にのぼってきた問題を直ちに対象として取り上げるようなことはせず、クールダウンした状態でクライエント自身がさまざまな角度から検討でき、自分自身にとってどのように脅威となり得るか判断し、問題を設定していくことが望ましい。したがって、ソーシャルワーカーは、直面する困難に対しクライエント自らが抱く感情や想い、置かれている状況などの整理をすすめながら、冷静に問題を自覚していけるよう支援することが大切となる。

さらに標的にする問題を明確化していくうえでソーシャルワーカーは、クライエント自身のそれまでの生活歴を探ることや、意識していないような問題に敢えて気づきを持たせるような関わりは行なわないようにすることも課題中心アプローチの特徴と言えよう。

②目標および目標達成のための課題を設定し、短期間の計画的実践をめざす

クライエントが解決を希望する問題が大きい場合、クライエント自身の力で解決できるよう問題を細分化して解決までの道筋を立てていくようにすることもこのアプローチの特徴の1つである。標的とする問題が決まれれば、解決のために設定された目標と目標実現のための具体的課題に1つずつ取り組むことで、着実に成果をあげながら解決に近づく形となる。クライエントが自らの努力で解決できているという実感を持つことができれば、問題解決のモチベーションや解決能力の向上も期待できる。ただし、問題解決に向けての成果を上

げるプロセスではクライエントにとって多くの「ハードル」も予想される。この「ハードル」には、クライエントが課題に取り組む途中で動機づけや意欲が弱まったり、自信の喪失から考え方がネガティブになったり、あるいは課題に取り組むにあたりスキルが不足する等､クライエント自身の「内的なハードル」と課題を克服する手段としての社会資源の不備や不足にみられるような「外的なハードル」があげられる。ソーシャルワーカーはこれら問題解決プロセスでクライエントに立ちはだかる「ハードル」を明確にしながら、クライエントとの契約の中で着実にゴールに近づけられるよう目標達成のための課題設定とその課題に取り組む期間を適切に設定することが重要となる。

なお、川村隆彦によれば「この理論・アプローチは、通常4か月で、6～12回のセッションという短期介入を目指している」[1)] としており、短期介入で効果を上げるための、綿密な計画の重要性を指摘している。

(3) 課題中心アプローチによる支援展開

①問題の明確化と選択

課題中心アプローチにおける実際の展開プロセスでは、まず問題の明確化と選択を行なうことが求められる。問題の明確化にあたっては、ソーシャルワーカー側の見立てのみで、問題を一方的に決めつけることがあってはならない。あくまで、クライエントと協働しながらクライエント自身が自覚し、解決を希望している具体的問題について明確化する必要がある。

また、明確化された問題はクライエント自身の努力と能力で解決可能かという点を見極めながら、問題の選択に取り掛かることが求められる。クライエント自身の力で解決可能な問題を選択する理由としては、課題を1つずつ達成し解決へ着実に近づく経験と実感を通じ、自らの力を信じる気持ちや解決への動機づけ、さらには解決のためのスキルが高められるといったメリットがあるためである。なお、問題の明確化と選択の段階においてクライエントの力を超えてくるような大きな問題については、前述したように問題を小刻みに切り分けることで、解決可能な問題として選択することが必要となる。

②目標と課題の設定（契約）

クライエントが解決をめざす問題が選択された後は、その問題解決のために目標とその目標達成のための課題を立てる必要がある。課題中心アプローチの考え方には、その目標達成にむけた明確な課題が見つかればクライエントはそれを達成しようと主体性が発揮される、そしてその具体的課題を1つずつ達成していけばやがて問題は解決されるという考え方が根底にある。よって、ソーシャルワーカーはストレングス視点やレジリエンス視点を持つことも重要となる。あくまで設定する目標と課題はクライエント自身が取り組むということが前提であり、それぞれ話し合いをふまえクライエントとの契約により最終的に合意形成をめざしていかなければならない。

目標達成の課題が無事設定されたならば、その達成にむけて課題を進めるための計画を作ることになる。その際ソーシャルワーカーが配慮しておくべき点としては、5 W2H「いつ・いつまでに（When)、だれが（Who)、どこで（Where)、何を（What)、なぜ（Why)、どのように（How)、いくら費用を要するのか（How Much)」等に代表されるようなより具体性をもった計画を立案すること、そして実行後に課題の達成が図られたのかどうか測定可能な評価ができるような課題を設定しようとする視点が求められる。

③課題の遂行

クライエントは、計画に沿って課題を遂行していくことになる。ただし、課題を遂行していく過程では、いつも予定通り順調に課題が遂行できるとも限らない。ソーシャルワーカーは課題遂行にあたりクライエントの課題遂行のためのモチベーションはどうか、また課題遂行に対し、いまどのようなハードルがあるのか冷静に分析しながら、クライエントの能力と取り組む課題の大きさ、バランスに着目し達成状況をモニタリングしておく必要がある。

もちろんソーシャルワーカーは、クライエントが課題に取り組む途中で抱えるさまざまな困難に対し、クライエントの思いを傾聴し、受容、共感、支持、そして側面的に関わる中でクライエント側に新たな気づきを持たせながら、目標達成に近づく支援も求められる。課題達成の援助方法については、課題中心アプローチが折衷的枠組みを提供できることから、どのようなアプローチ理論を活用すべきかその課題特性によって、検討することが必要となるが、当初契約したように課題遂行が進まず、課題がクライエントの能力を超えてくるような状況が確認できれば、課題の見直しや修正を行なう必要があることにも留意しなければならない。

④終結

終結は、クライエントとソーシャルワーカーの間において事前に結ばれた契約に基づき、クライエントがどの程度課題に取り組み、設定した目標を達成できたかどうかを確認する作業である。

課題中心アプローチが短期間の計画的実践であることから、終結作業は課題への取り組み状況と目標達成を評価していくことが中心であり、終結のための計画策定作業は必要とせず、比較的シンプルに進行していくことになる。

また、課題中心アプローチの主眼とすることは、くり返し指摘するように一つひとつの課題に取り組み、着々と目標を達成できればクライエントの肯定的感情つまり、目標達成感が芽生えるという点にある。

目標が達成され、問題が解決されたならば勿論、援助関係を解くことになるが終結段階では目標達成への達成感を経験できたという点を重視しながら、肯定的なものとして迎えいれられるようにしていかなければならない。なお、課題に取り組むことができず、目標が達成されていない問題などがあれば、クライエントはソーシャルワーカーと再契約を交わし、また問題解決のために目標とその目標達成のための課題を立案し取り組むことになる。

(4) 課題中心アプローチの実際（事例の展開）

①事例概要

古賀サダ子（56歳）は、夫の貞実（57歳・会社員）、長女の園子（22歳・大学4年生）、次女の銀子（20歳・大学2年生）、義母タカ（86歳）の5人暮らしである。

タカは3年前にアルツハイマー型認知症の診断を受け、1年前には自宅階段で転倒、骨折して以降、ほぼ寝たきりの状態となり、食事、排泄、移動などの主たる介助はすべてサダ子が1人で行なっている状況である。

特に最近では、タカの認知症の症状も徐々に進行してきており、献身的に家事や介護を行なうサダ子に対し「叩く」、「物を投げつける」、「爪でひっかく」といった行為や「私の財布から誰かがお金を盗んでいる」などの発言もみられるようになってきた。

もともと介護知識や技術がないサダ子にとって、タカを介護する負担は大きかったが、結婚して以降、自分のことを気にかけ大切にしてくれた義母タカには感謝しており、その恩返しの意味でも、サダ子はタカが住み慣れたこの自宅で、できる限り介護に携わりたいという気持ちがあった。また、そんなサダ子に対しては夫や娘たちも家事や介護の大変さを理解し、協力的であった。サダ子はそんな家族の気遣いがとても嬉しかった。毎日、仕事や勉強で多忙を極め、頑張っている夫や娘たちのためにも、もっと自分は頑張らなければならないと前向きであった。ただし、そのような思いがある一方で、自己流の介護がサダ子へ強いる負担は大きく、タカへの介護がいつまで続けられるのかといった不安もあった。

さらに、介護への不安とは別にサダ子にとって一番の不安の種になっていたのが、家計のやりくりだった。特に大学生の娘たちの学費面をはじめとした出費は大きく家計を圧迫しており、今の夫の給与だけではとても厳しく、何か収入の足しになるような仕事を手に持てれば、とも考えていた。

このような状況を抱えているサダ子は、今抱えている悩みや不安を少しでも解消したいという思いから、市の広報誌で知った地域包括支援センターへ相談に出向いてみることにした。

事例に基づき、課題中心アプローチが実際にどのように展開されるのか、以下みていくことにする。

1）問題の明確化と選択

初回面接では、サダ子は事例概要にある一連の状況を担当ソーシャルワーカーに話した。

今回（2回目）の面接ではサダ子自身の問題の明確化と選択、そして問題解決に向けた道筋をつけていく面接となる。

【以下、ソーシャルワーカーとサダ子のやりとり】

SW：「前回、一連のお話を伺いましたが、古賀さんが今、不安に感じたり心配されていることを率直にお話いただいてもよろしいでしょうか？」

サダ子：「そうですね・・。心配事ですか・・。やはり一番は家計のやりくりのことですかね・・。娘たちが大学生になったことで、出費は大きく主人の稼ぎだけではとてもじゃないですけど、家計をやりくりさせるのは難しい状況です。今は、貯金を切り崩すことでなんとか生活できていますが、この先を考えると、正直不安な気持ちでいっぱいです。私も何か手に職をつけ収入を安定させたいです・・」

SW：「娘さんたちが大学生ともなれば、たしかに出費は多くなりますよね。それに、貯金を切り崩しながら家計のやりくりとなると、さすがに不安は大きくなりますよね。」

サダ子：「そうなんです。学費だけならまだしも勉強や部活動で買いそろえないといけない物なんかも多くて・・。ある程度お金がかかるのは予想してたんですど・・。まさか、ここまでお金がかかるとは思いませんでした。」

SW：「ほかに、心配されていることなどは、何かありますか？」

サダ子：「そうですね・・。やはり義母の介護をこの先どこまでお世話していけるんだろうってことですかね。夫と結婚して以降、義母は同居する私のことを本当に優しく気にかけくれました。ここまでやってこれたのは、義母の理解があってこそだと思います。だから、何とか施設には預けることなく、できるだけ住み慣れた今の自宅で私も関わりながら最後まで看てあげたい気持ちはあります。だけど、最近は認知症の症状もすごくて・・。私、介護のことあまり知らないし、ほんとに自宅で看ていけるのか不安になります。」

SW：頷く。

サダ子：「今の生活が経済的にも安定して、自分もゆとりをもって義母のお世話が最後までできると嬉しいなぁって、思います・・。」

SW：「そうですね・・。私も前回からお話をうかがって、古賀さんが今後向き合って取り組む問題は今お話しいただいたことなのではないかという気がしております。これからどんなふうに前に進めていくか、一緒に考えていきましょう。」

まず、課題中心アプローチでは、地域包括支援センターのソーシャルワーカーはサダ子との基本的信頼関係を築きながら、事例にあるような一連の状況につながる情報収集を行なうことになる。その後、サダ子が取り組むべき問題の明確化と選択を行なう必要性があるが、サダ子が自分自身にとって何が脅威となっているのかを明らかにする作業を行なわなければならない。その際、重要になるのが、ソーシャルワーカーはできる限り率直な質問を投げかけ、サダ子自身が自覚している問題を引き出すということである。また、サダ子の問題に立ち向かう意欲はどうか、そして自分自身の力で解決まで取り組むことができる具体的問題なのかといった点を見極められるかといった点も大切な視点になる。このような点に配慮しながらソーシャルワーカー側の問題の見立てについても伝え、標的とする問題を検討することが求められる。

ここでは、ワーカーとサダ子のやり取りの中で以下の２つの問題が明確化され選択された。

【標的とする問題】

問題 1）夫の収入だけでは家計をやりくりできない。

問題 2）サダ子の介護知識、技術に乏しく、介護負担が大きいことから、タカへの在宅介護継続が困難な状況となっている。

②目標と課題を設定（契約）

標的とする問題が定まれば、目標と目標達成のための課題を立て、サダ子はソーシャルワーカーと契約を交わすことになる。

【目標、課題設定にむけたやりとり】

SW：「まず、収入を安定させるという問題に対して、古賀さんはどういった目標を立てて取り組みたいとお考えですか？」

サダ子：「やはり、自分ができそうな仕事を探して、就職できればって思います」

SW：「具体的にどんな仕事か、今お考えなどはありますか？」

サダ子：「う～ん。そうですね～」（その後、沈黙が長く続く）

SW「それでは、現在古賀さんが興味や関心がある仕事などはありますか？」

サダ子：「そうですね・・。私ですね・・、自分でいうのも恥ずかしいんですがこう見えても負けず嫌いなほうで・・。義母の介護がうまくいかないことですごく悩んで、介護が上手くなれないかって思って、本を購入して独学で勉強したりしてみました。実際勉強してみると、介護の仕方など、なるほどって思うことたくさんありました。でも、実際の介護はそう簡単にはいかなかったんですけどね・・。」

SW：「今、お話を伺って、介護に興味があるように感じ取れたのですが・・。それに前回お話を伺った際にも、できるだけ自宅で古賀さんがタカさんのことを看たいとおっしゃっていましたよね。」

サダ子：「ええ。正直介護には興味がないといったら嘘になると思います。もし、介護の仕事を自分の仕事にできるのであれば、収入の安定だけでなく義母への介護にも役立ちそうだし、それはそれで嬉しいことだとは思います。ただし、介護施設に就職するといっても、どういった施設がいいのか、それにどうやって就職するのかも分からないし・・。正直、不安です・・。」

SW：「古賀さんに、介護の仕事に興味や関心があるのであれば、ご自分の気持ちをまず大切されたらいかがでしょうか。もし古賀さんがいろいろな不安や思いをお持ちなら、今一度それを整理しながら、目標を実現するための課題を一つひとつ考えていきませんか？」

サダ子：（しばらく、沈黙）
「そうですね・・。介護の仕事に就けるならば、本当にうれしい限りです。私、頑張ってみたいと思います。」

その後のサダ子はソーシャルワーカーとの話し合いをふまえ、「介護施設にパートタイマーの介護職として就職する」という目標を設定した。この目標を設定した理由は介護の仕事を行なうことにより、サダ子自身の介護知識や技術が身についていき、ゆとりを持ってタカへの在宅介護が継続できる可能性がある点と同時に家計安定のために収入が得られるという2つの点からであった。

ただし、サダ子は介護に関する資格を一切持っておらず、介護分野就職には一定の不安も感じていたことから、介護系資格の保持を採用の条件としていない介護施設で、かつ介護が初心者の新任職員へもしっかり教育してくれる研修プログラムを組んでいる介護施設へ就職をめざすことを条件に取り組むようにした。

そして、改めてソーシャルワーカーと協議を行なう中で、介護施設への就職実現に向け、サダ子自身が取り組んでいく具体的目標と課題が以下のように設定され、契約が交わされることになった。

【目標と目標達成に向け取り組む課題】

目標１：求人を出している介護施設について、どのような種別、雇用条件、新任研修プログラムが用意されているのか情報収集を行ない、就職希望先を決定する。

課題1-1：ハローワークに登録し、求人を出している介護施設の情報を収集する。

課題1-2：興味、関心のある施設に連絡を入れ、施設見学を行なう。

課題1-3：求人情報や施設見学で得られた情報をもとに家族と話し合いを行ない、最終的に就職試験を受ける施設を決定する。

目標２：介護施設の採用試験合格に向けた履歴書の書き方を習得し、作成する。

課題2-1：履歴書の書き方に関する情報を収集する。

課題2-2：得られた情報をもとに、実際に履歴書を作成する。

課題2-3：作成した履歴書のチェックを第三者（ハローワーク等）に受ける。

目標 3：介護施設の採用合格に向け、就職面接の受け応えができるようになる。
課題 3-1：面接の受け応えに関する情報を文献等から収集し、その注意点について理解する。
課題 3-2：面接官の質問項目（志望動機や自己 PR 等々）を予想し、実際に応え方を文章にまとめてみる。
課題 3-3：鏡を見ながら、質問に対する受け応えの練習を自分１人で行なう。
課題 3-4：第三者が面接官役を担い、臨場感のある雰囲気の中で、面接ロールプレイの練習を行なう。

③課題の遂行

サダ子は、ソーシャルワーカーと交わした契約に基づき、一つひとつに取り組んでいった。まずハローワークに登録し、日々足を運ぶことにより、どのような介護施設がどのような雇用条件で求人を出しているのか少しずつ情報が集まりだしてきた。気になる施設には電話で連絡し、施設の説明や見学を受けることができた。設定した課題を取り組むことにより、ある特別養護老人ホームが介護士（パートタイム）としての求人を出しており、就職先としてチャレンジしてみることにした。就職を受ける施設が決まるとそこへ採用されたいと思うサダ子の課題に取り組む意欲はますます強くなり、採用試験合格に向けた履歴書の書き方作成への課題や就職面接の受け応えができるようになるための課題を着実に遂行していった。

課題遂行の過程で行なったソーシャルワーカーとの面接でも、サダ子の課題に取り組むサダ子の考えや意欲を確認しながら、一つひとつの課題を達成する問題解決へと近づくサダ子の姿にソーシャルワーカーも手ごたえをつかんでいった。

こうして、見事サダ子は特別養護老人ホームへの就職内定を無事勝ち取った。

④終結

終結にかかる面接では、契約した課題がどの程度達成されたのかサダ子はソーシャルワーカーともに確認し、選択した問題が解決に向かっているかどうか評価を下す段階である。

ここでは、目標が達成され問題解決に向けて順調に進行していることが確認されれば、終結する理由を明確にして、双方の関係を解消することになる。なお、関係解消にあたっては、これまでの信頼関係構築から、お互いのさまざまな感情が行き交うこともあるだろうが、目標を達成できたという達成感を肯定的にみて終結作業をむかえることになる。もし、処理できない問題などが確認できれば、再度契約を結び新しい課題に取り組むこと出てくることを付け加えておく。

（竹下　徹）

【引用文献】
1）川村隆彦著『ソーシャルワーカーの力量を高める理論・アプローチ』中央法規　2011年　p.135

【参考文献】
伊藤冨士江著『ソーシャルワーク実践と課題中心モデル―わが国における適用をめざして』川島書店　2001
久保紘章・副田あけみ編著『ソーシャルワークの実践モデル－心理社会的アプローチからナラティブまで』川島書店　2005
社会福祉士養成講座編集委員会編『相談援助の理論と方法（第3版）』中央法規　2015年
仲村　優一ほか監修　岡本　民夫ほか編『エンサイクロペディア社会福祉学』中央法規出版、2007年
フランシス・J・ターナー編、米本秀仁監訳『ソーシャルワーク・トリートメント－相互連結理論アプローチ 下』中央法規　1999

8．危機介入アプローチ

(1) 危機介入アプローチとは

人間は、生きて生活をしていくうえで、いろんな人に出会い、そのなかで進学、就職、結婚のような喜ばしいことから、退学、退職、離婚、病気といった生活上の問題に至るまで、さまざまな場面に遭遇する。このような問題に直面したとき人は、混乱、怒り、抑うつ、不安といったいろんな感情が沸き起こる。

キャプラン（Caplan.G）によると、危機とは、避けられない重要な人生の場面に遭遇したとき、これまでに用いてきた対処方法では対応できないときに発生し、このような現状や問題に対して、心理的に動揺・混乱している状態を指す。

危機介入アプローチとは、このような状態に陥っている人たちに対し、危機的状況からの回復をめざすものであり、キャプランやリンデマン（Lindeman.E）らによって考案されたソーシャルワークアプローチであり、危機理論を基本としている。危機介入アプローチのルーツを辿ると、第1次世界大戦のフランスでの塹壕戦におけるストレスや精神的な危機への介入に端を発する。その後、身近な人との突発的な死別などによる悲嘆反応の研究や、1960年代から1970年代にかけては、ソーシャルワークだけでなく心理学、精神保健学、保健学、看護学などの分野でも研究が行なわれ発展していった。

(2) 危機介入アプローチの特徴

危機介入アプローチは、自我が問題解決のためにエネルギーを向けて対処・適応をし、葛藤を乗り越えるのを支援するというフロイト（S.Freud）のパーソナリティに関する精神分析論や、人間は一人ひとりの発達段階での心理・社

会的危機を乗り越えることによって成長するというエリクソン（E.H.Erikson）の自我心理学が理論的背景にある。加えてロールモデルやくり返しの学習により認知を深め、有効な問題解決などを導き出していく学習理論。人が危機に対処するときに、今ある力を下げて適応するのか、逆に乗り越えながら成長していくのかは6週間で決まるというキャプランの理論なども背景にある。そして人は危機に遭遇したとき自分の無力感や自信を喪失する反面、誰かに支援してほしいと本能的に望むものである。しかし、危機介入における問題は、問題として見えないことも多い。例えば病気による失業という出来事であっても、ある家族には危機であるのに別の家族では危機までには至らない。また危機介入は突発的な出来事が多く、慢性的に続いている場合には他のアプローチを用いたほうが良い場合が多い。

危機介入アプローチにおいては、根本的な解決をめざすことより、まずは混乱状態にあるクライエントのストレスの緩和、不安の軽減に主眼をおいて、それを短期間で達成していくという特徴がある。また、ソーシャルワーカーは、イライラなどの表情や睡眠不足・頭痛といった非言語面や身体面での変化も危機のサインとして見逃さずにアプローチすることが大切である。そのうえで現在の危機状況を明確にし、クライエントのワーカビリティを評価したうえで支援計画へと移る。

この段階におけるソーシャルワーカーの役割としては、支援に関わるメンバーや家族とのネットワークや連携を十分に活用して取り組むことが望ましい。同時にクライエントとしては、危機にいたるプロセスを振り返ってみたり、発生の要因を自問したりすることで、自分の問題に対する気づきや理解を得ることもある。しかしこの作業もクライエントが一人で行なうのではなく、支援に関わるメンバーたちとの十分な信頼関係と協働作業によって意味を成していくのである。

(3) 危機介入アプローチによる支援展開

危機介入アプローチは、危機状態にあるクライエントをいち早く発見し、適切な時に的確な方法でアプローチをしていくことが求められる。そのためには危機的状況に陥った人の心理状況を理解していくことが大切であり、ここではフィンク（Fink.S.L）の以下の4段階の支援モデルを提示する[1)]。

①衝撃の段階

危機に直面した直後で強い心理的ショックがあり、気が動転したり、パニック状態に陥ったりするなどの特徴がみられる。この段階では、あらゆる危険から安全に保護し、温かく静かに見守ることが大切である。

②防衛的退行の段階

危機的な状況に耐えられずに、自己防衛のために逃避・否認・退行といった防衛機制により現実逃避を行なう。よって表面的には落ち着いて見えることもある。この段階では、無理に現実を直視させたり、否定させたりすることなく、ありのままを受け止め、心理的安全を保障することが大切である。

③承認の段階

徐々に落ち着きを取り戻し、現実へ向き合おうとする段階である。再び悲しみ、怒り、不安や混乱、抑うつなどが生じることもあるが、適切な対応により徐々に現実に目を向けることが可能となる。この段階では、感情を受容して本人が現実を受け入れていくように支援することが大切である。

④適応の段階

これまでの生活から新しい生活へと少しずつシフトしていくなかで、新しい自己の価値観や生き方を創り上げていく段階である。そのための情報提供や調整、マネジメントを行ない、本人の達成感や動機づけを高めていくことが大切である。

クライエントが危機状況に陥ったときは気が動転したり、パニックになったりするなど感情のバランスを崩すのは一般的なことである。そこでソーシャルワーカーは、クライエントにそのことへの理解をうながすことが重要である。そして危機的状況にあるクライエントのタイミングとニーズを押さえて援助を行なうことがポイントとなる。関わり方としては、バイスティック（Biestek. F.P）のケースワークの原則での「意図的な感情表出」により、クライエントにその状況とそれに伴う感情を十分に表出できるようにして、その感情を「受容」する。その際、「秘密保持」を守ることにも触れるとよいだろう。クライエントには、悲しみ、怒り、絶望感、不安などの感情をできる限り表出していただき、ソーシャルワーカーはクライエントの気持ちを十分に受けとめ、共感していく。

また、このとき留意すべきことは一連の出来事が個人的体験ではなく、社会的な事象であること、すなわち環境条件とも大きく関連しているということを忘れてはならない。支援の有効性が社会的関連性、環境など多様な側面との関連をもっており、身体・医療的側面、心理・社会的側面、経済・制度的側面などの視点や枠組みをもって、クライエントの生活理解とニーズの発見に努め、そのニーズに応じた福祉・保健医療サービス、地域の社会資源を活用した支援マネジメントができる体制を地域社会において整えておくことが必要である。

(4) 危機介入アプローチの実際　～自殺未遂のＡさんとその母親に対する危機介入～

①事例の概要

平成□年４月末、救急外来看護師より「自殺未遂の患者（以下Ａさんとする）が搬送され、本人の名前は持ち物からわかったものの家族の連絡先などがわからないので、意識がもどり落ち着いたら、介入してほしい」とソーシャルワーカーに連絡があった。

ソーシャルワーカーは救急室に向かい、看護師や医師から情報を収集した。首吊り自殺をはかっていたＡさんは、通りがかりの人からの連絡で、救急車により搬入された。呼吸はしているが意識がはっきりしていない状態で数日は安静が必要な状態である。

次の日、ソーシャルワーカーは意識を取り戻したＡさんと面会し、Ａさんの体調を気遣った。点滴を受けていたＡさんは、ゆっくりとうなずいていた。次の日もソーシャルワーカーは病室を訪問し、今度はＡさんに自己紹介をしたあと自分の役割や介入の目的についても説明を行なった。

３回目以降の面談で、Ａさんが今までのことを話してくれた。Ａさんの年齢は24歳で大学生が多く住んでいるアパートに下宿している。中華系の飲食店でアルバイトをしていたが仕事で幾度となくミスを起こし解雇されたという。また、１月までは大学生であったが、留年をしていて今後、卒業も困難なことから中退をしたという。

②Ａさんのライフヒストリー

Ａさんは国家公務員の父と専業主婦の母、２つ上の兄の４人家族であり、現在24歳である。逆子で出生するが、その後、首に障がいが残るとともに病弱な体質となる。当初医者は普通学級で授業を受けることは無理かもしれないと母親に伝えていたが、１年遅れて小学校に入学したあと、本人や母親の努力もあり、無事義務教育を終えた。成績はクラスで中程度であった。そして地元の県立高校へ進学、その後、県外の福祉系大学（Ｂ大学）への進学を希望するが、第１志望の福祉学科は不合格で第２志望の学科にはなんとか合格した。父親は子どもの躾や教育には厳しくまた繊細な性格で、兄はちょっとしたことでよく殴られていた。母親がそれを止めようとすると今度は母親が殴られるということもたびたびあったが、Ａさんには生まれつき病弱なこともあって、ほとんど暴力を振るうことはなかった。しかし、Ａさんが中学１年生のときに、兄と母親が父親の暴力により家を飛び出した。親戚の尽力により離婚には至らなかったが、母親と兄は県外の実家に近くに居を構えて別居生活となった。それから父親はＡさんにも暴力を振るうようになった。また、Ａさんは母親と兄が、自分を残して一緒に出て行ったことに対し、少なからずショックを受けていた。母親に対して「お母さんは小さい頃より兄ばかり可愛がってきた」と言うこともあった。それに対して母親は、「お兄ちゃんはお父さんに厳しくされていたので、バランスを取るためにお兄ちゃんを気遣っていただけで愛情は同じであるのよ」と応えていたという。その後、Aさんは大学に入学するも希望していた分野でないこと、両親の仲が良くないので常に心配していること、友人もほとんどできずに孤立した生活となっていったことからも、大学の授業を頻繁に休むようになり留年。その後、卒業ができなくなったことを両親が知り、Aさんのアパートに訪れた父親から退学して実家に戻ること。そして自衛隊に入隊するか、すぐ就職するよう迫られ、実家に戻りたくないAさんは、現在のアパートに居を構えたままアルバイトで生計を立てようとするが、仕事でのミスをくり返すなどして店長に辞めてほしいといわれた。その結果、今後の生活の見通しがつかなくなり、気がついたら川辺で自らの命を絶とうとしていたという。

③家族構成とその状況

父親：国家公務員であるが、高校卒業のノンキャリア組なので、これまで悔しい思いをしてきた。子どもたちには、そのようなおもいをさせたくないと常々言っており、そのためか教育には人一倍厳しく、特に長男は躾や教育と称してよく殴られていた。仕事は出張が多く、自宅にいるのは1年の半分くらいである。柔道3段、相撲も高校時代には市の大会で優勝経験がある。真面目な性格であり職場での仕事に対する評価は高いが、短気で負けず嫌いなところもあるためか、人間関係で苦労することも度々あったという。子どもたちを正座させて、いろんなことを言い聞かせることが度々あった。「礼儀と責任感を持って行動せよ」が口癖である。

母親：専業主婦で、父親と同じく教育熱心で躾も厳しい。負けず嫌いのところがあるため夫婦ケンカに発展することがよくあり、そのことで父親に暴力を振るわれることもあった。別居後、暴力はなくなったが口ケンカは相変わらずである。子どもたちにはよく「あなたたちが生まれていなかったらとっくに離婚していた」と言っていた。「人に迷惑を掛けてはいけない」と常日頃から子どもには言っている。父親との大きな違いは社交性があることである。

兄：2歳年上である。県外の企業に勤めている。仕事が忙しくて自分のことで精一杯という感じである。母親とは仲が良いが、父親とは大学卒業後の進路のことで意見が合わずに勘当されていて5年近く会っていない。弟であるAさんとは、年に1度ほど、父親が不在の時に実家で会う程度であった。

４人家族で父親と母親は同居しているが、兄とＡさんはそれぞれ別の県に住んでいる。

④本件直後のソーシャルワーカーの介入と経過

１）平成□年５月１日（Ａさんとの３回目の面談）

当初は、話しかけても呆然として、ほとんど口を開かなかったＡさんであったが、Ａさんの気持ちに寄り添いながら会話を続けていくと、少しずつ話をしてくれるようになってきた。大学中退したこと、アルバイトを辞めたこと、家には戻りたくないこと、人に迷惑をかけたくないこと、そして自殺に至るまでの経緯も話してくれた。「これまで、いろんなことがあって本当につらかったでしょう。よくここまで頑張ってこられましたね」と声を掛けるとＡさんは、思わず涙を流していた。そして自分のライフヒストリーを生い立ちに至るまで糸を辿るように話してくれた。

２）５月１日（両親との面談）

病院に駆けつけた県外の両親とソーシャルワーカーが面談すると、３か月前に父親がＡさんのアパートに訪問し、卒業が無理ならば退学して、実家に戻って就職するように伝えたという。その時、Ａさんは終始下を向いたまま黙っていたという。そして退学後に仕事（アルバイト）が見つかったことを母親に電話で伝えていたこともわかった。両親ともに教育熱心で子煩悩、躾にも厳しいことは面談から伺えた。今回のことは両親にとって大変なショックであり、父親は、母親の顔を見ながら、「自分たちの教育方針が間違っていたとは思わない。厳しく教育していかないと、あの子はこの世の中では生きていない。でも本人がそこまで思いつめているとは思わなかった。それに気づかなかったのは親として未熟だった」と深刻な表情で涙を堪えながら話していた。そして父親は、「自分が定年退職した後に、次男（Ａさん）と退職金を元手に何か商売をするのが夢だった」と語ってくれた。

３）５月２日（兄との面談）

お見舞いに来た県外在住の兄と面談をして情報を得る。兄はＡさんとは、自殺未遂が起きる半年前に実家で再会し、その時、碁を一緒に打ったという。以前と同じくＡさんが勝ったが、碁を打つ時の弟の様子がおかしかったという。顔の表情が暗く、変化に乏しく生気を感じさせない。視線もほとんど合わせず、力が抜けたような身体と何度も目をつぶり、口数も少なかったのが印象的だったという。何度も目をつぶる様子を見た母親は、「そんな表情をするのは良くない」と叱咤していた。母親は兄に「Aは3日前に帰宅したときからずっと眠そうで無気力な状態である」と教えてくれた。

兄は、「今思えば、あの時弟はうつ病ではなかったのか」、それに気づいて手を打てなかった自分に後悔の念を抱いていた。また、「Aはアルバイト先のコンビニで暴走族とトラブルになり、脅迫されたとも言っていた。脅迫の件を警察に伝えること、何かあったらそちらに行って手助けすることを伝えたが、その後、Aからはこの件についての連絡はなかった。」と話してくれた。

4）5月3日（母親との面談）

母親は、「こうなったのは、自分と父親のせいではないか」、Aさんに対しての、これまでの自分の態度に自責の念を持っており、夜は睡眠薬がないと寝られない状態であることもわかった。ソーシャルワーカーは「今回のことはお母さんの責任ではありませんよ。お母さんは、大変な状況のなか母親として当然のことをされたまでです。幸いにもAさんは一命を取り留めました。これからはAさんとお母さんたちの今後について一緒に考えていきましょう」とこれまでの母親の努力に敬意を示した。帰り際に母親は「ここまで私たちの話を真剣に聴いてくださった方ははじめてです」といい「また何かあったらご相談してもよろしいですか」と尋ね、ソーシャルワーカーは「もちろんです！いつでも相談してください」と返答した。

⑤考察とまとめ

ソーシャルワーカーは、Aさんへの再発防止に向けた危機介入と、母親のメンタルケア（睡眠薬を使わないと眠れない状態）への危機介入に主眼を置いて、介入の方策を考えていった。

危機介入アプローチにおいて、ソーシャルワーカーは、Aさんの不安や感情に共感し、安心して話ができる雰囲気と状況を準備するというバイスティックの「受容の原則」、「意図的な感情表現の原則」、「秘密保持の原則」、さらにはロジャーズ（C.R.Rogers）の「クライエント中心アプローチ」などを念頭において関わった。これによりAさんとの信頼関係も徐々に構築され、Aさんが自らのライフヒストリーを語ること（ナラティブ）にもつながり、Aさんとその生活への理解も深まっていった。また、Aさんが語ることで、本当に苦しんでいたのは両親ではないのか、その両親を心配させないようにするためには、死ぬことよりも、どんな形であれ生きていくことが何より大切であることにも気づいていった。このようにAさんは、両親の気持ちを理解していくとともに自分の価値にも気づき、これからどのように生活していくかについては、ソーシャルワーカーに相談することにした。

また、ソーシャルワーカーが母親対しても、親としての気持ちに共感して、温かく接していくことで、母親の精神状態も少しではあるが安定してきたかのように伺えた。

以上より、危機状況下における応急処置は一応達成されたと判断し、次の段階として日常生活に戻るうえで、Aさん、母親、そして家族にとって、どのような支援や関わりが必要であるかを関係者と協議をして支援計画を立案することにした。

（伊藤秀樹）

【引用文献】

1）福祉臨床シリーズ編集委員会編『相談援助の理論と方法Ⅰ』[第2版]弘文堂、2014年、p 78～79

【参考文献】

1）ドナ・C．アギュララ著、小松源助・荒川義子訳『危機介入の理論と実際』川島書店、1997年
2）小澤康司「危機介入の支援に関する心理社会的アプローチについて　−危機支援学の構築にむけてー」立正大学心理学部研究紀要、Vol.7、2006年

【人名索引】

キャプラン（Caplan.Gerald）
リンマン（Lindeman.Erich）
フロイト（Sigmund. Freud）
エリクソン（Erik.Homburger.Erikson）
フィンク（Fink,Steven,L.）
バイスティック（Biestek.Felix.Paul）
ロジャーズ（Carl.Ransom.Rogers）

9．生態学的アプローチ（エコロジカル・アプローチ）

(1) 生態学的アプローチ（エコロジカル・アプローチ）とは

①ソーシャルワーク実践への生態学の導入

生態学的アプローチとは、有機体（生物）と環境との関係性や相互作用を追求する学問である生態学の考えを基盤としたアプローチである。生態学的視点や生態学的ソーシャルワークとして示されることもある。

生態学的アプローチは、ソーシャルワーク実践の対象となるクライエントを包括的・総合的に理解する視点を与えてくれる。つまり、私たちは意識的にせよ、無意識的にせよ、日々の生活を社会との関わりのなかで営んでおり、自分自身を取り巻くさまざまな環境（家族、友人、職場、学校、地域など）と影響し合いながら過ごしている。そのような社会との関係において全体的に人々をとらえることは、現代のソーシャルワーク実践において重要な視点となる。

ソーシャルワーク実践はそうした視点をもとに、日常生活で起こる生活問題や生きづらさを抱えた人々に対し、直接的な働きかけや、社会資源との調整や

情報提供、また環境へ働きかけることなどを通して問題解決をめざし、生きづらさを緩和していくものと言える。

生態学的アプローチは、ソーシャルワーク実践において改めて「人」と「環境」の両方をとらえる重要性を示し、ソーシャルワーク実践の統合化に貢献したアプローチの一つである。また、本アプローチの基盤となる生態学がソーシャルワーク実践に提案したものとして、空閑（2014：60）は、「人間と環境との両者の関係のとらえ方において、両者がいかに強い相互性のなかにあるかという関係性の重視であり、その強い関係性のうえで人びとの生活が成り立っているという視点である」[1)] と述べている。

②「医学モデル」から「生活モデル」へ

ソーシャルワーク実践における対象の理解において、その対象である「人（クライエント）」とそれらを取り巻く「環境」の関係をとらえる視点は重要なものであると言える。しかしながら、ソーシャルワークの歴史をふり返ってみると、特に「環境」への視点は決して当たり前のものではなかった。

問題を抱えたクライエントへの支援は、その問題がクライエント自身の原因により起こるものととらえられ、クライエントへの直接的な関わりと変化に重点が置かれ、「環境」への眼差しは十分とは言えなかった。つまり、伝統的なソーシャルワーク実践は医学（治療）モデルと呼ばれ、クライエントは治療の対象者であるとみなされていたのである。

そのような状況を克服するものとして、「人（クライエント）」と「環境」の相互作用に焦点を置く生態学の考えを取り入れた生態学的アプローチが登場し、後にジャーメイン（Germain,C.B.）らにより「生活モデル」として体系化されることとなる。この「生活モデル」の登場は、ソーシャルワーク実践に大きな影響を与え、「医学モデル」から「生活モデル」へとクライエントのとらえ方を転換させた。

(2) 生態学的アプローチ（エコロジカル・アプローチ）の特徴

①「人」と「環境」の相互作用に焦点を当てる

生態学アプローチの最大の特徴は、なぜクライエントに問題が生じているのかということを、そのクライエント個人にのみ求めるのではなく、クライエントと環境の相互作用の結果として考えるところにある。そして、その両者もしくは両者の関係そのものに関わるアプローチである。

例えば、小学生５年生の男の子が突然学校に行かなくなったとする。そしてその原因が友人からのいじめであったとする。いじめという原因により学校に行けなくなったととらえ、いじめを解決することで学校に行けるようになればいいのであるが、そのように単純に解決できるものばかりではない。

いじめの相談を担任先生にしたが、「本人の勘違い」と指摘される。両親に相談したいが、共働きで忙しくなかなか話す機会がない。このような状況にある男の子はどうにか解決したいと考えても、学校は相談しても対応してくれず嫌になり、家庭では相談したくてもできないことからストレスを抱える。このような男の子を取り巻く環境との悪循環は、男の子の抱える問題をより深刻化させていくのである。

本アプローチにおいて、このように「人」と「環境」の相互作用の結果生じた問題を「生活ストレス」といい、それらを生み出すものを「生活ストレッサー」と呼び次の3つの要素により構成されている[2)]。①人生移行（進学・就職・結婚・退職・死別など一定の年齢や時期ごとに達成するべき課題や対応が難しい課題）、②コミュニケーション障害（対人関係、特に友人や家族関係がうまく機能していない状態）、③環境のプレッシャー（フォーマル・インフォーマルな社会資源にアクセスできない、またはニーズを満たしてくれない状態）である。

これらが「生活ストレス」という問題をもたらし、普段であれば対処できていた問題ができない状態となる。そのためこれらに対処し、適応することが必要となる。

②「人」や「環境」のとらえかた

先述した小学生の男の子のように、私たちは「環境」との相互作用を通して多くの影響を受けている。そしてその影響や「環境」からの要請にうまく対処できない場合、生活問題（生活ストレス）として表われるわけである。しかしながら、「人は環境を活用して、変化、成長していく存在でもある」[3)]。つまり、「人」は自身の生活を誰かに決められて送っているわけではない。自らの決定・選択・判断において生活し、必要な場合には生活問題を自ら解決（対処）しようとする力（対処能力）をもっている存在としてとらえるのである。

そのうえで、友人や家族との『関係性』の有無、「人」が「環境」を変化させるために潜在的に備わっている『力量』、自らの生活に責任を持ち、決定・管理する『自発性』、自身に対する主観的評価である『自尊感情』という4つの側面から理解する。

また、「環境」には①家族や友人、施設や学校、グループや地域、制度や法律といった社会的環境、②自然環境や交通などの物理的環境、③支配的な集団による制圧（男女という性別認識に基づくその他の性別への偏見や人種による差別など）や力の悪用（資本主義社会によってもたらされる失業や貧困といった社会的公害、空気や水食物にかかわる技術上の公害など）の圧迫と公害がある。

このように生態学的アプローチにおいては、「人」が抱えるマイナス面に目を向けるのではなく、本来持っている「環境」に対処できる強さや能力を理解すると同時に、相互作用するさまざまな「環境」の理解によりソーシャルワーク実践を可能とするのである。

(3) 生態学的アプローチ（エコロジカル・アプローチ）による支援展開

①アセスメント

生態学的アプローチにおいて、ソーシャルワーカーが何に介入していくのかを専門的に判断していくためには、情報収集が十分に行なわれているかということが重要になる。クライエント本人の情報をはじめとして、クライエントに関係する「環境」に関する情報を面接や関係者への聞き取りなどを通して収集する。

そうして集めた総合的な情報を基に、「クライエント（人）」と「環境」の相互作用において、どのような問題（生活ストレス）が生じていて、何がその問題をもたらしている（生活ストレッサー）のかを明らかにしていくわけである。そこで明らかとなる問題の要因は決して一つとは限らない。そのため、ソーシャルワーカーはアセスメントを基に整理し、優先順位を判断して介入していくことになる。

このアセスメント場面において、視覚的にクライエントの置かれている状況を把握するためのエコマップを活用することも有効となる。エコマップは対象となるクライエントを中心に、「環境」との関係性を図式化したものである。

②「人」・「環境」・「人と環境の接点」への介入

アセスメントにより明らかにされた生活問題（生活ストレス）とそれをもたらす要因（生活ストレッサ―）の整理を基に、ソーシャルワーカーは介入していくわけであるが、本アプローチでは「人」、「環境」、「人と環境の接点」へ介入する。

ここでの「人」は対象となるクライエントであり、介入することでクライエント自身に対する否定的な感情を和らげることなどを通して対処能力を高める。「環境」は先述したように、家族や友人、学校や地域などであり、「環境」に働きかけることにより、環境を利用できるよう拡大・動員し、必要な場合は新たな「環境」を生み出すことも行なう。「人と環境の接点」の介入は、クライエントと環境の相互作用によって生じている不均衡な状態を改善することであり、両者の関係を調整することになる。

(4) エコロジカル・アプローチの実際（事例の展開）

①事例から生態学的アプローチの実際を考える

Aさん（23歳，女性）は、Bさん（25歳，男性）と子どもCくん（1歳，男児）の3人家族である。

Bさんは大学卒業後大手企業に就職し、現在3年目を迎えている。まだまだ覚えることは多く、平日は早朝から夜も遅くまで働いている。早く責任のある仕事を任されたいと、熱心に働いている。Cくんに対しては、はじめての子どもということもあり、一緒にいる時間を増やしたいと思ってはいるが、休日出勤も多く、なかなか時間がとれない。

Aさんは保育士をめざして短大へ入学。卒業後は保育士として働いていたが、友人の紹介でBさんと出会い、結婚を機に退職。子どもが好きで保育士をめざしていたAさんは、自身の子どもを育てることに喜びを感じ、現在は育児に専念している。

Cくんがもうすぐ1歳になる頃、突然夫から転勤することを告げられた。Bさんの仕事に対する姿勢が認められ、転勤先でBさんを中心とした新しい事業をはじめるという。Aさんは現在までの23年間、地元を離れたことがなく、車で10分ほどに住む両親の助けも借りながら子育てしていたこともあり、地元を離れることに不安があった。しかし、夫が仕事で認められたこと、中心となる仕事を任されることも嬉しく、不安はあるものの、夫についていくことを決めた。

3か月後、ちょうどCくんが1歳になったころ、Aさん家族は、転勤先での新たな生活をスタートさせた。地元を離れたこと、両親や知り合いが近くに居ないことなどの不安はあったが、Aさんの気持ちは前向きであった。新たな場所で同じように子育てをしているお母さんたちと知り合いになり、交流できるようになりたいと考えていた。

夫は新たな仕事がはじまり、今まで以上に忙しくなったこともあり、次第に夫婦の会話が少なくなっていた。そんな時、近くの保育所に、家庭で子育てする親子が集まれる場所があることをAさんが住む地域の広報誌を通して知った。もともと子育てしているお母さんたちと知り合う機会を探していたAさんは、早速出かけていくことにした。

Aさんが訪れたのは、その地域にある子育て支援センターの1つで、その日は数組の親子がおり、子どもと遊んだり、母親同士で話をしたりしていた。緊張していたAさんであるが、その場にいたお母さんや職員が明るく声をかけてくれたこともあり、スムーズに参加することができた。久しぶりに家族以外の人といろんな話をすることができたAさんは、新たな場所での生活の不安が少しではあるが解消された。また子育て支援センターでは、さまざまな親子で参加できるプログラムや悩み相談があることを知り、時間がつくれる限り通ってみようと考えた。

Aさんが何度か通い、いつも顔を合わせる知り合いができ始めたころ、たまたま早く帰ってきた夫に、子育て支援センターでの出来事を話した。そうすると夫は、「自分が忙しく働いているときに気楽でいいな」と返答すると、Aさんの家事に対する不満もぶつけてきた。実際、子育て支援センターに通う以前に比べ、食事の準備や掃除などができていない部分もあったことから、Aさんは何も言い返すことができなかった。

もともと真面目な性格であったAさんは、夫も一から新たな場所で頑張っているのだから、私も自分の仕事（家事・育児）をまずは頑張らなければと思い、夫の仕事が落ち着いてきたらまた子育て支援センターに行けばいいと考えるようになった。

そこからAさんは家事・育児を完璧にこなそうと頑張ったが、夫の仕事は全く落ち着く様子がなく、たまに会話をすると仕事のストレスなのか、Aさんにあたるようになった。そのようなこれまでの悩みをAさんの母親に相談すると、「あなたはBさんを支えるためについていったのでしょ。ちょっとあたられるぐらい我慢しなさい」、「仕事をしていないのだからもっと頑張りなさい」と言われるだけであった。同時に、ほとんどの時間をCくんと家のなかで過ごすことになり、言うことを聞かない、泣き止まないことにイライラしはじめ、Cくんを叩こうとしてしまったことがあった。

Aさんはそれ以来、子育てに対する前向きな気もちがもてず、自身への嫌悪感から、「自分はダメな妻・母親ではないか」と考えるようになり、ほとんど家から出なくなってしまった。

その頃、Aさんが通っていた子育て支援センターの職員が、Aさんが来なくなったことを心配し、子育て支援に取り組んでいる地域の社会福祉協議会のソーシャルワーカーに連絡した。そうしたところ、Aさん宅を保健師と一緒に訪問することを約束してくれた。

ソーシャルワーカーと保健師がAさん宅を訪ねると、うつむき加減で元気のない様子のAさんが出てきた。ソーシャルワーカーは子育て支援センターの職員から連絡をもらい、Aさんのことが心配で訪ねてきたことを伝えると、安心した表情になり部屋に通してくれた。

ソーシャルワーカーがＡさんに現在の状況を尋ねると、Ａさんは引っ越してきてからこれまでの出来事を詳細に話してくれた。頑張りたい気持ちはあるが、現状では夫にも親にも相談できず、子育てや家事に対する自信も無くし、どうしたらいいのか自分でもわからないと話してくれた。

ソーシャルワーカーと保健師はＡさんの話を受け止め、「慣れない土地で不安ななか一人で頑張ってきたこと」、そして「Ａさん一人の責任ではないこと」を伝えた。ソーシャルワーカーはＡさんの話や様子から、まずはＡさん自身が少しでも本来の姿に戻ることが必要と考えた。そこで、社会福祉協議会が取り組む、子育てが落ち着いた母親や子育てを終えた母親が、子育て中の母親をサポートしてくれるボランティアに依頼し、Ａさん宅を訪れて話し相手になってもらった。Ａさんは次第に落ち着きを取り戻し、ボランティアの母親との会話のなかで「夫にも理解してもらいたい」、「でも一人で伝えるのは怖い」という思いを話すようになった。

ボランティアから連絡を受けたソーシャルワーカーは、改めてＡさん宅を訪れ、夫に対する思いやＡさんの様子を確認した。ソーシャルワーカーはＡさんが思いを夫に伝える場を設定し、同席することにした。

Ａさんの思いを伝えたところ、大変なのはわかっていたが、Ｂさんも、はじめて仕事を任され、うまくいかないときもあり、楽しそうにしているＡさんに対し嫌なことばをかけてしまったこと。忙しさが続き、Ｂさん自身も誰にも相談できないなかで身近なＡさんにあたってしまい、反省していたが伝えるタイミングを失っていたことなどを話してくれた。

Ａさんは、はじめ緊張した表情であったが、Ｂさんの話を聞くうちに涙を流し、最後には笑顔になっていた。Ａさん家族と別れる際、ソーシャルワーカーは子育て支援センターの職員がＡさんが来るのを楽しみにしていることを伝えた。

②事例の解説

この事例おいて、Ａさんの生活ストレスは主に、最も身近で、本来であればＡさんのニーズを満たしてくれるはずの環境のプレッシャー（夫と母親）と家族とのコミュニケーション障害によるものであったことがわかる。そもそも引越しという人生移行の生活ストレッサーによりもたらされる生活ストレスのなかで、新たな環境に馴染もうと前向きに取り組むＡさんに対して、環境のプレッシャーとコミュニケーション障害というストレッサーが更なるストレスをもたらしている。特に夫との相互作用による不均衡な状態を改善する必要があるが、アセスメントの結果まずはＡさんへの介入を行なっている。

ソーシャルワーカーはＡさんの話と様子から、まずはＡさん自身の対処能力を高めることが重要と考え、十分に話に耳を傾ける（傾聴）と同時に、Ａさん自身が抱いている否定的な感情を和らげることばかけを行なった。その後、「環境」へ働きかけ、社会資源を活用し、Ａさんの自尊感情を高めるなかで本来の姿を取り戻そうとした。このような介入を経て、Ａさんの本来もっている対処能力が高まったところで、「人と環境の接点の働きかけ」として、夫と適切なコミュニケーションができるよう調整・仲介している。

以上簡単にではあるが本事例の解説した。生態学アプローチはアセスメントが重要であり、言い方を変えればアセスメントに強いともいえる。しかしながら、本アプローチは問題をとらえる枠組みを提供してくれるのであって、具体的にどのように人や環境に働きかけるのかまでは示してくれない。そのため、他の実践アプローチについても理解し、必要に応じて用いることが重要である。

（田島　望）

【引用文献】
1）空閑浩人（2014）『ソーシャルワークにおける「生活場モデル」の構築 - 日本人の生活・文化に根ざした社会福祉援助 -』ミネルヴァ書房 ,60 p .
2）川村隆彦（2011）『ソーシャルワーカーの力量を高める理論・アプローチ』中央法規出版，40p.
3）川村前掲文献，39p.

【参考文献】
川村隆彦（2011）『ソーシャルワーカーの力量を高める理論・アプローチ』中央法規出版.
小島蓉子編訳著（1992）「エコロジカル・ソーシャルワーク - カレル・ジャーメイン名論文集 -」学苑社.
河野 真寿美・岩間 伸之（1999）「エコロジカル・パースペクティブと『状況の中の人』- ソーシャルワークの固有性の検討 -」『大阪市立大学生活科学部紀要』大阪市立大学 47,183-190.
空閑浩人（2014）『ソーシャルワークにおける「生活場モデル」の構築 - 日本人の生活・文化に根ざした社会福祉援助 -』ミネルヴァ書房.
黒木保博・山辺朗子・倉石哲也編著（2002）『福祉キーワードシリーズ　ソーシャルワーク』中央法規出版.
中村俊也（2001）「ソーシャルケースワーク論における福祉利用者の能力概念の検討」『社会関係研究』熊本学園大学 8（1），65-82.
成清美治・加納光子編著（2010）『インオチョロダクション　シリーズ 5　相談援助基盤と専門職』学文社.
冨永雅和（2004）「知的障害者福祉実践における生態学的アプローチの重要性」『社会福祉学研究』神戸女子大学社会福祉学会（8）,117-127.

10. エンパワメント・アプローチ

（1）エンパワメント・アプローチの形成

エンパワメント概念は、17 世紀に法律用語として「公的な権威や法律的な権限を与えること」として用いられたのが最初と言われている[1]。現在では、経営学、経済学、政治学をはじめ、多くの領域で用いられる学際的な概念である。

ソーシャルワーク領域においてエンパワメント概念が初めて用いられたものとしては、ソロモン（B.B.Solomon）による『黒人のエンパワメント―抑圧されたコミュニティにおけるソーシャルワーク（1976 年）』が知られている。

ソロモンによってエンパワメント概念がソーシャルワークの文脈において用いられたこの時期、アメリカにおいては、抑圧された人々による公民権運動や民族独立運動をはじめとした当事者運動が盛んであり、ノーマライゼーションや自立生活運動（IL 運動）などの社会運動やその理念などと影響しあいながらこんにちまで発展してきた経緯がある。さらに、フェミニスト運動やセルフヘルプ運動などの影響も大きい。

これらの社会運動はいずれも、社会における弱者とされてきた人々が、自分たちが本来的に持っている権利や社会で活躍することのできる可能性に気づき、社会の中でそれらを獲得しようとするプロセスを通して、抑圧された状態からの脱却をめざしたものである。このような運動が起こる以前は、主に一方的に支援を受ける側として固定化されていた人々が、既存のシステムや関係性を変容する行動力を秘めていたこと、支援をされるばかりではなく他者に対して支援をする資質や力量を持っていることを社会に対して示すきっかけとなった。社会的弱者の内なる力の再発見は、支援者としての役割を担うソーシャルワーカー自身の存在意義や支援について再考する契機になった。

また、エンパワメント・アプローチに多大な影響をもたらしたのは、ブラジルの哲学者・教育学者であるフレイレ（P.Freire）である。フレイレは『被抑圧者の教育学』において、グループやコミュニティにおける対話によって自己と他者、社会との関係を意識化し、関係性の変革により自己の解放や相互の解放を図る可能性を示している。

(2) エンパワメント・アプローチの特徴

エンパワメントについてソロモンは、「スティグマ化された集団の構成メンバーであることに基づいて加えられた否定的な評価と差別的な待遇によってつくられたパワーの欠如状態を減らすことを目的に，ソーシャルワーカーがクライエントとともに取り組んでいく過程」と説明している。(Solomon 1976:19)

エンパワメント・アプローチは、すべての人はいかなる状況においても潜在的な能力と可能性を持っていること、同時に、すべての人がパワーの欠如状態に陥る危険性を持っていることを前提にしている。

パワーの欠如状態を引き起こす要因としては、次の３つがあげられる。

①抑圧された集団内のメンバーの態度

②抑圧の犠牲者と抑圧を強いる社会環境システムの相互作用

③抑圧した犠牲者に応じようとせず、抑圧の永続に加担している社会システムの構造

また、パワーの欠如状態にいたる過程で奪われてしまうパワーはつぎの４つである。

①自分の人生に影響を行使する力

②自己の価値を認め、それを表現する力

③社会的な生活を維持・統制するために他者と協働する力

④公的な意思決定メカニズムに関与する力

先にあげた４つの奪われてしまったパワーの再獲得、再強化がエンパワメントである。

しかし、獲得したパワーを維持し続けることは容易ではない。そのため、エンパワメント・アプローチでは、成果はもちろんのこと、エンパワーする過程を重視するプロセス志向のアプローチであるといえる。

(3) エンパワメント・アプローチの対象

エンパワメント・アプローチは、年齢、性別、人種、民族、階級、言語、宗教、疾患、障害、職業などの社会的特性によって生まれる小集団に帰属する人々が直面する課題に適応することができる。特に、貧困やアルコール依存、それに伴う精神障害など社会的特性が問題を重層化し、クライエントが無力感に苛まれている状況に有効である。

その射程は、社会におけるクライエント集団のエンパワーを目的としたマクロレベル、地域や集団におけるクライエントのエンパワーを目的としたメゾレベル、クライエント個人のエンパワーを目的としたミクロレベルなど範囲も規模も対象も多様である。

(4) エンパワメント・アプローチによる支援

エンパワメント・アプローチは、エンパワメントを志向した支援概念であり、具体的かつ明確な手順によって課題の解決だけを目的として支援が展開されるというよりも、必要に応じて適宜必要な支援を行ない欠如状態にあるパワーを獲得する過程を主眼に置く、プロセスを重視するアプローチである。

そのため、エンパワメント・アプローチの原則として以下の8つを示すことはできるが、具体的な方法としては、他節で解説されているいくつかの方法を組み合わせてエンパワメントを志向するというものである。

①ソーシャルワーカーとクライエントは生活を破壊するすべての抑圧に挑戦する
②ソーシャルワーカーは抑圧の状況について全体的に理解する
③クライエントは自分自身でパワーを増強する必要があり、ソーシャルワーカーは側面的に援助する
④共通の地盤を共有しているクライエントは相互にパワーを増強していくようにする
⑤ソーシャルワーカーはクライエントと対等な関係を確立する
⑥ソーシャルワーカーはクライエントが自分の言葉で語ることができるように励ます
⑦ソーシャルワーカーは一貫してクライエントを抑圧による被害を受けている者としてではなく，抑圧に打ち勝っていく者として見ていく
⑧ソーシャルワーカーは一貫して社会的変革を中心にすえる

また、エンパワメント・アプローチにおいてソーシャルワーカーが心がける視点には次の5つがあげられる。

①抑圧に関する歴史的な視点（集団の抑圧とそれに関連した政策の歴史も含む）

②生態学的な視点（個人の潜在的な適応力に関する知識やパワー、パワーの乱用と抑制、構造的な不公平や社会経済的な冒涜に関する知識を含む）
③人種、民族や階級的な視点
④フェミニストの視点
⑤現状を分析する批判的な視点
（Lee 1994:26- 28,Lee 2001:49- 50,59 - 61, 小松 1995）

これらの視点や原則を意識しながら、ソーシャルワーカーとクライエント間における対等でバランスのとれたパートナーシップを築くことで進められることが望ましい。その際には、クライエントの持つ力、すなわち、クライエントの欠点や弱さを理解しつつも、それ以上にクライエントの強さや可能性に着目するストレングス・パースペクティブが大切である。さらに、クライエント本位を常に意識することも大切である。ソーシャルワーカーは、専門職による権威主義的な支援に陥ることもあり、自分自身の支援についてクライエントと共に確認しあい、専門家支配による支援からの自由を獲得する必要もある。

(5) エンパワメント・アプローチの実際

①夜間保育所を利用しているシングルマザーの支援

1）これまでの経緯

現在 21 歳のＢ子は、高校在学中の 17 歳で妊娠、高校を中退した後、交際中の 18 歳男性と結婚。作業員である夫は、結婚直後から家を空けることも多く、不規則な生活をくり返し生活費もＢ子にはほとんど入れなかった。Ｂ子は、親の反対を押し切り飛び出すように家を出たため、親とは疎遠になっており援助は期待できない。

子ども（Ａくん）が生まれてからしばらくすると夫が帰ってこなくなった。知人から別の女性と同棲生活をしていることを聞き、Ａくんが１歳の時、将来を考えたＢ子は夫と協議のうえで離婚した。以来、生活のため、夜間保育所を利用し、夜間の接客業で収入を得ながらひとりで子ども（Ａくん４歳）を育てている。

2）夜間保育所の保育者による支援

17 時ころ、出勤前にＡくんを保育所に預けに来るＢ子。もともと静かで、保育者が挨拶をしてもあまり返してはこないが、Ａくんに対するかかわりを見ている限り、Ａくんをとてもかわいがっているようであった。

保育者「おかあさん、どう？無理してない？」

Ｂ子「まぁ・・・」

もともとＢ子はあまり愛想のいい方ではなかったが、声をかけても「まぁ」

の返事もしないことが増えていった。そのころから、B子のAくんに対するかかわり方やAくんの身の回り、また、保育所での様子も変わり始めた。

まず、忘れ物が増えた。通所用のバッグには着替えが必要であるが、着替えが入っていない。着替えが入っていないばかりか、空のバックには渡した書類がいくつもたまっており確認した様子が見られない。

次に、Aくんが数日着替えた様子もなく、同じ服を着て来ることが増えた。入浴もしていないようで、爪や髪も伸び、清潔の保持ができてないようであった。

気になった保育者は、送りに来たB子に声をかけたが、ほとんど返事もせずにさっと保育所を後にしてしまうようになった。

保育者たちはB子に対する声掛けを続けたが、Aくんの忘れ物や不潔は改善されることないまま、次第にAくんは保育所で他の子どもに乱暴な言葉を使う、少しのことで癇癪を起す、他の子どもに手を挙げるなど、忘れ物や不潔にとどまらない変化を見せるようになった。

保育者たちは、Aくんの変化はもちろんのこと、B子の疲れた様子も気になり、どのようにかして二人を支えることはできないだろうかと支援会議を開くことにした。支援会議では、B子の子育て放棄傾向について話し合った。本来、Aくんをかわいがっていたb子が子育て放棄傾向にあるのは、頼る人もなく、ひとりで子育てする中で心理的にも孤立してしまっていることが考えられる。放棄傾向についてはB子も自覚しており、そのことが原因で保育者に責められるのではないかと不安を抱き保育者とのコミュニケーションがより不安定になっている可能性がある。また、十分に子育てできていないことを自覚しながらも、そんな自分に嫌気がさして自暴自棄になっている可能性がある。などの意見が取り交わされた。そのうえで、B子の子育てに前向きに取り組みたいという気持ちやAくんを思う気持ちを支えること、B子も多くのことにしっかり向かい合っていることなどをふまえたエンパワメントを目的として、つぎの個別支援を行なうことにした。

・家庭でやりきれないことを保育所でサポートする（入浴、整容）
・B子の子育てに対する取り組みや「がんばり」を言葉にして伝える

Aくんの清容については、保育所で入浴を済ませたり、爪を切ったり、着替えの貸し出しをすることで、B子の負担を分散するとともに、Aくんのリラックス効果も得られ気持ちの落ちつきが見られるようになった。

B子には、「お母さん、頑張っているね」「お仕事、いってらっしゃいね」などと声をかけたり、保育所で過ごすAくんが楽しく落ち着いて過ごしている様子を細かに伝えることで、B子の無力感や孤立感を小さくするような働きかけを継続して取り組んだ。

２週間ほど経過しても保育者とのコミュニケーションを拒むＢ子であったが、保育者たちがサポートの姿勢をより明確に示したことで、１か月も経つと徐々に変化がみられるようになった。保育者の声掛けに反応を示すようになり、応答も豊かになってきた。時折、笑顔も見られるようになり、「いってらっしゃいね」の声掛けには「行ってきます」とはにかみながら応えるようになった。言葉を交わすようになってから忘れ物も徐々に減ってきており、忘れ物の回数も減ってきたことから「忘れ物、減ってきたね。お母さん、頑張っているね」とねぎらいの言葉をかけたりもした。

Ｂ子の様子が変化するにつれて、Ａくんにも落ち着きが見られるようになってきた。保育中に癇癪を起こしたり、お友だちに手を挙げることが減ってきており、笑顔も見られるようになってきた。

まだまだ忘れ物が多いＢ子ではある。しかし、これまでひとりきりですべてをやらなければならないと考えすぎていたため行き詰まりを起こしていたが、弱音を吐いてもいい、誰かに頼ってもいい、保育所をはじめとした地域の資源を活用する力を徐々にＢ子は取り戻している最中である。

保育者たちもＢ子とＡくんの変化を見守りつつ、もうしばらく個別支援を継続することにしている。

３）個別支援におけるエンパワメント・アプローチ

本事例は、シングルマザーに対するミクロレベル（個別支援）の例である。

Ｂ子のネガティブな変化に気がついた保育者チームが取り組んだこととしては、主に解決志向（ソリューション・フォーカスト）アプローチでいうところのコンプリメント技法などを用いたチーム支援が中心である。その場合に共有したポイントは以下の３点である。

①Ｂ子の暮らしや子育てにおけるストレングスを見いだし、保育者チームで共有する

②支援の過程におけるＢ子のポジティブな変化を少しも見逃すことなく、気がついた時には言葉にして肯定的に認め労う（コンプリメント）

③Ｂ子が保育者に甘えることや助けを求める力を育む

Ｂ子に対する保育者のサポーティブなかかわりは、保育者とＢ子のパートナーシップを緩やかに形成し、一人ではなく保育者らと共に子育てをする、一人で抱え込まなくてもいいという安心感から、子育てに前向きに取り組む姿勢をゆるやかに取り戻すことに繋がっている。

(6) 希望とエンパワメント

私たちは、常に抑圧と排除の危機にさらされている。それは、家族、近所関

係、学校、職場、あらゆるところに潜んでおり、少しばかりの関係性の変化によって、いつ自分自身や大切な誰かの力を奪い去るかはわからない。そして、私たちのパワーを奪い去るのは、人と人との関係に限定されない。2011年の東日本大震災では、多くの方々が大切な人たちを失い、暮らしの基盤となる住まいや職を奪われた。さらに地震や津波の被害にとどまらず、原子力発電所の爆発事故によって多くの被害がもたらされ翻弄された。奪われたものは形あるものばかりではない。自然の前では無力な存在であることを突きつけられ多くの人たちが、パワーの欠如状態に陥らざるを得なかった。

あれから8年以上の時が過ぎたが、多くの人たちの苦悩は継続している。しかし、同時に多く人たちが自らの内なる力に気づき、自らを奮い立たせ、今この瞬間も力強く生の営みを東北各地で再開している。これほどまでに最悪の出来事から人々が前に進む原動力となった理由の一つが「希望」である。しかし残念なことに、希望を見いだすことのできない人たちは、深い絶望のなかで自死という悲しい選択によりこの世を去った。私たちは、ソーシャルワーカーとして、どうしてクライエントと共に「希望」を見いだすことができるのか。希望と共にパワーを獲得できるのか。それは、ソーシャルワーカーが一方的に示すものではなく、クライエントが自ら気づく、つくる、見いだすきっかけを側面的に支えることでもある。

東北の苦悩は、特に福島県の苦悩は継続している。その中で、社会から排除され抑圧されながら自らの奪われた力に再び出会うきっかけすら得ることのできない人たちのそばでソーシャルワーカーは何ができるのか、考え続け実践し続けなければならないだろう。

（木村淳也）

【引用・参考文献】

1）久木田純（1998）「エンパワーメントとは何か」久木田純・渡辺文夫編『現代のエスプリ 376、エンパワーメント』10 - 34。

2）Lee, Judith A. B.（1996）The Empowerment Approachto Social Work Practice, Turner, Francis J. ed.Social Work Treatment 4th ed. The FreePress. 218 -249.（= 1999、林浩康訳「エンパワーメント・アプローチ」米本秀仁監訳『ソーシャルワーク・トリートメント相互連結理論アプローチ上』中央法規出版 ,338 - 385.）

3）L.C.Johnson & S.J.Yanca（2001）Social Work Practice: A Generalist Approach,7th ed. Allyn & Bacon.（= 2012、山辺朗子他訳『ジェネラリスト・ソーシャルワーク』、ミネルヴァ書房）

4）久保紘章他編『ソーシャルワークの実践モデル』川島書店、2006

5）小松源助著、『ソーシャルワーク実践理論の基礎的研究』川島書店、2002

6）Paulo Freire（1970）Pedagogia Do Oprimido.（=2011、三砂ちずる訳『被抑圧者の教育学』、亜紀書房）

7）B.B.Solomon（1976）Black Empowerment: Social Work in Oppressed Communities. columbia university press.

11. ナラティブ・アプローチ（社会構成主義アプローチ）

（1）ナラティブ・アプローチとは

①ナラティブ・アプローチの基本的理解

ナラティブ・アプローチとは、当事者が語る人生の物語に耳を傾け、その中でどのように物語を認識して意味づけをしてきたのかを知り続け、その物語の影に隠れている強みの部分を探索し、物語の再構築をめざすアプローチである。

ナラティブ（narrative）は「語ること」、「語られたもの」、「物語」等を意味する言葉である。ナラティブ・アプローチは、誰もが普遍的に捉える真理（＝本当のこと）などは存在せず、一人ひとりが捉えるものこそが真理であり、人（生命体）の数だけ解釈があるという立場に基づいたものである。他の実践アプローチにおいては、クライエントが抱える課題をソーシャルワーカーがともに整理し、課題解決に向けて支援に取り組む。そして支援の結果、解決された状況をクライエント、ソーシャルワーカー、周囲の人々が理解することができる状態になる。これは、実践アプローチが科学的に証明されているので結果を理解することは１つの形としての真理に到達すると説明される。一方で、ナラティブ・アプローチは、その当事者の語りこそが真理であると理解するという解釈が大前提におかれるものであるので、ソーシャルワーカーによって課題は何かということを明確にはしない。

②ナラティブ・アプローチの根底にある考え方

ナラティブ・アプローチは社会構成主義（social constructionism）という考え方に基づいている。これは、さまざまなものごとは、社会的に意味づけられ主として言語によって理解されたものと説明がされる。また、同じ事象や現象であっても、時代や地域差によって意味が異なってくるというものである。よって、現実のものは、最初から決まっているのではなく、社会の中、経験する人生の中で、人々が言葉を介して意味づけをし、構築していったものだと考えるのである。人がそれぞれに真実を生きているということが中心に据えられ、一元的な捉え方はせず、人の数だけ解釈があるというものである。

これらの考え方の基盤として、これまで培ってきた「常識」をそのまま取り入れない視点をもち、むしろその「常識」は疑う見方をする。このような立ち位置は、これまで社会の常識というフレームの中で生きてきた人々を解放していくものである。

③物語による人生や経験の意味づけ

人は「意味づけることなしには現実を意識的に受け取れない」[1)] ものであり、私たちは全てのものにおいて「意味づけ」を行なって解釈しようとしている。

これは、わからないことに対しても「わからないこと」という意味を与えているということになる。よって、現実的に私たちが暮らしている社会や生活は、自分を含め他者と共に意味づけをしながら創り上げているものであり、社会的に構成されているものだと捉えることになる。

ナラティブ・アプローチでは、どのように援助を展開していくかということを理解することは当然必要である。しかし、クライエントが自らの人生をどのように捉え、その人生を変えていくことの本質は何なのかという哲学的な要素もふまえ理解していくことが求められる。そして、個人が捉える世界観はそれぞれであり、その世界観に耳を傾け、意味を構成することによって、新たな世界観を見いだしていくという考え方がナラティブ・アプローチの基盤となる。

④ナラティブ・アプローチの歴史的発展

ナラティブ・アプローチは、医療、看護、心理、ソーシャルワークなどの対人援助の領域を中心に社会学、文化人類学、建築学、芸術学、情報学などさまざまな領域で注目を集めている。ナラティブ・アプローチは伝統的な科学主義・実証主義に対する批判として誕生してきた経緯がある。古くフロイト（Freud）の時代から、クライエントの回復に「語ること」そのものが大きな効果があると理解されており、「語り」の実践は、クライエントの回復をめざした直接的な援助・心理療法の技法として発展してきた。

日本においては、1990年代後半から注目を集め、対人支援の領域において広く実践されるようになってきた。臨床場面では、これまで専門職である支援者と被支援者の間ですすめられてきた既存の理論を用いた支援ではどうしてもよい方向へ向かない状況もあった。そのような中で、ナラティブ・アプローチの取り組みによって困難事例をよりよく解決、課題の軽減へと結びつけられたケースが積み重ねられ、現在では、新しいアプローチとして認識され実践に取り組まれるようになってきている。

(2) ナラティブ・アプローチの特徴

①聞き手の先入観の脱却

クライエントの性別、年齢、家族状況、生育育歴、職業、収入、既往歴等の基本的な情報を入手しておくことは重要であるが、そのような客観的事実による情報のみを手掛かりとし支援の内容を考えることは支援者の専門知識をあてはめるだけの対応になる危険性がある。表面的な理解のみではクライエントに対する先入観をうみ、支援内容を固定的に考えてしまうことになる。一方で、ナラティブ・アプローチは常に一人称の物語であり、経験を物語として語ることに意味があると捉えていく。よって、その物語は、語り手の「内側」に存在しているものであり、聞き手は耳を傾ける中で理解を深めていくものである。これは個別で語られる物語を損なわずに維持することが重要と考えられるものであり、語り手のものの見方や考えに寄り添った支援が展開されることになる。つまり、語り手の表面的な情報について聞き手がこれまでの支援の経験等に基づいて解釈をすることはなく、「ものさし」をフラットにした状態での関わりがナラティブ・アプローチでは求められる。

②支援を「する者」と支援を「される者」の関係性を越えて

ソーシャルワークの専門性とは、生活課題をもつ利用者とむきあい、その困難に潜む「原因」を、介入によって解決、軽減をすすめることである。その過程の中では、支援者は対象となる者の生活課題を共に考え課題を明確化し、その課題に対してどのように解決、軽減をめざすのかを寄り添い支援している。しかしながら、ナラティブ・アプローチではその支援を「する者」と支援を「される者」の関係性を意識した関わりをしない。まさに、支援をしない「態度」をもって関わることが支援の基本といってよい。語り手自身が支援者になり得るという捉え方である。また、ナラティブ・アプローチでは「原因」を特定せず、また「原因」を認識していたとしても無関心であろうとする「無知の姿勢(not-knowing)」と呼ばれる態度で臨むことになる[2)]。このようにこれまでの実践アプローチで築いてきた支援関係のあり方について問い直す視点が特徴としてあげられる。

③ドミナント・ストーリーからオルラナティブ・ストーリーへの再構築

ナラティブ・アプローチは語り手である自己の物語に対して否定的な認識をもち、それによって自己を変えることができない、その世界が自己を支配していると信じ込んでいる場合に特に効果がある。この中で、語り手が認識している「私の物語」のことをドミナント・ストーリーという。このドミナントという言葉は「支配的である」、「優勢な」等の意味をもつ。語り手は自己の人生や経験の語りを通じてドミナント・ストーリーを解体することから始まる。その語りの中で、自己の中にあるその物語をネーミングし、外在化していく。そして、語り手自身が新たに構成する物語を再構築し、それを強めていくのである。この再構築された物語をオルタナティブ・ストーリーという。このオルタナティブには「代替の」や「習慣的方法をとらない」等の意味をもつ。このように、自分の課題の解釈を聞き手とともに再編成し、新たな希望がもてる「私の物語」を構築していくことになる。

(3) ナラティブ・アプローチによる支援展開

①物語とその意味に耳を傾け、知り続ける

聞き手は相手が安心して話ができる環境をつくり、共感的な態度をもって物語の世界に一緒に入り込み深く理解していく。アセスメント等の視点を持たず、ただ「どのような人生を送られ、経験をしてきたのですか」という会話の中で語り手の話を深く、広く紡いでいく。この会話を通して、言葉が意味をなして物語をつくり、語り手の主観によって世界が形作られていく。

この時に、語り手自身が特に辛い経験を語ることになり、積極的な語りにつながらない場合はその部分に焦点をあてすぎないようにする必要がある。辛い状況に自身がのみこまれてしまう状況をつくってしまうことはこれから行なう課題を切り離していく作業に支障をきたしてしまうためである。

②物語にネーミングをし、外在化する

語り手の自己の内側にあり、課題と解釈している状況の物語においては否定的な捉え方をしていることが多く見られる。そこで、まず語り手に対し、自己の課題でありながら、今後は切り離して考えることができることを理解してもらう必要がある。そのようにしていくためには、語り手が課題として認識している物語にネーミングを行ない、課題をもつ物語の塊としてそれを自分から切り離して表出していけるようにする。それを自己とは決別した課題とみなしていけるようにしていくのである。この段階においては、ドミナントの影響のために身動きがとれなくなっていることから解放されていくようにする。外在化によって自己の物語を客観的にみることができるようになるのである。なお、この課題の外在化については、他の全ての実践アプローチと同様に営まれることである。

③物語の強みの発見する

クライエントが新たな意味の世界を創り出すことにより、課題状況から決別された後の展開へ移っていく。ここでは、物語の理解を進めていきこれまで着目されてこなかった部分に着目し探索していくことになる。具体的には、これまでのドミナント・ストーリーで「支配していた」ものの中から、陽の目を浴びてこなかった語り手の成功体験、自信がもてた経験、自分を認める部分等を明らかにしていく。これも語り手自身が語られることが重要である。しかしながら、この段階においては、語り手が強みになる部分を言葉にしたとしても、それを強みであると解釈されない場合もある。そこで聞き手は、会話の中で、徐々に語り手自身が手応えをつかめるようにする必要がある。この段階において、課題を含んだドミナント・ストーリーの負の影響が縮小され、語り手は自己を幅広く見つめ直し、豊かな発想が出てくることになる。

④物語の再構築と強化をする

自己の物語を再構築するために望ましい物語を創造していくことになる。その取り組みとしては、語られたものを構造化することが重要であり、オルタナティブのつながりや意味づけをしていかなければならない。これは、前項で説明した物語の中の強みを発見するだけではそれは単なる事実でしかなく語り手の自信や希望につながるものにはならない。よって、人生の物語において関連性を持たせ、新しい自己の物語としての塊にしていく必要がある。

また、再構築がされたとしてもそれだけではオルタナティブ・ストーリーはドミナント・ストーリに再度支配されかねない状況と言える。そこで、新たに作られた物語を強化していくことが重要である。その方法としては、課題の外在化を行なったときと同様にネーミングを行ない、語り手の自信を育むことができるようにすることが必要である。また、具体的な形に残す方法として、手紙、写真、コラージュ等も考えられる。

(4) ナラティブ・アプローチの実際（事例の展開）

【事例の概要】

A市の委託授業として取り組んでいる生活困窮者自立支援制度についてA市社会福祉協議会の谷口ワーカーが明世（女性24歳）へ関わることになった事例である。谷口ワーカーは、日頃から経済的な課題だけでなく、心身の状況等複合的な社会福祉ニーズを抱える地域住民に対し、自立した生活を営めるように相談および支援を行なっている。

明世は東京都で一人暮らしをしている。地方の都市の出身で高校時代までを過ごした。その後、進路については大学、就職共に東京都を選択した。大学では建築学を学び、就職は夢であった建築の設計事務所に入社した。現在就職して2年半が経過している。

明世の生い立ちは、3歳の時に両親が離婚し、父親（現在60歳）と2人で過ごしてきた。母親（現在57歳）とは疎遠で長らく面会や連絡はとっていない。高校3年生の時に進路を考える際、地元での就職も考えたが、父親の理解もあり東京都にある大学を選択した。父親のこと、自分の将来の不安はあるものの建築のことを学びたいという意志は強く地元を離れる決意に至った。明世が建築に興味を抱いたのは、幼い時の父との思い出が影響している。幼い頃、時々父親と遊びに出かけ、遊園地や展望台のある建物等で楽しい時間を過ごした思い出がある。幼いながら建物を造れば家族の笑顔や楽しい時間が増えると思っていた。そのような思い出から実際に建物に関する専門的な学びをして社会人として働きたいと思っていた。

就職して１年が経った頃、地元で暮らす父親が体調を崩し入院することになった。仕事にもやっと慣れてきただけに仕事を続けるのか、父親の看病をするべきであるのか悩むこととなった。やっと仕事を落ち着いて取り組めるようになっただけに、動揺しているのを自身でも感じていた。しかしながら現実的には、明世の仕事は多忙で父を見舞うことも難しい状況にあった。

このような不安定な気持ちから悩み仕事に支障をきたすようになった。夜眠れないこともあり、生活リズムが崩れ仕事を休むようになった。しばらくこの状態が続き、とうとう出勤することができず自分に自信がなくなっていった。そしてだんだんこのような状況になったのは父親のせいだと考えるようになり、父親や自分自身を責める気持ちを抱くようになった。実際に退職するとこの先どのように生活の生計を立てたらよいか不安になりより一層体調を崩すこととなった。

その時に、ちょうど近所に住む顔なじみの民生委員・児童委員の方から社会福祉協議会のことや生活困窮者自立支援制度についてを聞き相談をすることとなった。

事例に基づき前節で示した４つの支援展開についてみていくこととする。

①物語とその意味に耳を傾け、知り続ける

谷口ソーシャルワーカーと明世との面接において、明世がこれまでの人生をどのように捉えてきたのか明世の語りに寄り添い、その物語の世界に浸り、その世界観を知り続けることになる。

【以下、谷口ソーシャルワーカーと明世の面接のやりとり】

ＳＷ：「こちらは、いろいろな事情で生活がお困りの方の支援をさせていただいている機関です。お話を聞かせていただけますか。」

明世：「はい。これまで私は大学を卒業した後、就職しましたが１年経って地方で暮らす父親が病気を患いました。それをきっかけとして、父親のことが心配でたまらなくなりました。でも、お仕事も空けられない状況です。そして、父親のことが心配になるとだんだん、私も仕事に集中できず支障をきたすようになりました。今はお仕事を長く休んでいます。これからの自分の人生が不安なんです。仕事を休むことによって私の居場所がなくなってしまうのではないかと不安も大きくなりました。そのように焦れば焦るほど体調が悪化してしまいました。そしたら、自分のことばかり考えるようになってしまって。自分の体調が崩れることも父のせいにしてしまうようになりました。」

ＳＷ：「今お父様がご病気を患い心配なんだけど、自分の生活も不安を感じていらっしゃるんですね。そのような状況になったのはいつ頃からですか。」

明世：「だいたい１年半前からです。就職して１年半が経った頃ですね。やっと仕事の進め方がわかってきた頃で、新しい仕事内容にチャレンジしたいと思っていた頃です。そのお仕事にはプレッシャーも感じていました。」

（少し沈黙）

明世：「そして、ちょうど父が体調崩してしまい私の人生が揺らぎ始めたように思います。大事なお仕事もすすめられなくなったし、父のことを気遣うこともできなくなったように思います。その後、実際にお仕事を休むようになって思い始めたんです。私の生活は父によって壊されたのだと。」

ＳＷ：「お仕事のプレッシャーを感じ、お父様に対する気持ちも変わってきたんですね。さらに、お仕事ができなくなることを考えると不安は強まってきたんですね。もっとこれまでの生活のことをお話ししてもらえますか。」

明世：「体調を崩してお仕事を休んでいるとき、何度も職場の上司とも面談をしましたが、久々に職場に行くと心も体も緊張してしまって。上司から期待を込められていつ復帰できるのかという言葉をもらうとうれしい気持ちにもなったのですが、私は寡黙になってしまいまして。面談後、自宅へ帰る時、毎回体調を戻さなきゃと思いプレッシャーを感じていました。そして、またそんな辛い思いをするのは父のせいなんだ、父のせいなんだと思いました。」

ＳＷ：「職場の人の期待に応えたいと思っているのにそれは難しい自分がいて辛かったですね。会社の方と話をしていた時、寡黙になったんですね。そしてお父様のことを責めることもあったのですね。その時職場の方に対して明世さんはどのように応えたかったのですか。」

明世：「はい。私は上司に対して、職場にも迷惑をかけていることを謝罪したうえで、今後の心身の状況も落ち着いてきた部分もあるので復帰したいと考えていました。」

ＳＷ：「お父様のことを責める気持ちについてもお話し聞かせてもらえますか。」

明世：「お仕事がうまくいかないと父親のせいにしていた気持ちは強かったです。でも私はわかっているんです。自分にも反省しなきゃいけないことがあるんだけど、それを認めることができなくて、父親のせいにしているのだと。そんな自分を許せなくなることもありました。」

ここまでは、谷口ソーシャルワーカーが明世さんとの関係を築きながら明世さんが認識している物語を語っている内容に身も心も寄せている。そして、明世さんが自由に話をすることができ、主観的に課題をどのように捉えているのか理解をしようとしている。

②ネーミングをし、外在化する

語り手が語るオルタナティブ・ストーリーの世界観を理解し、語り手にとっての課題でありながらそれを外に押し出し切り離す状況にしていく。

ＳＷ：「明世さんの話を伺っていると、これまで就職されて自分自身の生活の事、お父様の病状の事をたくさん心配されてきたように思います。これら明世さんが抱えてこられたことを一度外に押し出してみませんか。」

明世：「はい・・どういうことですか。」

ＳＷ：「明世さんが認識されている物語は、社会人として頑張る、そして父親を心配する明世さんの中に外から入ってきたものだと思うんです。だから明世さん自身に課題はないんです。」

明世：「私に課題があるのではないんですか・・。まだよくわかりませんが自分なりに考えてみたいと思います。私はこれまで私に課題があるので今のような生活に至っているのだと考えていました。父親に対しても。それをもし違った形でみるとなると‥まだよく分かりませんね。」

ＳＷ：「それでは、明世さんがその課題に名前をつけるとしたらどのようなものになりますか。」

明世：「そうですね・・『自信のない居候』でしょうか。私の中に勝手に住みついてしまっていて困っています。」

ＳＷ：「その名前にはどのような気持ちが込められているんですか。」

明世：「私は今の生活に納得していません。今の自分や生活、仕事のことをみつめると、不安や自信のなさがこれまでの経験や人生を潰そうとしています。それによって父親との関係も複雑になっているものだと思います。この『自信のない居候』のせいですごく困っているんです。」

ＳＷ：「今の生活をどのように捉えられているのですか。」

明世：「今の生活は心の中にぽっかり穴が開いている状態です。お仕事がうまくいっていない現状は辛いですし、父親の病状も心配です。それでも夢だった建築のお仕事を続けたいという気持ちは今ももっているんです。建物の力で人の暮らしを豊かに、笑顔にできると信じていますから。」

ＳＷ：「そうなんですね。明世さんの建築に対する熱い思いは素敵ですね。それでは、『自信のない居候』がいることで今の生活に支障をきたしているんですね。」

明世：「はい。谷口さんと話をしたらなんか自分のことなのに少し考え方が変わったような気がします。どうにかこの『自信のない居候』は別のところにいってもらえないですかね。」

ＳＷ：「もともとその『自信のない居候』は明世さんが住まわせたものですよね。わたしも一緒に外に出てもらえるようにお手伝いしますよ。」

明世：「うれしいです。今まで父親の病気のせいにして私に課題があると思っていたのでたくさん自分を責めてきました。いつも父親が悪い・・とずっと思ってきました。」

③物語の強みの発見する

これまでのドミナント・ストーリーを解体していくことになる。そのためにも、物語に隠れている強みを発掘していくことになる。これは語り手が言葉を発しても強みであることと認識していない場合もある。そこで聞き手は、語り手に寄り添いながら強みを発見し、語り手が認識できるようにしていく。

ＳＷ：「『自信のない居候』はこれまで長い時間明世さんのところで過ごしてきたのでなかなか手ごわいかもしれません。でも明世さんのこれからのお仕事のことや生活のことを考えるとこのままいてもらっては困りますね。」

明世：「私は幼少の頃から父親が遊びに連れて行ってくれることがとても楽しみでした。特に、高い建物をみるとその大きさに圧倒され、少し怖い気持ちになることがありました。そんな時、いつも父が抱っこして落ち着かせてくれたんです。日頃の生活では母がいなくて寂しく感じることもありましたが、父が私の気持ちを満たしてくれた。いつも、建物のように大きくて包んでくれる存在だと感じていましたから。父には、私が社会人になるまで家事、大学の授業料の負担など多くの迷惑をかけてしまいました。もちろんそんなこと私には一言も言わず‥いつも応援してくれていました。本当に感謝しています。」

ＳＷ：「明世さんの建築に対する思いはお父様との思い出がたくさん詰まっているからなんですね。その気持ちを自分だけの幸せだけでなくて社会の中で多くの人の幸せにもつなげたいという気持ちがあるのですね。」

明世：「はい。私は今会社をお休みしていますけど、社会人として自信がないわけじゃないんです。大学時代一生懸命勉強や現場での学びをしてきたのでやりがいを持ちながら仕事に向き合いたいと考えています。」

ＳＷ：「明世さんは本当に建築がお好きで、強い気持ちを持たれていることがわかります。建築のことを思うことはお父様を思うことであり、自分だけでなく社会人としての支えにもつながっているんですね。」

④物語の再構築と強化をする

これまで、強く認識されていた課題のある物語を外在化し、そこに隠れていた強みの部分を発見してきた。ここからは語り手自身が新しい物語を再構築し、それを物語として紡ぎ強めていくこととなる。

ＳＷ：「今はまだ体調に少し不安を感じられている部分もあると思いますが、お仕事に対する気持ちはずっと変わらないですね。明世さんのこれからのことについても話を伺いたいです。」

明世「体調もよくなってきているので、仕事に復帰したいと思います。ただ今の時点で今の職場に復帰できるか新しい職場になるかはわかりません。すぐに父親には会いにいくことはできないかもしれませんが、連絡をとりたいと感じるようになりました。これから私が自信をもって仕事のこと、父のことを考えていきたいなと思っています。自信のない私ももういなくなったような気がしているんです。」

ＳＷ：「そうですか。これから頑張ろうとする気持ちが高まっているんですね。ご自身のお仕事のことをも考え、お父様のこともお手伝いしていきたいと思われているんですね。」

明世：「はい。私はこれまで生活のリズムが崩れてしまってから、自信のなさから社会に積極的に交わることを躊躇していたように思います。それでは私がめざす建築の仕事を続けることは難しいと感じます。だからこれまでの私の経験をつくり直すことが大事なのかもしれません。」

ＳＷ：「その気持ちは素敵ですね。明世さんは将来どのような建築を造りたいと思っているんですか。」

明世：「はい。私は将来、子どもから高齢者まで家族が笑顔で包まれるような建物を造りたいと思っています。そして、家族だけでなく、いろいろな人が集い、語らいをしながら交流できるようなものをつくりたいんです。そのためには、どのような構造にしたらよいか、どのような活動をしたらよいかもう少し勉強が必要です。でも、実は建物の外観は既に決めているんですよ。」

ＳＷ：「素敵な建物になりそうですね。みんなが安心して集い、笑顔が包まれる空間っていいですね。そんな建物の外観かどのようなものになるのかぜひ知りたいです。よかったらその建物のデッサンを創って見せてもらえませんか。それは明世さんにとっての新しい物語の出発であり、決意の形ですね。」

明世：「そうですね。私の新たな出発の決意になるものだと思います。私自身の大事な仕事のこと、父のことを大切に思う気持ちがたくさん詰まっています。ぜひ、形にして気持ちを強めたいと思います。」

ＳＷ：「これから明世さんの人生は再出発しますよ。私たち社会福祉協議会では、さまざまな形で明世さん、お父さんのサポートができます。まずは明世さんが復帰されるために利用できる制度やサービスを提供していきたいと考えています。」

これまで事例をみてきたように、ナラティブ・アプローチでは、課題の特定を主眼とし、課題の解決に向けた具体的な方法をとることをしない。語り手自身が人生やこれまでの経験を主観的に語り、紡ぐことから始まる。聞き手は、その世界に浸りその物語を知り続けるのである。その物語の意味づけを語り手と聞き手で共有し、新しい物語へと再構築していくのである。

（牛島農広）

【引用文献】
1）稲沢公一「第12章構成主義・ナラティブ」久保紘章・副田あけみ編『ソーシャルワークの実践モデル』川島書店　2005年
2）Harlene Anderson・Harold Goolishinn 著　野村直樹 訳『協働するナラティヴ―グーリシャンとアンダーソンによる論文「言語システムとしてのヒューマンシステム」』遠見書房　2013年

【参考文献】
1）野口裕二編『物語としてのケア―ナラティブ・アプローチの世界へ』医学書院　2002年
2）野口裕二編『ナラティブ・アプローチ』勁草書房　2009年
3）Kenneth J.Gergen 著　東村知子 訳『あなたへの社会構成主義』ナカニシヤ出版　2004年
4）荒井浩道『ナラティブ・ソーシャルワーク“〈支援〉しない支援”の方法』新泉社　2014年

12. 解決志向アプローチ

ソーシャルワーク実践におけるクライアントは、日常生活のなかで何らかの問題や課題を抱えている。援助者であるソーシャルワーカーは、解決へ向けてさまざまな手法を使いアプローチしていくことが必要である。本節では、クライアントの問題やその原因に焦点をあてることよりも、解決のコンテクストの構築に焦点をおいた支援である解決志向アプローチについて説明する。

(1) 解決志向アプローチとは

日本臨床心理士会によれば、解決志向アプローチとは、「アメリカにある Brief Family Therapy Center の Steve de Shazer と Insoo Kim Berg らが開発した、Solution Focused Therapy をモデルにして発展している新しい心理療法である。このアプローチの最大の特徴は、『問題やその原因、改善すべき点』を追求するのではなく、解決に役に立つ『リソース＝資源（能力、強さ、可能性等）』に焦点を当て、それを有効に活用することにあります。『何がいけないのだろう？』と考える代わりに『自分が望む未来を手に入れるために、何が必要なのだろう？ 何が出来るのだろう？ どうやったらできるのだろう？』と考え、一緒に解決を創り上げていきます。子どもの問題から成人の問題まで、さまざまな相談への対応が研究されており、日本においても、効率的で実践的なアプローチとしてさまざまな現場で適用されています」[1)] と説明しており、臨床心理士が行なう面接療法としている（図 4-9）。

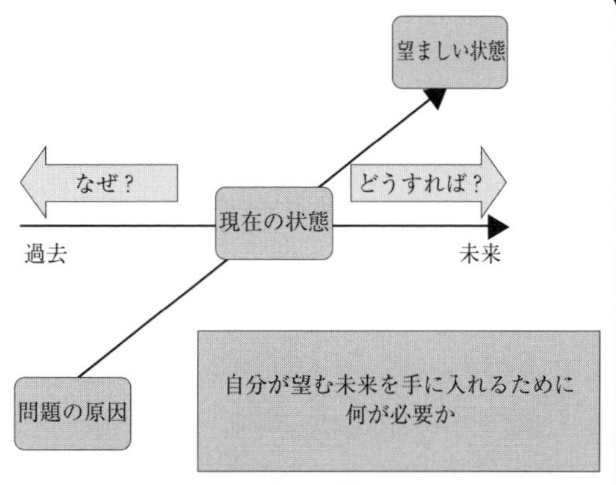

＊図 4-9　解決志向アプローチの概念図
出典：特定非営利活動法人しごとのみらいを一部改変

ソーシャルワーカーが行なう支援を想定した場面においても笠師らは、「ソリューション・フォーカスト・アプローチ（Solution Focused Approach）とは、解決志向アプローチともいい、利用者の問題やその原因に焦点をあてるよりも、解決後の状況やそれを実現する目標をつくり出すこと（解決構築）に焦点をおいて支援を展開していこうとするアプローチである。解決構築の面接では、大きく２つの働きかけがある。１つは、『ウェルフォームド・ゴール（現実性のある目標）』をつくり出すこと、２つ目は、問題状況のなかにある例外を活用して解決状況をつくり出すことである。その際、次のような留意点がある。①利用者にとって重要なものであること。②誰との間のことか。③どのような場面や状況においてなのか。④どのようなこと（行動）として起こっているか。⑤よい方向に変化していることがわかる最初のごく小さな徴候がどのようなものかが明確にされているか」と詳細に説明している[2)]。

(2) 解決構築の技法

解決構築の面接は、大きくいって２つの活動にまとめられる（De Jong Miller,1995）。１つは、クライアントの思考の枠組みをものにウェルフォームド・ゴール（現実性のある目標）を作りだすこと、２つは、例外にもとづいて解決を作りだすことである（de Shazer,1985）。面接の結果、生活の何が変わってほしいかをクライアントからきいたあとで、臨床家は解決構築のこの２つの活動を始める[3]。

①ウェルフォームド・ゴール（現実性のある目標）

目標はクライアントにとって重要なものでなければならない[4]。ソーシャルワーカーはクライアントの望む目標を理解する努力をしなければならない。クライアントの望みを理解しようとする姿勢をみせることで、クライアントは尊重されていると感じ、自尊心が高まり、生活を変えようとする意欲が増す。

②例外探し

クライアントの生活において、問題が起こっていない時、またはあまり深刻でないときについて尋ねる。例外を起こすために誰が何をしたかについても質問する。

クライアントは問題に焦点を向けがちである。例えば、ここ２、３週間のうちに問題が起きなかったり、少しましだったことがあるか質問する。なるべく例外を探すことができるように工夫する。例外の質問に対するクライアントの答えをきく目的は、例外の時と問題の時との違いをきくことである。そのような違いを言い換えたりまとめたりしておけば、それが解決構築の材料の一部となる[5]。

③知らないという技法

「知らない（not knowing）姿勢」ともいい、これは援助者が利用者の話をもっと詳しく知りたい（あなたがあなたのことについて一番よく知っている〔私はよく知らない〕ので、ぜひ教えてください）という態度と行動を取ることである。

これは、専門家はその価値や知識や技術をもってしても、利用者が体験した経験や行動の意味を、利用者から教えてもらわない限りは知ることなどできない、という考え方に基づいている[6]。

④コンプリメント

コンプリメントとはほめることであり、援助においては、利用者自身の解決行動に役立つ資質に気づいたら、それを言葉に出して利用者に伝えることである。

コンプリメントは何でもほめればよいものではないし、単に利用者に励ましてあげたいというような気持ちで行なうものでもない。コンプリメントは、利用者が解決行動を取るために活用できそうで、実際に利用者の言葉で表現された現実に根ざしたもの、利用者にとって重要なものを選んで伝えることが大事である[7]。

例えば、「あなたはどこでそのやり方を思いついたのですか。とてもうまいやり方ですね。あなたはいつも、これほど難しい状況をどうすべきか、考えつくんですか」[8]などの質問をする。

⑤ミラクルクエスチョン

ミラクルクエスチョンとは、「奇跡が起こって問題がすべて解決したとしたら…」という問いかけである。利用者が抱えている問題状況のなかで解決状況を語ってもらうことは難しいこともあるが、現在の状況を一旦保留にして、「奇跡」として解決構築のきっかけをつくろうとする技法である。

ミラクルクエスチョンに答えることによって、利用者はそれが仮だとしても、問題が解決したとき自分の生活がどのように変わっているかを想像する。決して簡単なことではないが、これができることは、問題志向から解決志向に転換できる大きな転換点の一歩となる[9]。

例えば、問題を抱えて相談してきたクライアントに対して、「今晩あなたが眠っている間に奇跡が起こったことを想像してください。奇跡とは、今日あなたがここへ来て相談した問題が解決するというものです。あなたは眠っていたため問題が解決していることは知りません。次の朝、どのような変化で奇跡が起こったと気づくでしょうか。」など、奇跡が起こったきっかけを認識してもらうような質問をする。

⑥スケーリング・クエスチョン

スケーリング・クエスチョンとは、抽象的で漠然とした利用者の経験や感覚を数値に置き換えて表現してもらうことで、援助者と利用者が現在の状態や今後の見通しを得るための質問技法である[10]。

例えば、母親が子どもに対して苛立ちを持っている。そんな時にイライラ度の程度を数値化して聞いてみる。「10がイライラ度がいちばん大きく、0がイライラはどこかへ吹き飛びゆったりとした気持ちとすればどれくらいか」また、「イライラ度が5の場合どうすれば4になるのか」など解決に向かう具体的要素を考えるための指標となるような質問をする。

(3) 50代で筋萎縮性側索硬化症（ALS）と診断されたAさんとその家族に対する解決志向アプローチ実践を行なうソーシャルワーカーの事例。

【概要】

Aさん、53歳の女性。55歳の夫と2人暮らし。子どもは2人いるが2人とも結婚をしており他県、他市に住んでおりそれぞれの生活がある。Aさんは、5年程前から重いものを持てない、足に力が入りにくい、呂律が回りにくいなどの症状があった。家族からは受診を勧められていたが、生活に大きく支障が出るほどの症状ではないことから、受診を先延ばしにしていた。1年程前から手を借りないと歩くことができなくなり家族に連れられて初めて受診したところ、大学病院を紹介され精密検査を受けることとなった。

後日、Aさん夫婦は、大学病院の主治医から精密検査の結果と今後の治療方針についてインフォームド・コンセントを受けている。Aさん夫婦ははじめて耳にする「筋萎縮性側索硬化症」という病名に戸惑いを隠せない様子であった。そして、主治医から医療費の助成制度などについてソーシャルワーカーとの面接を勧められ、同病院の医療連携室のソーシャルワーカーと面接を行なった。

Aさん夫婦は、主治医から病名などを聞いてショックが隠せない様子であった。ソーシャルワーカーは、初回の面接ではクライアントとの信頼関係をつくるうえで、温かな雰囲気をつくり、全身で聴く姿勢を保ち、Aさん夫婦を受容した。そして、二人がこのストレスに対処する経験と能力をどれだけ備えているか観察した。

ソーシャルワーカーは、1週間後の診察後にAさん夫婦と2度目の面接を行なった。初回の面接時とは異なり、落ち着いた様子が伺えた。主治医から聞いた検査結果や今後のことを子どもたちに話したとのこと。また、インターネットで病気に関して調べたということであった。ソーシャルワーカーは、Aさん夫婦が親族の支えなどを得ながら、ゆらぎながらも現実の課題に対して取り組もうとしているように観察している。

診断から1年が経過した頃からAさんは、歩行障害などが顕著になり、家事全般ができなくなってきた。この頃から、ソーシャルワーカーとの面談において、夫からは「他の患者さんたちはどのように生活しているのか」、「介護にはどのような準備が必要なのか」といったことが話題に出されるようになった。夫は、この時期からソーシャルワーカーから情報を得たセルフヘルプ・グループ（Aさんのような病気の介護をしている団体）への参加が始まった。

Aさんの病状が進行し、歩くことが困難になり、夫の介護量が増え、夫は仕事との両立が難しくなってきた。外来診察時にAさん夫婦は主治医から在宅福祉サービスの導入を勧められ、診察後にソーシャルワーカーと面接し介護保険の申請手続きを行なった。ソーシャルワーカーと話し合い、自宅近くの居宅介護支援事業所でケアマネジャーを依頼することとなる。

その日のうちにAさん夫婦、主治医、外来看護師、ソーシャルワーカー、ケアマネジャーによって在宅支援に関する話し合いを行なった。そして、Aさん夫婦は、各専門職者やセルフヘルプ・グループのメンバーからの情報を参考にし、デイサービスや福祉用具貸与などのサービスを導入することとなった。

Aさんの病状はさらに進行し、経口摂取が困難になりつつある。言語化でのコミュニケーションも困難になってきて、献身的に介護している夫も疲れが見えている。ソーシャルワーカーは、最近疲れが見える夫に対して、「介護が付きっきりでなくなったら、趣味の時間を持ったらどうか」と尋ねた。夫は俳句が趣味であることをソーシャルワーカーに初めてはなした。また、常時の介護と、Aさんと意思疎通がとれにくくなっていることにいら立ちを感じているとのことであった。もっと意思疎通がしっかりできれば、スムーズに介護ができると感じているとのことであった。

この時期より、ソーシャルワーカー、ケアマネジャー、保健師などが、以前からAさん夫婦に話はしていたものの、Aさん、夫の意向もあり先延ばしにしていた支援体制の見直しが行なわれた。訪問介護、訪問看護、訪問入浴、地域のかかりつけ医による訪問診療などの支援体制を整える話し合いが行なわれた。

今後は、コミュニケーションツールとして、パソコンを利用しての意思疎通装置の導入や人工呼吸器の装着などが必要になってくると思われる。また、夫のレスパイトケアのための病院や施設の利用も視野に入れる必要がある。

出典：松井圭三・小倉毅編（2008）「社会福祉援助技術」大学図書出版 ,p.57-64 の事例を改変

（4）事例の解説

①個別援助技術

このケースは、Aさんと夫を一つの単位とする「Aさん夫婦」を支援の対象としている。進行性の病気である介護を必要とするAさんに焦点をあてつつ、第一介護者である夫の介護面とさらには生活面についても支援の範囲に設定している。これは、夫の介護がなければAさんの生活が大きく変わってしまうことを念頭に置いている支援である。

②ウェルフォームド・ゴールをつくり出す

Aさん夫婦とソーシャルワーカーの2度目の面接時にソーシャルワーカーは、Aさん夫婦が現実の課題に対して前向きに取り組もうとしていることを感じている。Aさん夫婦が、何かをやめるという行動ではなく、よい方向に向くためにどのような行動をしているか話をしてもらうなどが大切である。その際、達成可能な現実的なものであることを確認していくことが重要となる。

③問題に対する例外

ミラクルクエスチョンに対して、クライアントが奇跡を明確に説明できない場面もある。そこで、奇跡の代わりに問題に関する言葉を使い質問をする方法もある。Aさんの病状が進行し、経口摂取が困難になりつつあり、言語化でのコミュニケーションも困難になってきた場面で、献身的に介護をしている夫に疲れが見えだしたことを認識したソーシャルワーカーが、夫に対して、「介護が付きっきりでなくなったら、趣味の時間を持ったらどうか」と尋ねた。そこから夫の趣味のことや、常時の介護と、Aさんと意思疎通がとれにくくなっていることにいら立ちを感じていることなどを聞きとることができた。

言い換えれば、意思疎通がしっかりできれば、スムーズに介護ができると感じていると読み取れることができ、ソーシャルワーカーの支援の糸口が見えてくる。

④スケーリング・クエスチョンの活用

Aさんの病状が進行し、夫の介護量が増え、また、言語化でのコミュニケーションも困難になってきたこともあり、夫はいら立ちを感じている。先の見えにくい（見通しがたちにくい）と言われる夫婦の介護について、漠然とした感覚や感情を数値化することは今後の見通しを得るための技法と言える。

また、夫の介護の休息のために、レスパイト入院（介護の休息のための入院）などの支援を行ない、介護疲れの軽減を図ることが必要である。さらに、夫の精神面に関して、「1週間後にレスパイト入院がある」と思うだけで、介護に余裕がでてくることもある。

ただ、レスパイト入院の導入については、Aさんの気持ちや思いもしっかりと聞いておくことも重要となってくる。

⑤コンプリメントの活用

Aさんの病状がさらに進行し、夫の介護量も増え、介護疲れも見え始めた時期に、ソーシャルワーカーは、ケアマネジャー、保健師などと共にAさん夫婦に対しての支援体制の見直しを行なった。

Aさん夫婦には以前から支援体制の見直しの話は持ちかけていたが、Aさんと夫の意向があり、支援の見直しは先延ばしになっていた状況がある。医療・福祉分野の専門家からすると、早く体制を整えて、在宅介護に備えることが必要と思いがちであるが、サービスを入れ込むだけの支援ではなく、Aさんと夫の思いや気持ちを受容しなければ、今後の支援の展開も良い方向にいくとは言えない。ここでは、訪問介護、訪問看護、訪問入浴、地域のかかりつけ医による訪問診療などの支援体制が遅れたことを指摘するより、ここまで頑張ってきたAさん夫婦を労うことが大切と思われる。ただ単に「ほめる」、「励ます」のではなく、支援者のかかわりとして、Aさん夫婦にとって今何が大事かということや、本当はどうしたいかなどを聞き取ることなどが重要になってくる。

（藤田　了）

【引用文献】

1）一般社団法人日本臨床心理士会「解決志向アプローチ」http://www.jsccp.jp/near/interview14.php（平成30年5月アクセス）
2）笠師千恵・小橋明子著（2014）「相談援助 保育相談支援」中山書店 ,p.75
3）Peter DeJong & Insoo Kim Berg ／玉真慎子・住谷祐子／桐田弘江訳（2004）「解決のための面接技法－ソリューション・フォーカスト・アプローチの手引き－」金剛出版 ,p.28
4）上記3）と同じ　p.94
5）上記3）と同じ　p.29-30
6）上記2）と同じ　p.79
7）上記2）と同じ　p.79
8）上記3）と同じ　p.319
9）上記2）と同じ　p.80
10）上記2）と同じ　p.80

【参考文献】

加藤伸司・中島健一編著（2002）「社会福祉士養成テキストブック 13 心理学」ミネルヴァ書房
楡木満生・田上不二夫編著（2011）「カウンセリング心理学ハンドブック〔上巻〕」金子書房
藤田雅子編著（1990）「実践・カウンセリング5 福祉カウンセリング」日本文化科学社
松井圭三・小倉毅編（2008）「社会福祉援助技術」大学図書出版

3部 人材育成・実習指導に求められる教育学とその実践事例

5章 人材育成・実習指導に求められるスーパービジョンと教育学・教育心理学

相談援助職の持つ知識や技能によって、相談者の生活や人生が変わることからも、相談援助職を育てる環境が大切になる。本章では、人材育成や実習指導の現状と、その効果や課題を学ぶ。

1. 実践現場における相談援助職を取りまく現状

①調査にみる相談援助職（社会福祉士）を取りまく現状

公益財団法人社会福祉振興・試験センターの「平成27年度社会福祉士・介護福祉士就労状況調査」[†1†2]によると、現在、福祉・介護・医療分野で就労している社会福祉士の現状は下記のとおりである。

現在の職場を選択した理由（複数回答）としては、「やりたい職種・仕事内容」が58.1%と最も高く、次いで「能力や資格が活かせる」（46.6%）であった。一方で、人材育成に不可欠な「教育研修や資格取得支援等が充実している」を回答した割合はわずかに4.3%であった。

また、前の福祉・介護・医療分野の職場を辞めた経験のある場合に、その理由（複数回答）として、「法人・事業所の理念や運営の在り方に不満があった」が33.4%と最も高く、次いで「収入が少なかった」（24.5%）、「職場の人間関係に問題があった」（24.3%）、「将来のキャリアアップが見込めなかった」（23.1%）、「専門性や能力を十分に発揮できない仕事・職場だった」（21.2%）が上位としてあげられていた。

このように、職場選びのポイントとして、目に見えてわかりやすい職種や資格を重要視していることがわかるが、職種や資格をより効果的に展開や活用していくために必要な教育支援に対してはあまり注目されていないともいえる。一方で、離職に至った理由としてあげられている内容は、職場内外での研修を通して自己研鑽に励むことにより、離職を回避できるものが多い。

したがって、実践現場における経営者や管理者だけでなく、相談援助職一人ひとりも、職種や資格を下支えする教育支援の必要性に注目することが求められる。

②相談援助職に求められる新たな役割とは

わが国の公的な福祉サービスは、高齢者や障害者、子どもといった対象者ごとのニーズ（生活課題）に対して、専門的なサービスを提供することにより、福祉施策の充実や発展に寄与してきた。しかし、介護保険法や障害者総合支援法、子ども・子育て支援の制度など、各制度の成熟化が進む一方で、人口減少や、家族・地域社会の変容などにより、これまでの縦割りのシステムに課題が生じてきている[†3]。

具体的には、制度が対象としない、いわゆる「制度の狭間（はざま）」に存在する課題への対応や、複合的な課題を抱える世帯への対応、都市部と地方部との専門職人材やサービスの格差など、ニーズの多様化や複雑化、社会情勢の変化に伴い、これまでの対応では困難なケースや現象が見られ始めている。

このような現状のもと、相談援助職もこれまで以上に多様な役割が求められている。たとえば、一対象者のみにとらわれないさまざまな対象者に関する幅広い知識や技能、視点や、相談援助職が所属する施設や機関内だけでなく、関連施設・機関、地域住民と協働しながら、課題を解決する試みがより一層必要となってきている。

したがって、図5-1のように、新しい地域包括支援体制を支える環境の整備として、さまざまな福祉分野にわたる研修の実施をはじめ、相談からサービスの調整、新たなサービスなどの社会資源の開発、地域を基盤とした福祉以外の分野との連携など、包括的な相談支援システムを円滑に展開できる人材の育成・確保が求められてきている。

なお、2018年の厚生労働省社会保障審議会福祉部会福祉人材確保専門委員

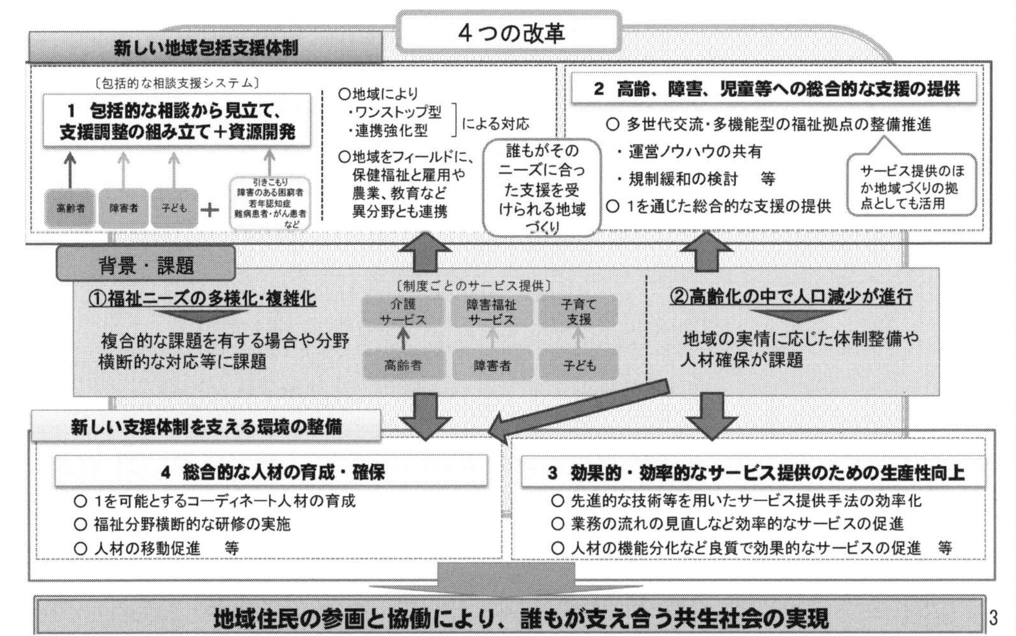

（出典：厚生労働省「地域包括ケアの深化・地域共生社会の実現」[†4]）
※図5-1　新たな時代に対応した福祉の提供ビジョン（2015年9月）

会「ソーシャルワーク専門職である社会福祉士に求められる役割等について（概要）」[†5]においても、相談援助職の代表格である社会福祉士は、各福祉分野のみならず、教育・司法などの分野での活躍や、地域住民が主体的に地域や暮らし、生きがいをともに創り上げていく「地域共生社会」の実現に向けた担い手として期待されている。

2．人材育成・実習指導におけるスーパービジョンの必要性

①スーパービジョンとは

スーパービジョンとは、経験の浅い相談援助職や実習生がその有する力量を発揮し、より適切に実践することができるよう、教育・訓練・支援などを行なう過程を意味している[†6]。したがって、教育・訓練・支援などを通して、経験の浅い相談援助職や実習生がどのような成長を得られたか、その成長が今後のキャリア（生涯を通じた職業人生経路）にどのように反映されるものであるかも見通した指導を行なうこと、すなわち、相談援助職育成がスーパービジョンの特徴であるといえる[†7]。

なお、指導・助言する側の高度な専門性を兼ね備えた相談援助職や、実習指導者、実習指導教員をスーパーバイザーといい、指導・助言を受ける側の経験の浅い相談援助職や実習生をスーパーバイジーという。

スーパービジョンには、「個人スーパービジョン」「グループ・スーパービジョン」「ピア・スーパービジョン」「セルフ・スーパービジョン」などがあげられる[†8]。

スーパーバイザーとスーパーバイジーが１対１で行なう個人スーパービジョンをはじめ、共通のキャリアや共通のテーマを持つ複数のスーパーバイジーに対して行なうグループ・スーパービジョン、同じような経験と力量を備えたメンバー間で、スーパーバイジーとなるメンバーに対して、他のメンバーがスーパーバイザー役を担当するピア・スーパービジョン、自分自身がスーパーバイジーであるとともに、それをスーパーバイザーの立場でスーパービジョンの視点から分析するセルフ・スーパービジョンもある。

②スーパービジョンの機能

スーパービジョンの主な働きとしては、「管理的機能」「教育的機能」「支持的機能」の３機能に分類される[†9][†10][†11]。

管理的機能とは、所属施設・機関の役割や機能を遂行するために、管理者による職員の採用や配置、業務計画の立案、業務内容や業務計画の進捗状況の確認と評価、業務割り当てといった業務遂行上の管理にかかわる機能といえる。

教育的機能とは、所属施設・機関の定める一定水準の業務を遂行するために、

スーパーバイジーが価値や知識、技能などについて何を知るべきかを教え、それを学ぶための援助を行なうことを意味している。スーパーバイジーの学びや気づき、実践、ふり返りの過程を支える機能といえる。

支持的機能とは、スーパーバイザーがスーパーバイジーを受容し理解を示し、専門職としての成長を促し支えていく機能といえる。そして、スーパーバイザーがスーパーバイジーへ情緒的なサポートを行ないながら、スーパーバイジーは自らの言動をふりかえり、自己覚知（人や物事に対する自らのとらえ方の状況や偏りを理解すること）に結びつけていく。また、スーパーバイザーは、スーパーバイジーの弱点や課題などマイナス面への着目のみならず、その持ち味や持っている力などプラス面にも注目し、援助活動へのモチベーションにつなげていけるようにスーパーバイジーを励まし、支援していく姿勢も求められる。

これらの3機能は単独で用いられるだけでなく、一つのスーパービジョン場面で、それぞれの角度から働きかけることもある。

たとえば、スーパーバイジーが利用者との関わりで悩んでいた場合、管理的機能の側面からは、現時点でのスーパーバイジーの経験や力量に対して、割り当てている業務内容は適切なものであるかを判断することが求められる。また、教育的機能の側面からは、利用者との円滑な関わりの実現に向けて、必要な知識や技能、視点への指導や援助、内省（自分の心の働きや考え、行動などを分析、必要に応じて改めること）の促しが求められる。さらに、支持的機能の側面からは、利用者との関わりがうまくいかない状況に対して、スーパーバイジーが自信喪失や不安を感じている場合に、それを和らげることのできる働きかけも求められる。

なお、スーパービジョンの働きは、その他にも評価的機能が加えられることもある。

評価的機能とは、スーパーバイジーである相談援助職や実習生の成長を効果的に支援していく際に有効な機能といえる。すなわち、相談援助職の援助活動に関する取り組み内容だけでなく、組織の一員としての成長についても評価する。この適切な評価がバーンアウトを防ぎ、スーパーバイジーの能力を最大限に発揮できる目標を持つことにつながる。

③スーパービジョンの関係

スーパービジョンは、スーパーバイザーとスーパーバイジーが契約を交わすことによって成立し、この契約は、両者の合意によるものである。とはいえ、スーパービジョンの関係では、職場の上司と新人職員、実習指導者と実習生など、上下関係の側面や力関係が生じやすいものといえる。したがって、スーパーバイザーは、このような関係の特性を自覚し、この「上下関係」や「力関係」が必要以上にスーパーバイジーを萎縮させたり、スーパービジョン関係以外の場で両者の関係に不必要な圧力として影響を及ぼしたりしていないかを常に留意する必要がある[†12]。

また、スーパーバイザーも人である以上、スーパーバイジーの言動を観察する際に、先入観や固定観念を無意識に持ち、その視点から観察することや、一部の良い点や悪い点の影響から行動全体を評価する傾向など、偏りのある可能性があることに配慮することも忘れてはならない。したがって、スーパーバイジーの自己評価や、周囲の関係者からのスーパーバイジーに関する評価など、さまざまな情報を総合したうえで、スーパービジョンを行なうことがのぞましいといえる。

④スーパービジョンの必要性

相談援助職として、期待と不安を胸に入職し、やりがいや喜びを感じられる場面もあれば、とまどいや不安を感じる場面もある。後者の「とまどい」や「不安」については、福祉サービス固有の特性とも関係することが多い。

そもそも、福祉サービスとは対人サービスの一つではあるが、福祉サービス固有の主な特性として、以下の点があげられる。

一つ目に、福祉サービスを受ける側が受けることを常にのぞんでいるとは限らない。たとえば、福祉サービスを受けることを拒否する住民がいたとしても、相談援助職は見放すことなく、関わる姿勢を持ち続けることが求められる。

二つ目に、相談援助職は、福祉サービスを受ける側の対象者の問題だけでなく、その対象者の背景や環境にも目を向けることが求められる。そのため、福祉サービスを検討する際に、対象者のみに着目するだけではなく、その家族や地域にも目を向け、必要に応じて、家族や地域への支援の検討や、家族や地域からの理解や協力を得る関わりも必要になることが多い。

三つ目に、福祉サービスは公共性や継続性が求められる特性を持つ。福祉サービスは、税や保険料を財源としているものが多く、また、福祉サービスを打ち切ることは、対象者の生活や生命を大きく左右することを意味することもある。そのため、福祉サービスを受ける側をはじめ、地域や社会から評価を受ける立場であることを自覚するとともに、対象者が安心して生活を送り続けられるように、健全な経営を展開することが求められる。

このような特性からも、相談援助職は、問題や課題を簡単に解決することが難しい状況に悩まされることが多く、成果を感じられにくい現状がある。また、対象者と家族・地域それぞれの考え方の違いに悩まされたり、あるいはさまざまな法制度の下に福祉サービスが存在する場合には、「目の前の対象者が法制度内の利用対象者にはあたらないため、福祉サービスの提供がのぞましい状況であっても、法制度外の対象者に福祉サービスを提供することができない」など、倫理的ジレンマ（複数の間で板挟みになり、何を優先して支援すればよいのかについて迷い、方針の決定が困難になること）を感じることも多い。

さらに、高齢化や小家族化、地域の希薄化などの社会情勢に応じて、数多くの事業所や施設・機関が誕生し、慢性的な人材不足が深刻化してきている。そのため、相談援助職が職場外の研修を受講する機会を確保することが難しいことも予想される。また、労働移動が激しい状況下におかれている職場では、常態的に求人募集が行なわれることもあり、職場内での各専門職間のコミュニケーションの円滑化や専門職の質の安定化が難しい現状もうかがえる。

このように、職場外での研修への受講機会を得ることが難しく、一方の職場内でも人材定着が落ち着かない職場では、スーパービジョン体制が整いにくいことも懸念される。

以上のように、福祉サービスの特性や人材不足などの事情からも、相談援助職が自らの抱える課題を発見し、その課題への目標を掲げて実践し、実践した成果や残された課題をふり返る過程を職場内外で構築していく仕組みが今後、より一層、求められるものといえる。

一方で、実習指導とは、実践の場における実習指導だけでなく、その前後にあたる事前・事後指導も含め、一貫して行なわれるものである。この一連の流れの中で、実習生は悩み、とまどい、疑問を感じたり、あるいは疑問すら感じることのないまま、「これでよい」という一種の思い込みで実習を進めたりすることもある。

悩みやとまどい、疑問は決して悪いものではなく、実習を進めるうえで貴重な経験であり、座学で学んできた理論と、実習における実践を統合させることによって生まれるものである。また、実習生が自己の持ち味や課題、福祉観をふり返られる機会でもある。しかし、悩みやとまどい、疑問は一人で解決できるものではなく、また、「これでよい」という一種の思い込みに気づける機会も一人では実現が難しい。そのため、大切なことは、実習生が定期的に自己をふり返り、考え、実践する機会をもうけることと、その場に指導・助言する存在が必要なことである。これがスーパービジョンの必要性であるといえる。

3．人材育成・実習指導の概要

①人材育成の概要

2007年に、「社会福祉事業に従事する者の確保を図るための措置に関する基本的な指針」が見直され、新たな指針が示された。同指針では、福祉・介護サービス分野における人材を確保していくためには、給与水準や労働時間などの「労働環境の整備」と合わせて、福祉・介護サービス従事者の資質向上のための「キャリアアップの仕組みの構築」が重要であると指摘されている。また、働きながら社会福祉士などの資格が取得できるように配慮するとともに、業務を通じて必要な知識や技能を習得できるような体制の整備や職場内外において必要な研修を受講できるように努めることなど、生涯を通じた研修体系を構築することが関係者に求められている[†13]。

社会福祉法人全国社会福祉協議会では、1998年から福祉職員生涯研修課程の実施や推進を行なってきたが、前述の指針をふまえて、2008年より福祉職員キャリアパス対応生涯研修課程に向けた開発が進められ、今日の本課程に至っている。

本課程の目的と特徴は、表5-1のとおりである。

※表5-1　福祉職員キャリアパス対応生涯研修課程の目的と特徴

◆目的
①福祉･介護職員が､自らのキャリアアップの道筋（キャリアパス）を描き､それぞれのキャリアパスの段階に応じて共通に求められる能力を段階的・体系的に習得することを支援する。
②各法人、事業所が主体的に職員のキャリアパスを整備し、これに沿った職員育成施策を確立・実施することを支援する。
◆特徴
①福祉・介護職員のキャリアパスに応じた資質向上を段階的・体系的に図る。
②あらゆる事業種別・職種を横断した福祉・介護職員全般を対象とする。
③研修内容の標準化を図り、全国共通の基礎的研修とする。
④さまざまな研修実施機関・団体が連携して実施する。

（出典：社会福祉法人全国社会福祉協議会「福祉職員キャリアパス対応生涯研修課程テキスト」[†14]）

本課程では、相談援助職として入職後の年数や役職に応じて、階層別の研修プログラムが設定されている。

新卒入職後3年以内の職員や他業界から福祉職場へ入職後3年以内の職員は初任者コース、担当業務の独力遂行が可能なレベルの職員（入職後おおむね3～5年程度の節目の職員）は中堅職員コース、近い将来チームリーダー等の役割を担うことが想定される中堅職員や現在、主任や係長等に就いている職員はチームリーダーコース、近い将来、管理者の役割を担うことが想定される指導的立場の職員や現在、小規模事業管理者・部門管理者等に就いている職員は管理職員コース、近い将来、施設長等運営統括責任者の役割を担うことが想定される職員や現在、その職務に就いている職員は上級管理者コースという5階層に分かれている。

本課程の内容は、大きく分けて、基軸科目、基礎科目、啓発科目、重点科目の4つから構成されている。

基軸科目では､「キャリアデザインとセルフマネジメント」のテーマに基づき、福祉職員が自らのキャリアを自律的にデザインする力を高めていくことを主旨としている。

基礎科目では､「福祉サービスの基本理念と倫理」「メンバーシップ･リーダーシップ」のテーマに基づき、相談援助職として働くうえで必要な価値観や倫理観をふまえた福祉サービスを提供するとともに、チームや組織の一員としてあるべき姿を自覚し働くことを主旨としている。

啓発科目では、「福祉職員としての能力開発」「業務課題の解決と実践研究」「リスクマネジメント」「チームアプローチと多職種連携・地域協働」「組織運営管理」のテーマに基づき、各職場において業務を展開しながら、本課程を修了した後も学習・研究を深めていくことを主旨としている。

重点科目では、階層別で特に重要なテーマについて重点的に学ぶことを主旨としており、地域や受講者の特性に応じて、自由にテーマを設定できる裁量がある。

以上の科目を受講者が各自、事前学習を行なったうえで本課程にのぞみ、講義や演習を通して、各自のキャリアデザインシートを最終的には作成し、上司から添えられたコメントも励みに「あるべき姿」をイメージしながら、本シートをふまえたキャリアをもとに歩んでいく。そして、入職後の年数や役職に応じて、本シートを見直す節目にさしかかった場合には、本課程の次段階のコースを受講するように奨励されている。

②実習指導の概要

2007年の社会福祉士及び介護福祉士改正により、社会福祉士養成教育におけるカリキュラムや実習・演習教育のあり方が大きく見直された。そして、社会福祉士養成教育の標準化（標準をもうけ、それにしたがって内容を統一すること)、特に相談援助実習教育の質の向上と標準化に向けて、2008年に社団法人日本社会福祉士養成校協会によって「相談援助実習ガイドライン」「相談援助実習指導ガイドライン」が作成された。また2013年には、実習生が経験を通じて獲得・到達するべき水準がより具体的な内容になり、その内容に応じた想定される教育内容も実用的な内容が示された、一般社団法人日本社会福祉士養成校協会[註(1)]による「相談援助実習ガイドライン」「相談援助実習指導ガイドライン」が作成された。本書では、標準化された相談援助実習内容を示すために、「相談援助実習ガイドライン」を掲載しておく（表5-2)。

この「相談援助実習ガイドライン」によって、相談援助実習の内容や到達目標が標準化された場合、その内容や到達目標を達成できる、あるいは耐えうる価値・知識・技能について、実習生は実習前にどの程度まで学んでおく必要が

※表 5-2　一般社団法人日本社会福祉士養成校協会「相談援助実習ガイドライン」

一般社団法人日本社会福祉士養成校協会　相談援助実習ガイドライン　2013 年 11 月 20 日（理事会承認）

厚労省「相談援助実習の目標と内容」		社養協ガイドライン		
ねらい	内容	中項目	小項目	想定される実習内容
①相談援助実習を通して、相談援助に係る知識と技術について具体的かつ実際的に理解し実践的な技術等を体得する。 ②社会福祉士として求められる資質、技能、倫理、自己に求められる課題把握等、総合的に対応できる能力を習得する。 ③関連分野の専門職との連携のあり方及びその具体的内容を実践的に理解する。	ア　利用者やその関係者、施設・事業者・機関・団体等の職員、地域住民やボランティア等との基本的なコミュニケーションや人との付き合い方などの円滑な人間関係の形成	（1）利用者、職員、グループ、地域住民等との基本的なコミュニケーションを学ぶ	①出会いの場面において関係形成のための適切な対応ができる ②相手の状況に合わせて会話を継続できる ③相手に合わせた言語コミュニケーションの技術を理解し、活用することができる ④相手に合わせた非言語コミュニケーションの技術を理解し、活用することができる	①職員、利用者、地域住民等様々な人たちと、あらゆる出会いの場面において挨拶、自己紹介など適切な対応をする ②利用者とのかかわりを通して、一人ひとりに求められる言語コミュニケーション、非言語コミュニケーションの種類や内容を整理し、職員に説明する
		（2）円滑な人間関係の形成方法を学ぶ	①自分が関わりやすい人だけではなく、不特定の人に関わることができる	①対応が困難な利用者への関わり方について実習指導者や職員にスーパービジョンを求める ②不特定の利用者と会話をしたり寄り添ったりするなど、その人に合った関係形成の方法を学ぶ
	イ　利用者理解とその需要の把握及び支援計画の作成	（3）利用者理解の方法を学ぶ	①面接や日常生活の観察を通じて利用者を理解できる ②利用者理解の方法を職員の対応や記録から学び、特徴を説明できる	①利用者の理解の方法に関するスーパービジョンを受ける ②実習指導者や職員の利用者理解の実践を観察する ③利用者理解の要点や配慮すべき点等を説明する
		（4）利用者の動向や利用状況を学ぶ	①実習機関・施設の数年分の入退所の動向や利用状況を確認し、特徴や傾向等について考察できる ②　①を踏まえて考察したことや分析したことを説明できる	①事業報告書、月次報告書、実績報告書、調査報告書等を閲覧、確認する ②学習した内容について整理し、実習指導者に説明する
		（5）利用者、グループ、地域住民等へのアセスメントとニーズ把握の方法を学ぶ	①実習機関・施設で用いているアセスメント・ツールの枠組みに沿って利用者を客観的に把握し、利用者の全体像を説明できる ②担当する利用者（特定ケース）の問題を把握し説明できる ③担当する利用者（特定ケース）のニーズを確定し、根拠または理由を示して説明できる	①現在または過去の利用者のアセスメント・シートを用いて、アセスメント・シートの構造や使用方法を学ぶ ②現在または過去の事例記録から数例を選択し、アセスメントのポイント、手順等を整理する ③担当するケースを決めてアセスメントを実施する（利用者の状況や実習生の状況により、実習指導者が決める） ④アセスメントの結果について適宜スーパービジョンを実施する ⑤アセスメントをするための面接機会を設ける ⑥アセスメントの結果や確定したニーズ等について説明を受ける
		（6）個別支援計画等、様々な計画の策定方法を学ぶ（プランニングまでを主として）	①プランニングの重要なポイント、手順が説明できる ②利用者のアセスメントに基づいてプランニングができる ③担当する利用者（特定ケース）の支援目標を根拠を示して設定できる	①現在または過去の事例記録を参考に、プランニングの様式、ポイント、手順等を整理する ②利用者のアセスメント結果に基づき、支援目標・支援計画を作成する ③作成した支援目標・支援計画について説明する（カンファレンス等で提案する） ④支援目標・支援計画についてスーパービジョンを行う
	ウ　利用者やその関係者（家族・親族・友人等）との援助関係の形成	（7）利用者との援助関係の形成の意味と方法を学ぶ	①援助関係を形成するということの意味を理解し、説明できる（個別性の尊重、共感的理解、自己決定、人権尊重） ②実習機関・施設における多様な面接の形態や構造を理解し説明できる ③利用者との多様な場面（遊び、作業、ケア、地域支援など）を通して援助関係形成を意識して関わることができる ④面接技法を活用し、利用者に関わることができる	①援助関係を形成する際のポイントや配慮を説明する ②利用者と直接話をする、利用者に寄り添う、利用者と同じ時間を過ごす、利用者と一緒に作業をする、利用者と一緒に遊ぶ、居室や自宅を訪問する、ボランティア活動、住民活動等のプログラムを通じて援助関係形成に取り組む ③面接、アセスメント、支援計画作成、説明の過程を通じて援助関係形成に取り組む ④ケースワークの原則や傾聴・要約・解釈・明確化・促し・沈黙・繰り返し・共感等を意識した実習指導者または職員による面接を観察する ⑤同様の面接を実施する
		（8）利用者と家族の関係を学ぶ	①利用者の家族が抱える問題（課題）を把握し、ニーズを確定できる ②担当する利用者（特定ケース）と家族との関係性をエコマップやジェノグラムを活用し、説明できる	①利用者と家族の面会場面への同席、家族会への参加、送迎時の場面や会話を観察する ②家族・親族・友人等との面接を行う ③利用者の家族ケース記録、家族会の議事録等を閲覧する
	エ　利用者やその関係者（家族・親族・友人等）への権利擁護及び支援（エンパワメントを含む。）とその評価	（9）利用者や関係者（家族等）への権利擁護及びエンパワメント実践を学ぶ	①実習機関・施設における苦情解決の流れを説明できる ②実習機関・施設における利用者への権利擁護の取り組みを説明できる ③実習機関・施設におけるエンパワメント実践を抽出して説明できる	①実習機関・施設で実施している権利擁護、苦情解決の取り組みを通して権利擁護活動を説明する ②虐待防止三法に基づいた具体的な取り組みを説明する ③身体拘束防止のための検討会議等に出席する ④第三者評価を通して利用者の権利擁護の取り組みを理解する ⑤成年後見制度、未成年後見制度、権利ノートについて説明する ⑥エンパワメントの観点から支援を分析し、実習機関・施設の取り組みを抽出する

				⑦利用者一人ひとりに着目し、事例を踏まえてエンパワメントの実践を整理し、実習指導者にプレゼンテーションを行う
		(10)モニタリングと評価方法を学ぶ	①利用者への支援やサービスに対するモニタリングができる ②利用者への支援やサービスの評価ができる	①現在または過去の事例記録をもとに、モニタリングの目的や手順等を整理する ②一人の利用者に着目し、必要な支援に対するモニタリングを体験する ③支援内容や計画を評価する目的や方法に関する指導を受け、実際に評価する
	オ　多職種連携をはじめとする支援におけるチームアプローチの実際	(11)実習機関・施設の他職種、他職員の役割と業務及びチームアプローチのあり方を学ぶ	①実習機関・施設で働く他の専門職の業務内容を理解する ②実習機関・施設においてチームで取り組んでいる事例を理解する	①組織内の各部署および他職種の業務について、それぞれの担当者から説明を受ける／担当者への聞き取りを行う ②組織内の各部署および他職種の業務を同席・同行・見学する ③チームで取り組んでいる事例の紹介と説明を受ける
		(12)実習機関・施設の会議の運営方法を学ぶ	①実習機関・施設で開催される会議の種類とその目的を説明できる ②会議の運営方法について説明できる	①カンファレンスや地域ケア会議等に同席し、他職種によるチームアプローチの実際を観察する ②職員会議・委員会・事例検討会など組織内で開催される会議に同席する ③他機関との合同会議、住民参加の会議など組織外で開催される会議に同席する ④参加・同席した会議の記録を作成する ⑤会議における司会進行者及びメンバーの動きを観察する
		(13)関連機関・施設の業務や連携状況を学ぶ	①関連する機関・施設及び専門職の役割・業務を説明できる ②ケースカンファレンスにおける各機関・施設の視点及び連携の方法を説明できる	①関連する機関・施設を見学し、役割・業務の説明を受ける ②関連する専門職の役割・業務の説明を受ける ③事例検討会・ケースカンファレンス等に同席する
	カ　社会福祉士としての職業倫理、施設・事業者・機関・団体等の職員の就業などに関する規定への理解と組織の一員としての役割と責任への理解	(14)社会福祉士の倫理を学ぶ	①実習指導者の業務観察の中から、社会福祉士の倫理判断に基づく行為を発見・抽出し、説明できる ②実習中に体験した倫理的ディレンマを言語化できる ③個人情報保護・秘密保持の取り組みについて説明できる	①実習指導者業務のタイム・スタディを行い、利用者との関わり場面、計画作成・支援過程、チームアプローチ場面等における倫理判断に基づく行為を発見・抽出し、説明する ②ケースカンファレンス等において、利用者への支援内容や方向性を検討する ③個人情報保護のための取り組みについて説明を受ける
		(15)就業規則について学ぶ	①実習機関・施設の就業に関する規定などについて説明できる	①実習機関・施設の就業に関する規定について説明を受ける
	キ　施設・事業者・機関・団体等の経営やサービスの管理運営の実際	(16)実習機関・施設の組織構造及び意思決定過程を学ぶ	①実習機関・施設の意思決定過程（稟議の流れ等）、決議機関、委員会の役割等について説明できる	①実習機関・施設の意思決定過程の説明を受ける ②各種委員会に同席する
		(17)実習機関・施設の法的根拠、財政、運営方法等を学ぶ	① 実習機関・施設の法的根拠及び予算・事業計画、決算・事業報告について説明できる	①実習機関・施設の法的根拠が記載されている文書の説明を受ける ②事前学習で調べた事業報告書及び決算書に関する説明を聞き、不明な点を質問する
		(18)業務に必要な文書様式の記入内容・方法等を学ぶ	① 実習機関・施設で用いられる文書の種類・用途・管理方法について説明できる ②業務日誌・ケース記録の特性や書き方を説明できる ③実習記録ノートを適切に記入し管理することができる	①作成された文書について説明を受ける ②文書を媒介した情報共有・連携について説明を受ける ③業務日誌・ケース記録等の書き方について説明を受ける
	ク　当該実習先が地域社会の中の施設・事業者・機関・団体等であることへの理解と具体的な地域社会への働きかけとしてのアウトリーチ、ネットワーキング、社会資源の活用・調整・開発に関する理解	(19)実習機関・施設のある地域の歴史や人口構造等を学ぶ	①事前学習を踏まえ、実習機関・施設のある地域の人口動態、生活状況、文化・産業などを説明できる ②事前学習を踏まえ、地域と実習機関・施設の歴史的関わりについて説明できる	①事前学習で調べた地域アセスメントの内容を指導者に説明・発表する
		(20)実習機関・施設のある地域の社会資源を学ぶ	①事前学習を踏まえ、実習機関・施設のある地域の社会資源を列挙できる ②当該地域の地域福祉計画・地域福祉活動計画の特徴をあげることができる	①事前学習で調べた内容を説明・発表する ②関係機関や住民組織が参加する会議や行事に参加する ③地域福祉計画・地域福祉活動計画を閲覧する ④分野別の諸計画を閲覧する
		(21)地域社会における実習機関・施設の役割と働きかけの方法等を学ぶ	①実習機関・施設の当該地域への働きかけの必要性と方法を説明できる ②当該地域アセスメントを行うことができる ③当該地域におけるネットワーキングの実践を説明できる ④当該地域住民や当事者の組織化の方法を説明できる ⑤情報発信の意義と方法を理解できる ⑥実習機関・施設が行う当該地域に開かれた行事の意義を説明できる	①地域住民への働きかけの取り組み（地域組織化・当事者組織化・ボランティア組織化や事業企画実施等）について説明を受ける ②地域アセスメントの方法に関するスーパービジョンを受け実際に行う ③関係機関や住民組織がかかわる会議や行事に参加する ④地域住民や当事者の組織の会議や行事に参加する ⑤実習機関・施設の広報委員会や取材の場面に参加する ⑥実習機関・施設の行事の実行委員会や準備委員会に参加する ⑦実習機関・施設の行事に参加し、分担された役割を遂行する

（出典：一般社団法人日本社会福祉士養成校協会「相談援助実習・実習指導ガイドライン・評価表」[†15]）

あるのかといった相談援助実習指導の内容や到達目標も標準化される必要がある。これを体系化したものが、「相談援助実習指導ガイドライン」である。

なお、「相談援助実習ガイドライン」「相談援助実習指導ガイドライン」内の中項目は、国が示す「相談援助実習の目標と内容」「相談援助実習指導の目標と内容」（＝大項目）に対応し、実習生が経験する項目である。小項目は、中項目において獲得・到達するべき水準を具体的に示した項目である。そのため、実習生の実習内容や実習指導内容を評価する際には、該当する中項目内の小項目で提示されている内容を参考にし、その到達度を総合的に評価することを推奨している。また、想定される実習（教育）内容は、中項目を経験し小項目を達成するために、実習指導において、想定される事前・事後指導の内容、および実習施設・機関において想定される実習体験の内容が示されている[†16]。

4．人材育成・実習指導における効果と課題

①効果

その場の思いつきで行なわれるものではなく、体系的かつ継続的に行なわれる人材育成や実習指導は、相談援助職や実習生だけでなく、相談援助職が所属する組織や実習生の養成校、実習施設・機関にも効果的なものであるといえる。

相談援助職は、職場内外の研修を通して、自らの業務内容をふり返ることや、これからの目標を設定することにより、仕事にやりがいを感じると同時に、専門的知識や技能の向上、組織人としての成長の機会を得られることになる。そのため、自身の中からわき上がる興味や関心、好奇心という気持ちが高まる内発的動機づけを強化することやこれからのキャリアアップの見通しも立てやすくなるものといえる。また、相談援助職の専門性の向上は、サービスの質の向上につながり、組織人としての成長は組織全体の力を高める効果がある[†17]。そして、相談援助職が自らの業務内容や職場環境の改善に向けて意欲的に取り組むことは、職場全体が活性化し、好循環が生まれやすくなる。このようなサイクルが各法人や事業所で見られるようになることが、地域からの評判や社会的評価の向上にもつながることが期待できる。

一方の実習指導においては、相談援助実習教育において、社会福祉士として何を習得しておく必要があるかを明確化させ、それを個人的な経験や勘にたよる暗黙知ではなく、理論や根拠を示せる形式知によって、実習指導者が実習生に社会福祉士の専門性を説明できる実績を蓄積していくことが、相談援助実習教育の質のさらなる向上につながる基盤となる。そして、このような継続的な取り組みが、社会福祉士の存在意義や社会的評価を高めることにも寄与するものといえる。

②課題

人材育成のための職場内外の研修機会がより効果的に活用されるためには、研修機関や研修提供者は、受講生からのアンケートをもとに研修プログラムを定期的に見直すことや、受講しやすい研修の工夫（時期や時間、回数など）が求められる。一方で、各法人や事業所は相談援助職が受講できる環境を整え、相談援助職は研修を受ける意義を自覚し、研修に主体的にのぞむ姿勢が求められる。さらに、職場外での研修内容については、職場内への伝達研修を積極的に行ない、職場全体で共有する仕組みを構築することも大切である。

また、研修機関や研修提供者は、体系的な研修を構築し開催するだけでなく、研修受講後のフォローアップ支援（研修内容のふり返りの場や受講生同士の交流の場の設定）や、研修の効果測定を行なうなど、研修が単発なものとして終わらないように、相談援助職が研修内容を自らの言動に反映し続けられる工夫も忘れてはならない。

一方の実習指導においては、各法人や事業所が実習指導者を養成し、実習生を受け入れる意義を念頭に、積極的な受け入れ体制を図ることが求められる。一方で、実習生を実践の場に送り出す養成校側も各法人や事業所に白紙委任する（条件をつけずにすべてを任せる）ことなく、各法人や事業所と協働しながら実習プログラムの作成やスーパービジョンの進め方に関する相談に応じるなど、歩調を合わせた効果的な相談援助実習教育の構築に関わることが必要である。そして、実習生は、限られた期間の相談援助実習がより効果的なものとなるように、事前・事後学習に真摯に向き合うことが大切であり、それが自らの相談援助職像の確立や今後のキャリアを見据えた礎（いしずえ）になることは言うまでもない。

このように、一法人・事業所や一養成校単位で検討するだけでは、効果的な人材育成や相談援助実習教育を構築することは難しい。たとえば、各関係機関の情報交換や共有の場、定期的な研究会の開催、さらには各都道府県単位や全国単位による先駆的な取り組みの報告や抽出された課題に対する新たな取り組みへの着手などがあげられる。そのため、職能団体や関連学会を含む、各関係機関が連携し、将来の有能な人材を育成する土壌を作ることが求められる。そして、人材育成や相談援助実習教育の研究成果や実績を社会に効果的に発信する方法を確立、活用することが福祉業界へのさらなる信頼につながるものといえる。

（裕本有理子）

【註】

(1) 一般社団法人日本社会福祉士養成校協会は、一般社団法人日本精神保健福祉士養成校協会、一般社団法人日

本社会福祉教育学校連盟と合併し、2017年度から「一般社団法人日本ソーシャルワーク教育学校連盟」が誕生した。

【引用文献】

†1　公益財団法人社会福祉振興・試験センター　2016年「平成27年度社会福祉士・介護福祉士就労状況調査」13頁

†2　前掲書（†1）10頁

†3　厚生労働省　2016年「「我が事・丸ごと」地域共生社会実現本部について」1頁

†4　厚生労働省　2016年「地域包括ケアの深化・地域共生社会の実現」3頁

†5　厚生労働省社会保障審議会福祉部会福祉人材確保専門委員会　2018年「ソーシャルワーク専門職である社会福祉士に求められる役割等について（概要）」

†6　関西福祉科学大学社会福祉実習教育モデル研究会編　2014年「相談援助実習ハンドブック」ミネルヴァ書房　106頁

†7　公益社団法人日本社会福祉士会編集　2014年「社会福祉士実習指導者テキスト」中央法規出版　242頁

†8　前掲書（†7）248頁

†9　前掲書（†7）247 − 248頁

†10　相澤譲治監修　大和三重編集　2010年「ソーシャルワークの理論と方法Ⅱ」みらい　179 − 180頁

†11　相澤譲治・津田耕一編　2000年「事例を通して学ぶスーパービジョン」相川書房　10頁

†12　前掲書（†7）246 − 247頁

†13　福祉職員キャリアパス対応生涯研修課程テキスト編集委員会編集　2013年「福祉職員キャリアパス対応生涯研修課程テキスト　初任者編」社会福祉法人全国社会福祉協議会　ⅰ頁

†14　前掲書（†13）ⅱ頁

†15　一般社団法人日本社会福祉士養成校協会　2013年「相談援助実習・実習指導ガイドラインおよび評価表」

†16　前掲書（†15）5頁

†17　宮崎民雄監修　全国社会福祉協議会編集　2016年「改訂　福祉の「職場研修」マニュアル　福祉人材育成のための実践手引」社会福祉法人全国社会福祉協議会　3頁

【参考文献】

・中澤　潤編　2008年「よくわかる教育心理学」ミネルヴァ書房

6章　各実践現場における人材育成・実習指導とその実践事例（事例紹介）

1．児童福祉施設

(1) 人材育成の概要

1）児童福祉に関わる職員の研修体系について

児童虐待防止法制定以後、児童福祉施設に勤務する職員の専門性が強く問われるようになり、これに対応して職員の研修や人材育成について議論されることが増えた。

2011年に発表された「社会的養護の課題と将来像」報告書には、養育の機能を確保するための職員配置について言及する中で、職員の力量の向上や組織の運営体制のあり方についての重要性を述べている[†1]。同報告書に基づき、2012年には、社会的養護関係の施設（乳児院、児童養護施設、児童自立支援施設、情緒障害児短期治療施設（現　児童心理治療施設）、母子生活支援施設）それぞれの運営指針が策定され、全ての運営指針に「職員の資質向上」という項目が設定された。その内容はどの施設種別でもほぼ共通している。ここでは例として、児童養護施設の運営指針を見る（表6-1）。

この運営指針の内容を掘り下げたものとして、施設種別ごとにそれぞれ『運

＊表6-1　児童養護施設運営指針より[†2]

7．職員の資質向上 (1) 職員の質の向上に向けた体制の確立 ①組織として職員の教育・研修に関する基本姿勢を明示する。 ・施設が目指す養育・支援を実現するため、基本方針や中・長期計画の中に、施設が職員に求める基本的姿勢や意識、専門性や専門資格を明示する。 ②職員一人ひとりについて、基本姿勢に沿った教育・研修計画を策定し、計画に基づいた具体的な取り組みを行なう。 ・職員一人ひとりについて、援助技術の水準、知識の質や量、専門資格の必要性などを把握する。 ・施設内外の研修を体系的、計画的に実施するなど、職員の自己研鑽に必要な環境を確保する。 ・職員一人ひとりが課題を持って主体的に学ぶとともに、他の職員や関係機関など、さまざまな人とのかかわりの中で共に学び合う環境を醸成する。 ③定期的に個別の教育・研修計画の評価・見直しを行い、次の研修計画に反映させる。 ・研修を修了した職員は、報告レポートの作成や研修内容の報告会などで発表し、共有化する。 ・研修成果を評価し、次の研修計画に反映させる。 ④スーパービジョンの体制を確立し、施設全体として職員一人ひとりの援助技術の向上に努める。 ・施設長、基幹的職員などにいつでも相談できる体制を確立する。 ・職員がひとりで問題を抱え込まないように、組織として対応する。 ・職員相互が評価し、助言し合うことを通じて、職員一人ひとりが援助技術を向上させ、施設全体の養育・支援の質を向上させる。

営ハンドブック』が策定された。これにも人材育成のあり方について詳しく書かれている。

児童養護運営指針に基づき、全国児童養護施設協議会は児童養護施設職員の研修体系構築に向けた検討委員会を2014年に立ち上げ、翌年「児童養護施設の研修体系－人材育成のための指針」を発表した[†3]。これには、児童養護施設の職員に必要とされる８つの専門領域が示され、さらにその専門領域を入職前、新任、中堅、上級、基幹職員、施設長と６つの段階に区分した中で育成していく研修体系が表わされている。各領域で求められる力を身につけることで、育成が総合的に進むしくみである。

２）人間性と専門性について

ソーシャルワーカーの倫理綱領を見ると、「利用者の自己決定の尊重」「利用者の意思決定能力への対応」「権利侵害の防止」などの記述が見られる[†4]。これらは特に子どもの支援の場面では専門性を持って対応すべき部分である。しかし、実際に支援を行なう場面では、そのワーカーの人柄や性質、いわゆる人間性の部分が大きく影響する。つまり、児童福祉施設の現場において、支援に関わる者は、専門性とともに人間性も問われるのである。

たとえば、児童福祉施設の職員の多くを占める保育士についても、その倫理綱領には、「（保育士は）研修や自己研鑽を通して、常に自らの人間性と専門性の向上」に努めていくことを責務とする記述がある[†5]。

また、児童自立支援施設の運営ハンドブックには「どのような場面でどのような言語的・非言語的コミュニケーションが必要かについての深い理解と良い技術、子どもと楽しみながら生活できるセンスやバランスのある豊かな生活者としての人間性を持つ必要がある」と示されている[†6]。

以上をふまえ、児童福祉施設職員に求められる「人間性」と「専門性」について考えてみたい。

●人間性について

社会福祉の仕事は、どのような職場でも自分自身の持ち味が強く表われがちである。児童福祉分野も例外ではなく、自分の人間性が強く支援に影響する仕事である。

児童養護施設には、法律上の定義でいえば「環境上養護を要する児童」が入所しており、児童自立支援施設には、「生活指導を要する児童」が入所している。その中には、施設入所に至るまで、年齢相応の「あたりまえの生活」をしてこなかった子どもも少なくない。それは例えば、朝起きて「おはよう」と挨拶し、清潔な服を着て、朝食を食べてから学校に行き、勉強をし、帰宅後は宿題をしておやつを食べ、入浴し、栄養バランスのよい夕食をとり、家族とくつろぎ、昼間に干しておいた暖かい布団で寝るような生活である。楽しい時には笑いあい、体調が悪ければ心配をされ、悪いことをしたら叱られ、困った時には相談できるような人が身近にいる生活である。このような「あたりまえの生活」を安心安全の中で過ごせることで、初めて今後の自分のあり方や将来の夢、家族と自分の関係性などについて落ち着いて考えることができる。

つまり児童福祉施設職員は、時間と空間を子どもとともに過ごすこと自体が支援となる。生活者としての自分自身がそのまま支援の道具となるのである。この一点を考えただけでも、職員自らの人間性が支援に大きく影響することがわかる。

しかし、人間性が求められると言っても、常に聖人君子でなければならないということではない。児童自立支援施設のハンドブックには「(職員は、入所児に対して)「共生共育をするおとな」として存在しなければならない」[†6]とある。児童福祉施設の職員に求められる人間性は、社会で生きていくうえで最低限常識的であれば、必ずしも道徳的に素晴らしく、人生に迷いがなく、聡明で優秀でなければならない、というものではなく、共に生き、共に育つ大人であろうと子どもに寄り添う姿勢にこそ現われるものではないだろうか。信頼関係のある大人が、継続的に安定的に寄り添って関わることで、子どもたちには、世の中を生きていくことに信頼と希望が持てる環境が整えられていくのである。

また実習生にとっては、このような職員と子どもの関係性のあり方を目の当たりにすることが、施設職員としての人間性を学ぶ貴重な機会となる。

児童福祉施設の職員は、できる限り自分の心身を整え、安定した気持ちで子どもと共に生き、共に育つ自分を作り上げることが大切である。ひいては職員一人ひとりに対する職場からの各種サポートや、スーパービジョン体制のあり方が問われるのである。

●専門性について

児童福祉施設職員の人材育成はかつて、「先輩の姿を見て覚える」というような職人気質なものであった。しかし、昨今児童福祉施設入所児に、被虐待経験の影響を強く受けた子どもや、発達障害がある子どもが増加してきている。また、その子どもたちを育んできた家庭も、複合的な問題を抱えているケースが少なくない。職員にとって、経験を重ねることは大変重要であるが、単なる経験主義ではなく、専門的な知識や技術に裏づけられた関わり方をしなければ、対応できない状況になりつつある。

また現在、2029年までの計画で、全国の児童養護施設や乳児院の小規模化がすすめられている。ケアの単位が小規模化すると、入所している子どもはより一般家庭に近い生活体験を持ちやすく、落ち着いた生活をすることが可能になる。しかし、職員にとってみれば、担当ホームでの１人での勤務時間が多くなる可能性がある。すると、先輩の姿などを見て支援のあり方を日常的に学ぶ機会が少なくなるうえ、生活全般にわたり、業務上多様な役割を果たさざるを得なくなる。子どもとの関係性も濃密になり、深いかかわりができる反面、関係性に悩むことも増えるといわれている[†8]。このような児童福祉施設をめぐる動向を見ても、職員一人ひとりの専門職としての力量を上げる方法を、システムとして整える必要が生まれてきていることがわかる。

このように、子どもと家族のあり方や、制度が激しく変化する中で、児童福祉施設職員は常に自己研鑽を重ね、新しい情勢の把握や、自らの支援のあり方を見直し、専門性を高める機会を作るべきだといえる。

なお厚生労働省は、児童に対するケアの充実や、職員の資質向上、および研修指導者の養成を図ることを目的に、「児童養護施設等の職員の資質向上のための研修事業実施要綱」を定め、2013年から各都道府県で実施している。これは、児童養護施設や乳児院、自立援助ホームなどの職員の研修への参加を促進するものである。また、2014年度からは、「児童養護施設等の職員人材確保事業」がはじまり、実習生に対する指導の充実が図られている。

(2) 実践事例と考察

Ａさんは学生時代、Ｂ児童養護施設で実習をし、卒業後はそのまま同施設に就職した。ここではＡさんが実習生の頃と就職後約１年経過した頃の、２つのスーパービジョン（初任者が熟練者から指導を受けること）を、事例としてあげる。

1）実習生として

【場面】

Ａさんは実習前、「児童養護施設にいる子どもたちは、かわいそうな状況にあるのだから、実習中は少しでも明るく振る舞い、子どもたちの助けとなるような支援をしよう」と考え、強い意気込みをもって実習を開始した。

しかし、実際にＢ児童養護施設にやって来て、Ａさんは驚いた。子どもたちは思っていたよりもずっと明るく、元気に日々を過ごしている。むしろ施設内の決まりごとがわからず、戸惑っているＡさんに対して、子どもたちは「大丈夫だよ、こうするんだよ」と優しく教えてくれる。Ａさんは担当ホームの子どもたちに支えられ、大きな安心感を持ったが、同時に自分が何をどのように判断して動けばいいのか、戸惑うことが多かった。

一方で、Ａさんには気になることがあった。担当ホームにいる中学２年生のＣ子とコミュニケーションをとることが難しいのである。朝夕のあいさつをしても返事がなく、注意をすると舌打ちをされる。職員がＣ子に話しかけると返答をするが、Ａさんが話しかけてもほとんどまともに返事をしてくれない。ある日の反省会において、担当ホームの職員から、Ｃ子の簡単な成育歴を聞いた。Ｃ子は幼少期からこの施設に措置され、ここ１年ほど、特定の職員以外には反抗的な態度をとっているとのことである。

Ａさんは C 子を見ると、何となく避けたいと思うようになった。しかし、せっかく実習に来たのだから、それではいけないと考え、積極的にＣ子に話しかけ、関わりを持つように頑張った。しかし、ある日Ｃ子に話しかけると「あんた、実習生のくせに何なの。この前から、うっとおしい」と言われ、言葉につまってしまった。

【考察】

福祉関係の実習において、リアリティショック（理想や想定していたこと、現実とのギャップに衝撃を受けること）を受ける学生は時々いるが、特に児童福祉施設での実習では、そのリアルの中で、自分のふるまい方に悩む学生が少なくない。例えば、「入所児童は原則的に実習生よりも年下なので、子どもに対して何かを“してあげる”立場だと思っていたが、むしろ子どもからいろいろと働きかけられ、受け身的な関わり方ばかりになってしまう」「職員の話は聞くが実習生の話を聞いてくれない子ども、攻撃的な態度をとってくる子どもに対して憤りを感じる」「普段接点のない年齢層の子どもとどうコミュニケーションをとればいいのかわからない」等である。

こういった経験の渦中で、実習生は、職員のように子どもと信頼関係を築けている大人でもなく、子どもと一緒に過ごすというのに子どもでもなく、「ほんの短い時期、生活に介入するだけの自分は、どのような立場で子どもや職員と関わればいいのか」と、自らの立ち位置を見失いがちである。

これに対し、まずは実習指導者が、「実習生は支援者ではなく、学習者である」という認識を明確に持つ必要がある。実習生は子どもを支援するために来ているのではなく、子どもを支援する方法を学ぶためにそこにいる。現場をよく見聞きし、その環境の中でどう振る舞うか、その時々の判断こそが学習になるのである。その一方で、限られた期間とはいえ、実習生も子どもに関わる環境の一つになるという自覚を持つ必要がある。実習指導者は、実習生にこれらを伝えることで、学びを側面的にサポートする。

また実習生は、日々目の前の子どもと関わっていると、つい近視眼的な視点で考えてしまうことが多い。バイオ（生理的・身体的機能状態）、サイコ（精神的・心理的状態）、ソーシャル（社会環境状態）といった多面的かつ整理した視点で冷静に物事を考える時間を作ることや、そのような視点を持てるようなスーパービジョンをすることが必要である。

【スーパービジョン】

実習期間が半分終わったところで、中間反省会があった。この反省会の場面で、実習指導者であるD指導員は、Aさんの話をじっくり聞いた。そのうえで「Aさんはこれから、どうしたいと思いますか？」と質問した。

Aさん「…わかりません。もうちょっと現場の役に立とうと思っていたのですが、言われたことをするばかりで、自分でも積極性がないと思います。あと、C子ちゃんともっと仲良くなりたいと思っていたのですが、どうもイラつかせてしまったようで…」
D指導員「そう、役に立ちたいと思っているんですね。ところで、Aさんは現場の役に立つために実習に来ているのでしょうか。勉強するためではなかったかなと思うのだけど…」
Aさん「あっ…そうですね。本当だ。私、役に立とうとしていました」
D指導員「施設側は、実習生であるAさんに対して、日々の業務の役に立つことよりも、この現場と子どもの様子をよく見聞きして、現場のあり方や支援の方法を学びとることを期待しています。だから、役に立たないなんて心配しなくても大丈夫ですよ。それと、C子ちゃんについてですが…C子ちゃんの年齢や性格を考えてみましょうか」
Aさん「C子ちゃんは気が強い13歳の女の子です。思春期の真っ只中で、職員さんに反抗することも多いと聞いていますから、実習生である私に対しては、なおさら反抗されても仕方がないなとも思いますが…」
D指導員「反抗されても仕方ない、と思うのですね。そう思っている一方で、自らの介入をB子ちゃんが受け止めてくれない状況に、Aさんが問題を感じているのは、何があるためでしょうか。一度考えてみてくださいね」

Aさんはその日の実習日誌に、「私のC子への介入は、C子の気持ちに寄り添ったものではなく、自分の焦りからくる気持ちの押しつけであることに気づいた」と書いた。

この時以来、Aさんは距離感を考えてC子に関わることができるようになった。実習の終盤には、C子のコミュニケーションの背景に何があるかということを考え、C子に対して職員がどのような配慮をして支援しているのか、C子とC子の家族との関係性などにも注目して学びを深めることができるようになっていった。

2）入職1年目の施設職員として

【場面】

実習先であるB児童養護施設に就職して1年、Aさんは楽しく充実した仕事をしながらも、日々の支援に悩むことは多かった。

B児童養護施設では、あらかじめ決められた年間研修計画がある。今日は、3か月に一度設定されている、入職1～2年目の職員同士4名でのピアスーパービジョン（上下関係のない同僚や仲間同士で行なうスーパービジョンのこと）の日である。前回のスーパービジョンでは、同期入職のEさん（指導員）から「Aさんの優柔不断な態度が、子どもに甘えを出させる隙を与えているのではないか。もっと毅然とした態度をとらないといけないのではないか」と指摘された。これをふまえ、Aさんは、もっとしっかりしなければいけないと考え、この3か月、自分なりに努力した。

すると、今まで何かとAさんにまとわりついていた小学4年生のF男が、Aさんから距離をとるようになった。また、F男はそれまで順調だった生活態度がだらしなくなったり、Aさんに暴言を吐くことが増えたりと、Aさんから見て不安定な部分が増えてきているように感じていた。

ある日の夕食時、椅子の上に片膝を立てた格好で食事をしようとしていたF男に対し、Aさんが注意したところ、F男は「俺の勝手だろ！」と言い返し机をバンと強く叩いた、そこから口げんかのような言い合いが始まってしまった。やがてやり取りの中で、F男が「どうせAさんは俺のこと嫌いになったんだろ、どうでもいいんだろ」とAさんを責めた。Aさんは最近のF男の不調の原因はここにあるのではないかとハッと気づいた。そして「F男くんのことは嫌いにならないよ。むしろ大好きだよ。だからこそ、そんな言い方をされたらすごくつらいし、傷つくのよ。でも、嫌いになった、って思わせてしまっていたのね。よかったらどうしてそう思ったか教えて欲しいの」と返した。これを聞いたF男は、だまりこんだ。そして、やがて椅子の上から足を下ろし、静かに夕食の続きを食べ始めた。

翌朝、F男はAさんが一人でいるところにそっと寄ってきて「ゆうべは、ごめんなさい」と言った。そして、自分の思いを話し始めた。

【解説】

日々の仕事の忙しさから、現場における研修はどうしても後回しになりがちである。これを予防するためには、組織の年間研修実施計画を立て、予定行事として組み込むという方法がある。研修の実施方法も、職員全員がそろった講義形式の研修をするとなると実施体制が取りづらいが、1対1のスーパービジョンや、上記のような経験年数が近い者同士でのピアスーパービジョン等、職員が参加しやすい体制を工夫する必要がある。

　また、経験年数を重ねた職員が初任者に対してスーパービジョンをする際、自分が上手くできている方法を勧めたり、自分の考え方を押しつけたアドバイスをしたりといったことが起こりがちである。アドバイスをすること自体は悪いことではないが、スーパーバイジーがスーパーバイザーとの対話の中で自ら考え、エンパワメントされ、専門性を高めていけるような働きかけや研修システムの構築を心がけたい。

【スーパーバイズ】

　Ａさんは F 男とのやりとりをピアスーパーバイズの場面で話した。

Ａさん「私が今回、Ｆくんの不調に出合ったのも、また逆に、Ｆくんに対して真摯に自分の思いを伝えることができたのも、この１年間、Ｆくんと私が築いてきた関係性があるからだと気づいたんです。Ｆくんは私に対して、その関係性の変わり方に対する不満と、それから多分…不安を訴えてきたのだなと思いました。そんなＦくんに誠実でいようとすると、自然とこのようなやりとりになりました」

Ｇさん（保育士・２年目）「なるほど。Ｆくんが不安を言葉に出してくれて、またＡさんもそれに気づけて、よかったですよね。自分の思いを素直に、誠実に伝えるって、シンプルだけど大事ですね…」

Ｅさん（指導員・１年目）「僕は前回Ａさんに、毅然とするといいと言ったけれど、今考えてみれば、僕自身が、子どもとの関係性において、相手になめられないようにしようと必死になって虚勢を張ってしまうことが多いのだなと気づきました。誰のため、何のためのコミュニケーションなのか、うっかり忘れていたようです。僕、支援に対する自信のなさを、勢いで無理矢理なんとかしようとしてしまう時があるかもしれないなぁ…」

Ｇさん（保育士・２年目）「Ｅさん、私もそんな時があります！つい自分の痛い所をつかれたように思ってしまって、混乱してしまうんですよね。自分がどう感じているのか、セルフモニタリングって重要ですよね」

Ｈさん（指導員・２年目）「そういえば…私は最近、発達障害があるＩ美ちゃん相手だと、特にコミュニケーションがうまくいかない時が多くて、つい混乱して、自分の感情を見失ってしまうんです。本を読むなどして自分なりに勉強はしているのですが、実際にＩ美ちゃんとのコミュニケーションの中で、勉強した内容を活かすのはまだなかなか難しくて…」……

　参加者にとって、今回のスーパービジョンは、子どもとの関係性のあり方や、率直な自分の思いに気づくことの大切さ、また、その思いを支援の中でどう活かしていくのか等、多くの学びを得る機会となった。

後日、この日の報告書を読んだJ主任指導員は、数か月後に行なわれる発達障害に関する体験型の研修のチラシを4人に渡し、参加希望を募った。Hさんと A さんから参加したいという声が上がり、I主任は2人が研修に参加できるよう、勤務調整をした。

今、児童福祉施設では、被虐待の経験がある子ども、発達障がいがある子ども、複合的な問題を抱えた家族のケースなど、対応に高度な専門性を求められることが多い。各職員は研修等を通じて研鑽を積む機会を積極的に持つ必要がある。

一方で、子どもの支援には、自らの価値観、ものの見方、考え方のありようが大きく影響する。ここにあげた2つの事例も、自らのありように気づいていくプロセスであった。子どもと向き合う大人として「よい大人」であろうと背伸びをするよりも、まずは自分の“今”を知り、その自分をどう活かして、子どものかたわらに生きる者としてありたいか、自らに問うことが大切である。そのような時、志を同じくする先輩や仲間などと話し合う機会があると、共感や新しい気づきに出会い、子どもの支援者として、よりよく成長していくことができるのである。

（西川友理）

【引用文献】
†1　児童養護施設等の社会的養護の課題に関する検討委員会・社会保障審議会児童部会社会的養護専門委員会　2011年「児童養護施設の課題と将来像」
†2　厚生労働省雇用均等・児童家庭局長通知　2012年「児童養護施設運営指針」
†3　全国児童養護施設協議会　2015年「児童養護施設の研修体系～人材育成のための指針～　児童養護施設職員の研修体系構築に向けた検討委員会報告書」
同年、乳児院についても全国乳児福祉協議会により、「乳児院の研修体系―小規模化にも対応するための人材育成の指針」が発表されている
†4　特定非営利活動団体　日本ソーシャルワーカー協会　2005年「ソーシャルワーカーの倫理綱領」
†5　社会福祉法人 全国社会福祉協議会　全国保育協議会　全国保育士会　2003年「全国保育士会倫理綱領」
†6、†7　厚生労働省 雇用均等・児童家庭局 家庭福祉課 2014年「児童自立支援施設運営ハンドブック」281ページ
†8　社会保障審議会児童部会社会的養護専門委員会とりまとめ（2012年）「児童養護施設等の小規模化及び家庭的養護の推進のために」6ページ～7ページ

2. 障害者福祉施設

(1) 人材育成の概要

障害者支援の現場における相談援助は、障害者の日常生活及び社会生活を総合的に支援するための法律（以下、障害者総合支援法）に規定される障害福祉サービス事業所、発達障害者支援法に規定される発達障害者支援センター、障

害者の雇用の促進等に関する法律（以下、障害者雇用促進法）に規定される障害者就業・生活支援センター等さまざまな現場で行なわれている。しかし、本節においては、相談援助職として明確に位置づけられている相談支援事業所の相談支援専門員を取り上げることとする。

1）相談支援事業とは

障害者福祉の分野において、相談支援が法的根拠をもって示されたのは、障害者自立支援法（現　障害者総合支援法）においてである。現行の相談支援の体系は図 6-1 に示す通りである。

基本相談支援は、障害者、障害児の保護者または介護者からの相談に応じ、必要な情報の提供や助言を行なったり、これらの人々と市町村や障害福祉サービス事業者等との連絡調整を行なったりするものである。地域相談支援は、地域移行支援と地域定着支援に分かれており、地域移行支援は、障害者支援施設等に入所している障害者や精神科病院に入院している精神障害者に対し、地域移行支援計画の作成、住居の確保、外出の際の同行、障害福祉サービスの体験的な利用支援、体験的な宿泊支援、その他地域での生活に移行するための活動に関する相談や関係機関との連絡調整等を行なうものである。地域定着支援では、地域で単身等で生活する障害者に対し、常時の連絡体制を確保し、緊急時に支援を行なう。計画相談支援は、サービス利用支援と継続サービス利用支援に分かれている。サービス利用支援では、サービス利用にあたってサービス等利用計画案を作成し、サービス利用が決定した後、サービス等利用計画[†1]を作成する。継続サービス利用支援は、サービス利用開始後、サービスの利用状況やサービス等利用計画が適切であるかどうかなど、利用状況を検証するとともに、障害者等の状況や意向をふまえ、サービス等利用計画の見直しを行なう。

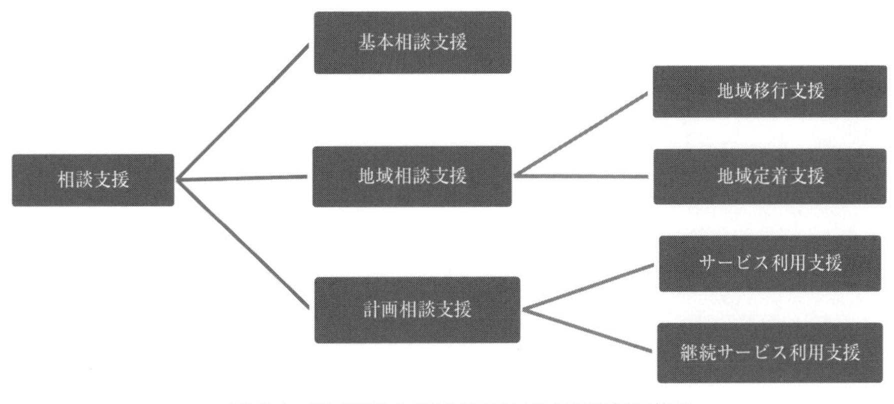

＊図 6-1　障害者総合支援法における相談支援の体系

2）相談支援専門員とは

これら相談支援において、配置される人員が決められており、相談支援専門員は、相談支援事業所において相談支援を行なう者である。その要件については図 6-2 に示すが、研修制度の見直しが図られ、2020（令和２）年度以降初任者研修、現任研修ともに新カリキュラムによる研修が実施されることになっている。また、現任研修を受講して３年以上の実務経験を積んだ相談支援専門員が、主任相談支援専門員研修を受講すると、主任相談支援専門員として配置されることとなった。

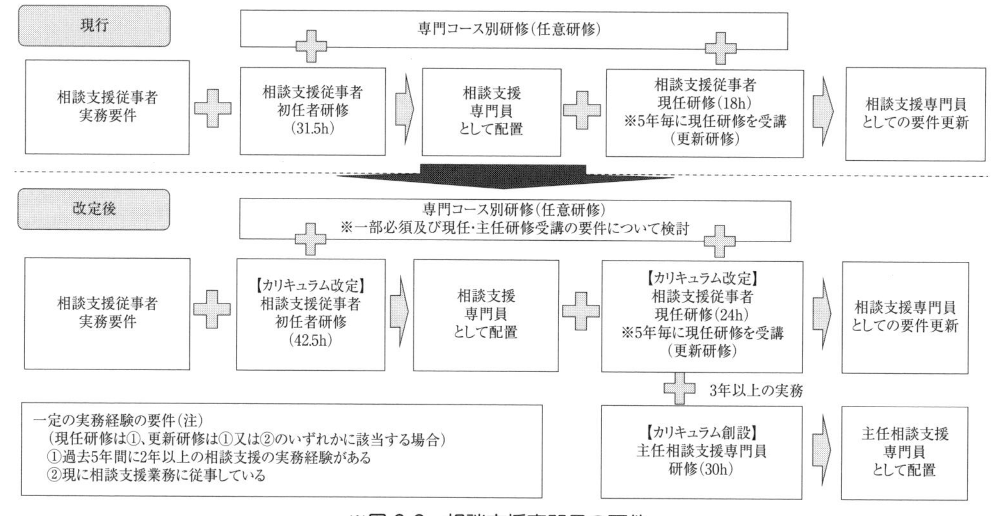

※図 6-2　相談支援専門員の要件

出所　厚生労働省ホームページ　平成 30 年 3 月 2 日開催　社会保障審議会障害者部会資料
http://www.mhlw.go.jp/file/05-Shingikai-12601000-Seisakutoukatukan-Sanjikanshitu_Shakaihoshoutantou/0000195407.pdf

3）相談支援専門員のキャリアパス

図 6-2 のように、主任相談支援専門員が新たに位置づけられた。主任相談支援専門員は、地域づくりや人材育成、困難事例への対応など地域の中核的役割を担う専門職として期待されるとともに、相談支援専門員のキャリアパスを明確にするために創設された。

まずは相談支援専門員として、基本相談支援を適切に行ない、個別ケースに対応できる力を身につけることが求められる。これには、利用者のニーズや生活の状況、これまでの生活を把握しながら、利用者の望む生活の実現に

※図 6-3　相談支援専門員のキャリアパス

出所　厚生労働科学研究費補助金　障害者対策総合研究事業　障害者政策総合研究事業（身体・知的等障害分野）相談支援従事者研修のプログラム開発と評価に関する研究（研究代表者：小澤温）総括研究報告書（2017）を参考に筆者作成

向けてサービス等利用計画を作成することも含まれる。そして、相談支援専門員としての経験を積みながら、地域を基盤としたソーシャルワークを実践できる力を高めていく。主任相談支援専門員は、地域や事業所の指導的役割と位置づけられ、相談支援専門員のスーパーバイザーとしての役割が期待される（図6-3）。

(2) 実践事例と考察

1）事例の概要

本事例で取り上げるのは、相談支援従事者初任者研修を受講後、半年経験を積んだ相談支援専門員Ａ氏である。

Ａ氏は生活介護事業所[†2]で生活支援員として障害者支援に５年従事し、相談支援従事者初任者研修を受講し、同じ法人が運営する指定特定相談支援事業所に配属となった。福祉系大学を卒業しており、社会福祉士の資格をもっている。在学中の実習は就労継続支援Ｂ型事業所で実習を行ない、実習では一人の利用者を対象に個別支援計画の作成に取り組んだ。

相談支援専門員として仕事をスタートした当初は、大学在学中、熱心に勉強に励み取得した社会福祉士の資格を発揮できる仕事であると、高い意欲を示していたが、半年を過ぎた辺りから業務中にパソコンの画面を見ながらため息をつくことが増えてきた。その様子に気がついた10年のキャリアをもつ相談支援専門員Ｂ氏がスーパーバイザーとして話をきくことになった。

2）事例の展開

Ａ氏は、基本相談支援および計画相談支援を担当してきたが、サービス等利用計画案（以下、計画）の作成に際し、自分が作成した計画が利用者の役に立っているのかどうか不安であり、どのような計画を立てればよいのか、悩むようになったと話した。Ｂ氏がさらに話をきいていくと、計画作成において重要であるアセスメントにつまずきを感じている状況が確認された。Ａ氏はこれまでも、困ったことがあったらＢ氏に相談して対応にあたってきており、その時々での困りごとは解決できていたが、相談支援専門員として経験を積む中で露呈してきた根本的な疑問に戸惑っているようであった。

Ａ氏が相談支援専門員としての方向性を見失っているように感じたＢ氏は、基本に立ち返ろうと初任者研修テキスト[†3]（以下、テキスト）を持ち出し、まず相談支援専門員の役割について説明を行なった。相談支援専門員は、障害者ケアマネジメントのキーパーソンであり、インテーク、アセスメント、プランニング、モニタリングといった一連の過程を実践していく力が求められることを伝えた。これにはＡ氏も既に知っていることとしてうなずきながら聞いていた。その後、B氏はA氏に対し、「計画作成にあたって、障害者やその家族からどのようなことを聞いているか」とさらに質問を重ねた。「障害者の障害の種類や程度、家族の状況、障害者や家族が困っていることを中心に、支援を考えるうえで参考になりそうなことは何でもきくようにしている」とA氏は答えた。

この答えを受けてB氏は「エンパワメントという言葉は知っているか」とA氏に尋ねた。A氏は「大学の授業で重要な言葉であると何度も聞いたことがあるし、実習中に実習指導者からも説明は受けて知っている。力を高めることである」と答えた。続けてB氏は「では、あなたが障害者やその家族とかかわるうえで、どのようにエンパワメントを意識しているのか」とA氏に問いかけた。A氏ははっとした表情でB氏を見つめ、知識として頭の中では理解しているつもりであったが実践できていなかったと述べた。

B氏は、障害のある人の中にはこれまで自分の意見を尋ねられたり、自分で物事を決定したりする機会を得られず、自身のもっているパワーに気がつかない、あるいはパワーレスな状態に置かれている人がいること、また障害者の介助を一手に引き受け、今後の生活の展望を描けない家族もいること、障害の種類や程度、困りごとのみに注目するのではなく、おのおののもつストレングスにも目を向け、双方で共有しながら、これからの生活の希望を丁寧にききとり、計画を共に考えていくことが障害者や家族のエンパワメントにつながると話し

＊表6-1　障害者相談支援従事者初任者研修テキストに示されたサービス等利用計画作成のポイント

○サービス等利用計画の備えるべき特徴

1. 自立支援計画であること
2. 総合支援計画であること
3. 将来計画であること
4. ライフステージを通した一貫した支援計画であること
5. 不足するサービス・資源を考える契機であること
6. ネットワークによる協働であること

○サービス等利用計画作成のチェックポイント

1. エンパワメントの視点が入っているか
2. アドボカシー（利用者の権利を擁護し、利用者の権利や主張を代弁すること）の視点が入っているか
3. トータルな生活を支援する計画となっているか
4. 連携・チーム計画となっているか
5. サービス等調整会議が開催されているか
6. ニーズに基づいた計画となっているか
7. 中立・公平な計画となっているか
8. 生活の質を向上させる計画となっているか

出所　障害者相談支援従事者初任者研修テキスト編集委員会編（2013）『三訂　障害者相談支援従事者初任者研修テキスト』中央法規、148-149

た。また、面接においては相談支援専門員の関心事を中心に進めてしまうと、尋問をしているようになってしまい、障害者や家族が十分に話せた、あるいはきいてもらえたという満足感を得ることができず、信頼関係の構築にも影響が出ると指摘した。さらにＢ氏はテキストの計画作成のポイント（表6-1）を示しながら、相談支援専門員として必要な視点について話した。

Ｂ氏の話をきき、Ａ氏はこれまで障害者や家族のストレングスを見ようとしてこなかったこと、面接では傾聴の姿勢が欠けていたこと、計画について障害者や家族の将来を描くというよりは、今の困りごとがこれ以上大きくならないようにすることを重視していたことに気がついた。また、テキストをふりかえり、見落としていた視点を確認することができた。

(3) 事例のまとめ

Ａ氏が計画作成に際し悩んでいたのは、自分中心に進めていた面接を通したエンパワメントの視点を欠いた不十分なアセスメントに基づき計画を作成しようとしていたこと、そして計画は困りごとを解決するものと無意識に捉えていたことに原因があった。

塩満は、相談支援専門員の新人期においては、「利用者に対する一方的な理解」や「あれもこれも訊く面接」により「ひとりよがりの解釈」を生み、「ことが起こらないための関わり」といった「先回りの援助」となると報告している[†4]。Ａ氏の事例もこれに該当するものであったといえる。

Ａ氏は障害者支援の経験は５年あったものの、相談支援業務に従事するのは初めてであった。通所・入所施設での生活支援員としての経験が豊富な相談支援専門員が、相談支援業務に従事した当初は対応に苦慮することが多かったとの報告があり、相談支援専門員としてのスキルアップや個々の相談支援専門員を組織的に支える仕組みが必要であると指摘されている[†5]。また、相談支援専門員が自己のふりかえりをする機会が得られにくく、他者から指導や助言を受ける機会やそれができる人材・場所が少ないとの指摘もある[†6]。

このように、相談支援専門員に対するスーパービジョンの充実はこれからの課題であるといえる。特に新人の相談支援専門員については経験が少なく、実践で活用できる知識や障害者・家族に提示できる選択肢が少ないことが考えられる。また、同じ相談支援専門員との関係形成もこれからという状況にあるため、何かあった時に相談できる相手がいないこともあるだろう。そのため、相談支援専門員としてスキルアップを図ったり成長を促したりできるようなスーパービジョンの機会を保障することは重要である。その際、今回の事例のように、受講した研修と結びつける形でスーパービジョンを行なうことは理論と実践を結びつけることに役立つと考えられる。また、スーパービジョンにおいては、スーパーバイザーの一方的な指導ではなく、スーパーバイザーとスーパーバイジーとの双方向のかかわりを通してスーパーバイジーの気づきを促すような取り組みが求められる。

新人であってもベテランであっても、相談支援専門員のかかわりが障害者や家族の今後の生活に影響を与えることに変わりはない。このことは何も相談支援専門員にのみ言えることではない。スキルアップや成長の責任を個々に課すのではなく、社会福祉の専門職として、人材育成や支援の質の向上にどう取り組むかが問われている。

（柿木志津江）

【注・引用文献】

†1　サービス等利用計画案とは、障害者の心身の状況やサービス利用の意向に基づき、利用を希望する障害福祉サービスや地域相談支援の種類・内容等を定めた計画。サービス等利用計画とは、上記サービスや地域相談支援の支給決定等が行なわれた後に、関係者等との連絡調整を行ない、障害福祉サービスや地域相談支援の種類および内容、担当者等を記載した計画である。

†2　障害者総合支援法に規定されるサービスの一つ。介護を必要とする障害者に、昼間、入浴、排せつ、食事の介護等を行なうとともに、創作的活動または生産活動の機会を提供する。

†3　障害者相談支援従事者初任者研修テキスト編集委員会編（2013）『三訂　障害者相談支援従事者初任者研修テキスト』中央法規

†4　塩満卓（2016）相談支援専門員の利用者に対する14の援助者役割とその獲得機序（第一報）－知的障害者領域における6名のベテラン相談支援専門員へのインタビューから－」『福祉教育開発センター紀要』13、161-178

†5　横山順一（2017）「障害者相談支援についての事例的考察－計画相談支援を中心に－」『山口県立大学学術情報』10、103 - 111

†6　厚生労働科学研究費補助金　障害者対策総合研究事業　障害者政策総合研究事業（身体･知的等障害分野）相談支援従事者研修のプログラム開発と評価に関する研究（研究代表者：小澤温）総括研究報告書（2017）

【参考文献】

厚生労働省（2019）『「相談支援の質の向上に向けた検討会」における議論のとりまとめ』（平成31年4月10日）2019.10.23確認

http://www.mhlw.go.jp/content/12201000/000500486.pdf

3. 高齢者福祉施設

（1）人材育成の概要

本節では、高齢者福祉の現場の中でも、入所型の施設における相談援助職についてとりあげる。

1）相談援助職の仕事

高齢者福祉、とりわけ入所型の施設において、相談援助職の仕事内容は多岐にわたる。例えば、主な仕事である相談業務については、入居の申し込みの相談において、サービスの内容や手続きの説明をしながら、相談者の訴えや今おかれている状況を丁寧に聴き取り、それぞれのケースに応じた助言を適切に行なうことが求められる。また、施設入居後には、利用者やご家族の日々の相談に応じながら、個々のニーズを適宜把握し、施設サービス計画の作成や、計画実施後の見直しなどを通じて、その方の状況に応じたサービスの提供を行なうことが必要となる。

サービス提供に向けては、施設内において、医療の専門スタッフとして治療にあたる医師、健康管理を担う看護師、介護を行なう介護福祉士、リハビリテーションを行なう理学療法士や作業療法士、栄養管理を担う栄養士、食事の調理を行なう調理員など、他職種との連携が欠かせない。異なる視点から利用者の生活を支援する専門職間の連携において、特に、連絡・調整としての機能を担う相談援助職が果たす役割は非常に大きい。また、各部署においても、利用者にサービス提供を行なっていくうえでの課題や目標の共有に向けて、連携が円滑に行なわれているか、もし何らかの支障があれば、その原因を解明し、対応していくことが求められる。

また、相談援助職は、施設外のさまざまな社会資源を活用しながら、利用者の支援を行なっており、施設と地域をつなぐ役割も担っている。利用者の生活が施設内だけで終始するのではなく、地域を取り込んだかたちで展開できるような環境を整えることは、利用者が地域社会の一員としての生活を送るうえでたいへん重要な意味を持つ。例えば、地域住民を施設の行事に招いたり、あるいはボランティアとして受け入れることで、利用者はさまざまな活動や行事を通して、地域の方々と交流することができる。日常の人間関係とは異なる人々との触れ合いは、利用者の暮らしに刺激を与え、そこで展開される多様なプログラムが生活の質を向上させることにもつながる。

さらに、施設が持つ機能を活かして各種講座などを開き、地域住民を施設に迎えることは、地域の社会資源の一つとしての施設の存在を周知させ、第三者の目を通じて施設サービスの質を向上する機会にもなる。相談援助職は地域の方々と関わりながら、そのような機会をコーディネートする役割も期待される[†1]。

2）相談援助職に求められる視点・姿勢

質の高い福祉サービスの提供は、その根底に「利用者を尊重する理念」をすえて、利用者一人ひとりの生活を優先した「利用者中心の支援」により成り立つものである。相談援助職は、利用者を一人の大切な存在として尊重し、敬意を持って関わっていくこと、利用者が抱える問題状況のみに目を向けるのではなく、ご本人が持つ潜在的な力や成長できる存在として肯定的にとらえていく視点や、ご本人の可能性を利用者とともに追究していく姿勢が何よりも大切である。また、利用者が自らの人生を「その人らしく」送ることができるよう、利用者の気持ちに寄り添い、思いを引き出しながら、その方の生活にどのような支援が必要であるかを考えることが重要である。利用者の意思を尊重しながら、ご本人の視点で、個別的に支援のあり方を追究していく姿勢が求められる[†2]。

3）相談援助職に求められる力

相談援助職が利用者のニーズに合った援助を行なうためには、社会福祉専門職としてさまざまな知識、価値・倫理、技術が求められる。とりわけ、利用者主体のサービスを提供するにあたっては、利用者自身の状況や思いをよく理解する必要があり、そのために利用者とコミュニケーションを図る力が欠かせない。日常生活場面などを通して、利用者との言語や非言語によるコミュニケーションを介して、ご本人をよく観察し、その方の気持ちを受け止め、抱いている思いに耳を傾けながら、個別理解を深めることが重要となる。

高齢者福祉の現場の中でも、特に入所型の施設サービスにおいては、相談援助職が利用者と言語を通してコミュニケーションを図ることが著しく困難となり、ご本人の気持ちを受け容れて理解し、主訴をつかむことが難しい場面が少なくない。例えば、認知症などの症状によって、利用者が物事を認知し、判断する能力が十分にない場合には、代弁による働きかけが重要であり、利用者本人を意思ある人として、最大限にその意向を把握するために、高いコミュニケーション技術が必要となる。また、利用者が自尊心を回復できるよう、その方が持つ「ストレングス」を引き出すような対話など、情緒的な支持も含めた側面的な支援が求められる[†3]。

また、利用者とのコミュニケーションは、単なる会話ではなく、利用者の援助を目的に展開されるものであり、対人援助の基盤となる、利用者や家族との信頼関係（ラポール）の確立においても重要な意味を持つ。

さらに、相談援助職は、利用者とのコミュニケーションに加えて、ソーシャルワークのプロセスを通して、施設内外における他職種と連携し、社会資源を活用しながら支援を行なう。そこでは、他の関連施設・機関および専門職種、NPO、地域住民やボランティアなどとの関係づくりや連絡調整が不可欠であり、その中心的な役割を担うソーシャルワーカーには、関係者と円滑にコミュニケーションを図る力も求められる[†4]。

4）相談援助職の人材育成

では、このような相談援助職を育成するためにはどのような取り組みが必要であろうか。一般に、「支持的機能」「教育的機能」「管理的機能」などの機能を持つスーパービジョンが、スーパーバイジーとしての新任職員が専門家になる訓練を受け、成長できる機会として重視されている。

一例として、植田は、「対人援助におけるスーパービジョンとは、当事者により質の高い援助を提供するために、人材育成と人材活用を目的として明確な目標を掲げ、スーパーバイザーによって行われるスーパーバイジーの成長を支援する、また、その体制を整えるプロセスである」と定義している。ここでは、人材育成や人材活用を目的として、職員同士が関わっていくこと、そのための体制を整えていくことなど、取り組みにおけるプロセスすべてをスーパービジョンととらえている[†5]。

そのうえで、対人援助におけるスーパービジョンの必要性とその機能、スーパービジョンを実践する困難さについて、以下のように説明している[†6]。

まず、援助を必要としている人の人生に向き合い、支える対人援助の仕事では、利用者との援助関係において、また援助者間の人間関係において、多くのストレスを抱えやすい側面がある。一人でストレスを抱え込んだ結果、心身に影響をきたしたり、燃え尽き症候群（バーンアウト）の症状につながったり、早期に退職する人が増え、人材が定着しない要因にもなりうることから、スーパービジョンを通して「援助者を支える必要性」（支持的機能）がある。

また、利用者との援助関係においては、検討すべき問題や課題はケースごとに異なるものであり、援助者間においては、異なる視点を持つ専門職同士で援助における目標を共有していく必要があることから、常に学習や訓練を通して「援助者を育てる必要性」（教育的機能）がある。

さらに、援助者は、組織の一員として利用者に適切なサービスを提供していくうえでの社会的責任を負っている。そのような中で、任された業務を十分に遂行ができない状況が生じた場合には、その職員やチームが業務を計画的に行なっていけるよう「援助者に管理的な支援をする」（管理的機能）がある。

このようなスーパービジョンは、対人援助の現場で実践する難しさもあり、その要因として次のような点があげられる。

- 多くの専門職がともに仕事をする介護の現場においては、介護職が同じ介護職の上司以外の専門職から指示を受けることもあり、その場合、専門性を高めるためのスーパービジョンを行なうことが難しい。
- 対人援助の職場においては、さまざまな仕事を経験しながらキャリアを積んでいくケースが多い。例えば、介護職としての経験は長いものの、現在就いている相談援助職の経験が浅い場合には、対人援助の職場での経験年数のみで、相談援助職のスーパーバイザーとしての役割を担うことが難しい。
- 24時間体制で利用者の生活支援を行なう入所施設では、近年の人材不足も重なり、スーパービジョンの時間を確保することが難しい。

・　管理者の理解不足のため（スーパービジョンは何をめざすものか、組織としてどう取り組むか）、スーパービジョンを行なうことが難しい

以上のように、スーパービジョンは利用者に質の高いサービスを提供するうえで欠かすことができない取り組みであるものの、その実践に向けては、異職種間の現場での指示体制、スーパーバイザーの担い手の条件、スーパービジョンを実施する体制の整備、管理職や組織全体の意識改革やシステムづくりなどを課題として、現場の状況に応じた検討や工夫が求められる。

加えて、スーパービジョンについては、その展開において活用できる手法の一つとして、コーチングがある。わが国では、近年、保健・医療・福祉の分野で導入されており、スタッフ養成法としても期待が寄せられている。コーチングは、「指示・命令や助言によって答えを与えるのではなく、本人に答えをもらいながら自己決定を引き出し、自己解決を支えていく過程」である。例えば、特別養護老人ホームにおいて、新任職員が利用者との関わりにおいて難しさを感じているケースにおいて、先輩職員から「あなたの関わりに問題がある」、「Aさんには○○な対応をしなくてはだめよ」と頭ごなしに指導されても、新任職員は「自分の関わりがまずくて叱られた・・・」と受け止めたり、指示されたことだけを忠実にこなすことに専念して解決につなげてしまいがちになる。一方のコーチングでは、スーパーバイザーが、「Aさんとの関わりでどんなことに困っているの」「どのように関わってきたの」「いま、Aさんとのやりとりが難しいのは何が原因だと思う」「どうしようと思っているの」など問いかけながら、スーパーバイジーの解決策と自発的に行動する力を引き出し、支援していく。コーチングは、スーパーバイジーである新任職員が、援助のかたちはケースによってさまざまであり、その答えは一つではないことに気づき、利用者と向き合いながら、その答えを考え、見いだしていくことが大切であることを学ぶうえで有効な手法であるといえる[†7]。

さらに、相談援助職をはじめ、福祉サービスの担い手である専門職員の育成に向けては、近年、福祉現場におけるOJT（On the Job Training：職務を通じた研修）も重視されている。

津田によれば、OJTは、「業務を通して、職場の先輩や上司が後輩や部下に直接かかわっていく」かたちをとるところに特徴がある。OJTの前提として、職務に求められる能力と各職員が持つ能力には差、すなわち「研修ニーズ」があり、特に、福祉現場で働く職員の育成には、「<社会人として>求められる規律やマナーの習得」、「<組織人として>組織の基本理念を土台とした運営方針（経営方針）に基づき、職場のチームワークやコミュニケーション、利用者支援の方針についての理解」、「<職業人として>専門的な職業意識を持ち、プ

ロとして利用者の自立生活支援に取り組む」ことが要素として含まれる。OJTを進めるうえでは、その目標設定を階層別に行なう必要があり、特に新任職員に対しては、「育てる」ことがキーワードとなる。具体的には、「業務標準の徹底」を指導目標として、「社会人の自覚を身に着けること、仕事の基本を身に着けること、組織の一員としての自覚を図ること、職場での基本的態度を徹底すること、指導計画表を作成して、定期的に面談すること」などの課題があげられる[†8]。

(2) 実践事例と考察

ここでは、事例をもとに、相談援助職の育成について考えていきたい[†9]。

1）相談援助職の立場から介護現場の意識や業務改善に取り組む事例：利用者本位サービスに向けて

Oさん（27歳）は、特別養護老人ホームA施設で介護職を3年勤め、今春、相談援助職として働き始めた社会福祉士である。Oさんは、採用試験の際、大学での専門的な学びを活かして、利用者本位のサービスを提供することを志していること、そのために、まず介護職としての経験を積み重ね、将来、相談援助職として利用者の生活を支えていきたいという意思を伝えていた。今年、その希望が実現し、相談援助の専門職である生活相談員としてのキャリアをスタートすることとなった。

Oさんの施設では、生活相談員が事務作業をするデスクが利用者が過ごすフロアの一角にあり、日頃、職員が利用者と関わる様子を目にすることができた。A施設では、新卒介護職員が3名採用されており、その1人であるMさんが、Oさんのいるフロアに配属されていた。Mさんは、日々の業務において、利用者と丁寧な言葉かけや関わりを行なっていた。その様子は、Mさんの姿勢や態度にもよく表われており、施設長や介護主任は、「良い人が来てくれたので、現場の意識や取り組みも良い方向に変わるだろう」と、Mさんの業務姿勢を高く評価していた。

実は、A施設では、提供されている介護サービスの質において改善すべき点があった。OさんとMさんのいるフロアでは、一部のベテラン職員数名が利用者本位とはほど遠い、援助者本位の介護をしており、他の職員もその影響を受けて同じような態度を示す傾向があった。施設長や介護主任は、そのような事態を改善すべく、ベテラン職員に注意を促していた。しかし、表面的な反省の態度を示すのみで、業務姿勢が改善されるには至っていなかった。

数か月後、Oさんは、Mさんの仕事ぶりが変化していることに気づいた。Mさんには、利用者を意のままに、時には力任せに動かしたり、「早くして！」

と指示・命令する言葉や、「もう！何やってるの！」と叱責するような言葉をためらいもなく投げかける様子が見られるようになった。Mさんの変化に気づいたOさんは、介護職の経験から、すぐにMさんを呼び、Mさんの利用者との関わりを強く注意した。Mさんは、「すみません」と謝りながらも、納得できない様子で、「私なりに一生懸命やっています。どうして、私だけ注意するのですか！」と目に涙をためて訴えた。

その後、Oさんは、フロアリーダーにこの出来事を報告した。そして、Mさんに対する自らの関わりが良かったのか、介護職の頃から気がかりであった現場の意識や業務の改善に向けてどのようなことができるのかについて、同じ施設内の経験ある生活相談員のK先輩に相談した。

2）その場面で求められる教育的視点

これは、新任の生活相談員であるOさんが介護現場の意識改革や業務改善の必要性に気づき、取り組みを模索している事例である。

この事例で、生活相談員のK先輩がOさんを相談援助職として育てるポイントとして、まず、Mさんとの関わりをOさんと共にふり返ることがあげられる。Mさんと同じフロアで仕事をするOさんは、日頃、介護職の利用者との関わりを日頃から目にすることができ、Mさんの変化にも早い段階で気づくことができた。職種は異なるものの、昨年まで介護職をしていたOさんは、その経験をもとに、Mさんに問題があることをまず伝えることにした。しかし、就職時、利用者に丁寧な関わりをしていたMさんがなぜ、誤った関わりをしてしまったか、Mさん本人の思いや葛藤に耳を傾け、気持ちを引き出すことがないまま、一方的に非難するかたちとなってしまった。相談援助の専門職であるOさんにとって最も大切な“聴く”姿勢を欠いてしまったといえる。

その結果、指摘を受けたMさんには、一生懸命に仕事をしている、自分だけがなぜそのようなことを言われなければならないのかという思いだけが残った。利用者に寄り添い、その方のペースに合わせた介護を行なうことを大切にしていたMさんが、自分たちのペースで業務をこなすベテラン職員と仕事をする中で、少なからずプレッシャーを受け、「違和感」「葛藤」「あきらめ」の感情を抱きながら、利用者にとって“良い”職員から、次第に、ベテラン職員にとって“良い”人となってしまったことへの配慮が、Oさんの関わりに足りなかったことといえる。

これらに加えて、生活相談員のK先輩は、Oさん自身の相談援助職としての立場をあらためて問い、自己覚知を促すことも必要であろう。生活相談員であるOさんは、利用者をはじめ、日々、ご家族や現場の職員の声を聴きながら、利用者の生活を支えていく立場である。介護職としての知識はあっても、現在、

Oさんは介護職ではない。Mさんの業務についての指導はフロアリーダーや介護主任に委ね、むしろMさんが新任職員として、悩み、苦労していること、同じ介護職員に話しにくいことを第三者的に丁寧に聴いていくことに相談援助の専門職としての役割があるのではないだろうか。そのうえで、本人に了承のうえ、フロアリーダーや介護主任など現場を統括する立場にある職員とMさんの状況や抱える問題について共有していくことが大切である。

さらに、この事例において、Oさんを相談援助職として育てるポイントとして、生活相談員のK先輩は、介護現場における職員の意識改革や業務改善の課題を施設全体で取り組むべき課題として共有することがあげられる。これはOさんだけに限られた課題ではなく、Oさん自身が新任介護職とのやりとりを通して、生活相談員の立場から見いだした課題である。

就職当初、その活躍が期待されたMさんがベテラン職員と同じフロアに配属されたものの、施設長や介護主任が良い影響を期待するのみであったことには問題があった。介護職の経験があるOさんは、現場における職員の意識改革や業務改善の必要性を以前から認識していたからこそ、Mさんの変化に気づき、その場で誤った関わりを指摘しなくては、という強い思いに駆り立てられた点があったかもしれない。介護現場の課題については、特に、フロアリーダー、介護主任らとともに、問題状況を具体的に把握する必要がある。その際、利用者からの声や介護職や他職種間とのやり取りを通じて、改善が必要と思われることを生活相談員の立場から根拠をもって指摘することもできる。特に、日頃の利用者の様子や言動に現場が抱える問題や課題が反映されていないか、目を向けることが大切であろう。

また、現場の課題を認識している施設長や介護主任らが主導して、職員が学ぶ体制を整えていくことも不可欠である。例えば、ケアカンファレンスや事例検討会などを活用して、グループワークの手法を用いたスーパービジョンを展開するなど、職員が学ぶ機会を提供することができる。カンファレンスや検討会は、介護職だけでなく、Oさんら他職種にとっても、自身の業務における取り組みが利用者主体となっているかを見直す場となるだろう。

利用者本位のサービスが重視される時代にあっても、福祉現場では、介護の場面で利用者を急かす援助を行なったり、相談援助の場面で援助者が一方的に話を切り上げたり、援助者主導で業務が行なわれることがある。業務における専門性の向上には、職員の学びを推進する必要があり、施設長や管理職員、介護主任など主任クラスの職員、経験年数の長い職員がキーパーソンとなることが指摘されている。利用者本位のサービスとは何か、その基準となる基本原則を学ぶ機会を持つことがあらためて求められる。

（成清敦子）

【引用文献】
†1関西福祉科学大学社会福祉実習教育モデル研究会（編）（2014）『相談援助実習ハンドブック』ミネルヴァ書房 pp.27-28
†2津田耕一（2014）『福祉現場 OJT ハンドブック』ミネルヴァ書房 pp.3-4
†3狭間香代子（2008）『ソーシャルワーカーとケアマネジャーのための相談援助支援の方法』久美出版 p.51
†4北本佳子・湯浅典人（2005）『社会福祉援助技術』学文社 pp.18-19
東京都社会福祉協議会高齢者施設福祉部会編集（2006）『高齢者福祉施設生活相談員業務指針：業務標準化のためのガイドライン』東京都社会福祉協議会 p.64
†5植田寿之（2015）『対人援助スーパービジョン』創元社 p.16
†6植田、前掲書、pp.150-161
†7諏訪茂樹（2004）「自己決定と自己解決をサポートするコーチング」『日本保健医療行動科学会年報』vol.19, pp.78-87
植田、前掲書、pp.53-54
†8津田、前掲書、pp.13-19、26-27、82
†9久田則夫（2016）『福祉の仕事でプロになる』pp.90-98、107-109、232-236、p.238
本事例は、pp.91-93で紹介された事例をもとに筆者作成

4. 医療機関

(1) 人材育成の概要

日本は、かつて類をみないほどの早いスピードで少子高齢化が進んでいる。それに伴い医療現場における環境も大きく変化し、医療が高度化、多様化してきている。また、医療現場は、単なる病気の治療に止まらず、健康管理や予防、リハビリテーションなど医療の包括的ケアや、患者や家族等へ心理社会的問題の解決に向けた支援のあり方が求められている。そのような状況の中で、保健医療分野で医療モデルとしての「患者」ではなく、生活する「生活者」としての視点で患者の心理・社会・経済的支援を行なう医療ソーシャルワーカーの業務に期待が寄せられている。

医療ソーシャルワーカーの活動の場は、単に保健医療機関だけでなく、近年は在宅医療連携拠点事業や震災や災害の現場における災害支援活動などにも広がりつつある。このようにさまざまな現場でチームの一員として活躍する医療ソーシャルワーカーが増えつつある一方で、病院等の現場において、在院日数の短縮による退院調整や、機能分化の進展による多職種との連携の強化が図られ、ソーシャルワーカーとしての視点でのクライエント支援が十分行なえているのか、また役割の変化に伴うソーシャルワーカーのあいまい化によって、専門職としての本来のソーシャルワーカーの役割とは何かについての議論も出てきている。

このような状況をふまえたうえで、現在保健医療分野、特に医療機関で活躍するソーシャルワーカーたちがどのような観点で役割を担い、業務を遂行すべきか、次項以降では実践事例を通して考察していくこととする。

(2) 医療ソーシャルワーカーの業務

医療ソーシャルワーカーの職能団体である社団法人 日本医療社会事業協会（現 公益社団法人 日本医療社会福祉協会）が厚生労働省とともに掲げた（厚生労働省健康局長通知平成 14 年 11 月 29 日健康発 1129001 号）「医療ソーシャルワーカーの業務指針」によると、医療ソーシャルワーカーは、病院等において管理者の監督の下に以下の業務を行なうとしている（表 6-2)。

＊表 6-2 「医療ソーシャルワーカーの業務指針」

(1) 療養中の心理的・社会的問題の解決、調整援助 入院、入院外を問わず、生活と傷病の状況から生ずる心理的・社会的問題の予防や早期の対応を行なうため、社会福祉の専門的知識及び技術に基づき、これらの諸問題を予測し、患者やその家族からの相談に応じ、解決、調整に必要な援助を行なう。
(2) 退院援助 生活と傷病や障害の状況から退院・退所に伴い生ずる心理的・社会的問題の予防や早期の対応を行なうため、社会福祉の専門的知識及び技術に基づき、これらの諸問題を予測し、退院・退所後の選択肢を説明し、相談に応じ、解決、調整に必要な援助を行なう。
(3) 社会復帰援助 退院・退所後において、社会復帰が円滑に進むように、社会福祉の専門的知識及び技術に基づき、次のような援助を行なう。
(4) 受診・受療援助 入院・入院外を問わず、患者やその家族等に対する受診、受療の援助を行なう。
(5) 経済的問題の解決、調整援助 入院･入院外を問わず、患者が医療費、生活費に困っている場合に、社会福祉、社会保険等の機関と連携を図りながら、福祉、保険等関係諸制度を活用できるように援助する。
(6) 地域活動 患者のニーズに合致したサービスが地域において提供されるよう、関係機関、関係職種等と連携し、地域の保健医療福祉システムづくりに参画する。

また、2010（平成 22）年 3 月 19 日に取りまとめられた報告書「チーム医療の推進について」の中で、「医療スタッフ間の連携・補完を推進する観点から、他施設と連携を図りながら患者の退院支援等を実施する医療ソーシャルワーカー（MSW）等を医療スタッフの一員として積極的活用することが望まれる」と明記されており、医療ソーシャルワーカーがチーム医療の一員として位置づけられている。これにより、医療ソーシャルワーカーが医療相談室の相談業務に留まるだけでなく、院外他機関との連携もふまえた地域医療連携室等に籍を置くことも増えてきている。

(3) 医療ソーシャルワーカーの役割のあいまい化

先述のとおり、チーム医療の一員としての役割の変化、患者、家族のニーズの多様化等に伴い、今日の医療ソーシャルワーカーの果たすべき役割が変化してきている。たとえば、地域医療連携室に籍を置くことで、多職種、特に看護師との協働で相談支援業務や退院支援業務を行なうことも増え、それによって、ソーシャルワーカーの専門職としての存在意義や、役割遂行における「困難性」を抱えることが増えている。

1979 年から 1989 年にわたって米国の医療福祉分野に従事するワーカーに行なった調査では、「役割における対立」、「曖昧な役割」、「居心地の悪さ」、「賃金の不満」が、働く意欲の喪失と、バーンアウトを引き起こす要因であるという調査結果が出された（Siefert ら、1990）。ノルウェーの Jessen（2010）は、2010 年に現場と管理職のソーシャルワーカーに対する職業満足度について調査を実施し、調査結果から職業満足度には「社会的承認」が特に影響するとされた。これは、大切にされていると感じること、社会からソーシャルワーカーという職業が認知され、前向きなフィードバックがあることである。それをふまえて考察すると、職務満足度とバーンアウトには関連性があることが考えられ、職務満足度を高める要因、そしてバーンアウトを引き起こす要因として、以下の項目があげられる（表 6-3、表 6-4）。

職務満足度を高める要因とバーンアウトを引き起こす要因を見ると、医療ソーシャルワーカーの役割の変化や、あいまい化は、役割の葛藤、仕事への評価、低い社会的認知度を引き起こす要因につながり、結果としてワーカー自身のバーンアウトにつながる危険性がある。医療ソーシャルワーカーの役割変化、業務内容に求められるもの、組織システムの変化等により、医療ソーシャルワーカーを取り巻く環境が大きく変化しているが、同時に役割のあいまい化、困難性によって十分な支援活動を行なっているというコンピテンシー（自己肯定感）

が得られず、最終的に辞職せざることも懸念される。

＊表 6-3　職務満足度が高くなる要因

(1) 昇進への機会が公平で透明性が高い
(2) 質の高いスーパービジョンが受けられる
(3) 職場でのサポートが得られる
(4) 仕事に対して裁量権が与えられている
(5) 多様な仕事内容が与えられている
(6) ソーシャルワーカーとして社会的に承認されている（クライエントからの承認も含む）
(7) 仕事へのストレスが少ない

＊表 6-4　バーンアウトを引き起こす要因

(1) 昇給や賃金に対する不満がある
(2) 決定権のなさ
(3) 職場での居心地の悪さ
(4) 仕事に対する評価が低い
(5) 役割の葛藤（複数の役割の矛盾からくる情緒的・現実的葛藤）
(6) 曖昧な役割
(7) 過重な労働
(8) ソーシャルワーカーの基本的属性（年齢、家族構成、職務経験年数、教育、民族性等）

(4) 医療ソーシャルワーカーの現任教育

医療ソーシャルワーカーの現任教育について、職能団体である公益社団法人日本医療社会事業協会は厚生労働省と協同して研修会を行なっている。実務経験3年未満の初任者研修は、ソーシャルワーカーに必要な医学知識や生活機能障害、制度、診療報酬、支援論及び価値と倫理など18項目である。実務経験が上がるにつれて、提供される研修内容は、組織管理、実践評価、連携・協働、研究方法、スーパービジョンなど内容も変化していく。

職能団体が開催する研修会はスキルアップや機関外でのスーパービジョンを受けるのに重要な役割を果たすが、所属する機関内での職員研修も現任者教育には重要である。ここでは、職能団体や各団体などが開催する現任教育とはちがって、日々セルフスーパービジョンしていくためのスキルを紹介していくこととする。

1）アセスメントの重要性

アセスメントは、ソーシャルワーク実践プロセスの中でもとりわけ大事な要素である。Encyclopedia of Social Work.（19th.Ed.）に記述されているアセスメントとは、「知ること、評価すること、個別化することで、いかに対象者の問題に介入するか、問題解決するか」を見つけ出すことを目的に、情報を収集し、統合し、分析する一連のプロセスである。アセスメントは、単にアセスメントシートを記入することではない。たとえば、ソーシャルワーカーがクライエントの何気ない言動に気づくことで、今まで気にも留めていなかったことが、その言動に意味を見いだすことで、クライエントとのかかわり方に変化がでてくることである。アセスメントの一連のプロセスを繰り返し実践していくことで、クライエントとクライエントを取り巻く環境を理解することができ、最終的にソーシャルワーカーの実践に変化をもたらすことができる。

2）省察的な視点での実践学習

省察を広辞苑（2018）で調べてみると、「自分自身を省みて考えめぐらすこと」とある。この省察的な実践とは、ドナルド・ショーンが示した概念であり、英語「Reflective Practice」と呼ばれる。ショーンの概念に大きな影響を与えたのが、教育哲学者のジョン・デューイである。ショーン（2001）は、「現場で実践する専門家」の本当の専門性とは、現場の実践の中に存在する「知と省察」それ自体にあると述べ、省察的実践家を「『行為しながら考える』専門職である」と主張している。これは、原理、原則を現場に当てはめて実践していくだけでなく、問題との因果関係や状況を見極めながら（対話しながら）、その都度行動を起こしていく。そのくり返しが、ソーシャルワーカーとしての成長を可能にするのである。ソーシャルワーカーは、クライエントに限らず他者とのかかわりを持つ際に、自己のもつ道徳観や価値観、感情に影響される場面が多いため、「気づき」を得ることが難しい場合がある。そこで、あえて「気づきが得られにくい」という前提に立って、自身を見つめる省察的な視点が必要である。具体的には、クライエントが抱える問題や課題に対して理論を応用しながら、クライエントのために実践できたかどうかを検証することである。

3）実践経験を通して得られた実践知の重要性

福祉現場では数多くの実践が行なわれているが、それらが現場職員の個人の力量に任されているため、相互に共有されることなく実践知が埋没してしまっている現状がある。実践者（現場の職員など）が実践している貴重な体験や言説は、これまで科学性を持たないとみなされ、高く評価されてこなかった側面があるが、現在は、これらの現場で実践されてきた経験を言語化することで、ソーシャルワーカー同士が相互に情報交換し、共有の財産として積みあげていく体制が必要であるとされている。そしてその有効的な手段として、実践知として積み上げてきた経験を、「記録する」ことである（渡部、2016）。

ソーシャルワークの実践知は、単に経験を積むだけでなく、その経験を自己が振り返ることで、問題解決に適用できる能力に変化していくため、繰り返し省察を行ない、実践に活かすことが大切である。具体的には、事例検討を通した実践知の共有があるが、ここで大切なことは、事例を検討することに終始するのではなく、事例を通じて自己のふり返りを行ない、主観的な自分を見つけることで、初めて実践知を共有することが可能となる。

(5) 実践事例と考察

筆者は、大学における教員、そして実習生のスーパーバイザーとしての立場から、実習 現場での実習生の取り組みについて、事例として紹介し考察することとしたい。

学生Ａは、病院実習先で次のような患者とその家族に出会った。患者は極度の脱水で緊 急搬送されてきたが、慢性的な腎臓疾患を抱えていることが搬送先の病院で分かった。患 者には知的障害がある息子がいた。二人が暮らす住まいにはエアコンがなかった。暑い夏 の最中、二人は冷房もなく過ごしていたのである。患者の転院先をMS Wが調整しているのを観察しながら、ふと学生は、「この二人は別々に暮らすことになるのだろうか」、「確かに患者はこのまま帰れないが、かといって息子に一人暮らしをさせることもできないのではないか」と話した。それをMSWに訊いてみると、息子の件については、病院側としては積極的な介入をすることは難しいという返事が返ってきたとのことであった。学生は、「確かに病院の患者ではないのでそうかもしれないが、今後の二人の生活の行方が気になる。どうにかならないものだろうか。MSWは気にならないのだろうか」とジレンマを抱えていた。

スーパービジョンを重ねていくうちに、学生Aは、単にソーシャルワーカーが行なう業務を批判するだけではなく、患者と家族が今抱えている生活の困難さ、そしてその現実に自分もどう向き合うべきなのかを考えるようになった。また、MSWが述べた「積極的な介入は難しい」という発言にどのような意味が込められているのか、その言葉の真意を問うようになっていった。このようなジレンマが生じた際、スーパーバイザーは支援に対する結果を共有するだけでなく、ソーシャルワーカー（この場合は学生）の「どうしてそのように考えるのか」、「なぜそう思うのか」といった問いにもともに向き合うことが必要となる。ソーシャルワーカーがクライエントの生活、考えの中に入り込んで、クライエントとともに協働しながら、そこから感じたこと考えたことをソーシャルワーカーが自己認識していくその一連のプロセスが大切である。

(6) 最後に

保健医療機関におけるソーシャルワーカーが抱える多くのジレンマは、当事者主体として考えるソーシャルワークの業務と、チーム医療の一員として組織の中で調整役として考えるソーシャルワークの業務に齟齬（そご）が起きたときである。さらに、組織内外での調整に多くの時間が割かれ、結局クライエントである患者と十分なコミュニケーションをとることができないまま、業務が進んでいくことがある。調整役はソーシャルワーク業務の中でも重要な業務の一つであるが、ソーシャルワーク業務が名称独占である関係上、組織によっては、調整役が他の専門職に取って代わることもある。ソーシャルワーカー自身がソーシャルワーカーとしてのアイデンティティを考える際に大切なことは、いかにクライエント＝当事者の目線の近いところに、自分を持っていくことができるか、そしてクライエントが何を思い、考え、行動しているのか、想像し柔軟に考える力が必要である。そのうえで、クライエントに見合った支援を考え、クライエントとともに確認しながら実施していく技術が求められる。そして、これら一連の動きを自身でふりかえり、言語化して説明していく力が求められる。

筆者は、ソーシャルワーカーをスポーツに喩えると、フィギュアスケートのスケーターのようなものであると考える。フィギュアスケートは、テクニカルなスキルと、アーティスティックなスキルの両方が成り立って、初めて素晴らしいフィギュアスケートになる。テクニカルなスキルはさまざまな選手が同様のスキルを持っていると考えられるが、アーティスティックなスキルが加わることにより、似たような滑り、音楽を使っていたとしてもそれぞれ音楽や滑りに対する自身の解釈が異なるため、スケートで披露される演技は千差万別である。テクニカルなスキルが面接技術、役割機能等だとすると、芸術性や創造性といわれるアーティスティックなスキルは、省察的な思考や実践を概念化、理論化していくための系統的なプロセスを思考する力ととらえることができよう。その両方がうまく合わさって競技において表現できることが優秀なスケーターであるとすれば、ソーシャルワーカーも知識や面接、調整等の技術が優れていて、かつクライエントにどれだけ寄り添って考え、行動することができるのか、この両方がうまくブレンドされていることが大切である。そしてさらに、そこで蓄積された実践知が他者に理解してもらえるように言語化し、表現していくことが、優れたソーシャルワーカーだと言えよう。

（寶田玲子）

【参考文献】
ドナルド・ショーン，佐藤，& 秋田．(2001)．専門家の知恵．
寶田玲子．(2015)．ヒューマンサービス分野における対人援助職の職務満足とバーンアウトに影響する要因について：文献レビューより．関西福祉科学大学紀要，(18)，1-14.
医療ソーシャルワーカー業務指針〔厚生労働省健康局長通知 平成 14 年 11 月 29 日健康発第 1129001 号〕 http://www.jaswhs.or.jp/upload/Img_PDF/183_Img_PDF.pdf?id=0429232000 2018 年 4 月 24 日アクセス
南彩子．(2007)．ソーシャルワークにおける省察および省察学習について．天理大学社会福祉学研究室紀要』(通号 9)，3-16.
新村出．(2008)．広辞苑七版．
渡部律子．(2016)．ソーシャルワークにおける省察的実践とソーシャルワーカー養成：ソーシャルワーク教育の課題と展望を考察する（特集 豊かな知識と批判的知性に支えられたソーシャルワーク専門職養成の視座：質の高い実践力を育む方法）．ソーシャルワーク実践研究：ソーシャルワークの実践と理論の総合誌：journal of social work practice and　theory，(4)，16-30.
渡部律子．(2017)．主題講演「リッチモンドに帰れ」（A. マイルズ）と「ケースワークは死んだ」（H. パールマン）の言説が実践者と研究者に問いかけたもの（特集 第 11 回 ソーシャルワーク研究所シンポジウム報告 忘れてはならない地域福祉時代におけるミクロ・ソーシャルワークの視座：「問題認識」の個別化と「問題対処」の個別化）．ソーシャルワーク実践研究：ソーシャルワークの実践と理論の総合誌：journal of social work practice and theory，(5)，25-39.

5．教育機関

(1) 人材育成の概要

1）日本におけるスクールソーシャルワーカーの現状

文部科学省は、2008 年度スクールソーシャルワーカー活用事業を開始した。10 年が経過したなか、2017 年、学校教育法施行規則の一部を改正する省令が通知され、スクールソーシャルワーカー（以下、SSWer）が学校の職員として位置づけられた。学校の職員として明記されたことは大きなことであるが、一方で、SSWer の専門性がこれまで以上に問われることになる。現在、専門性や有効性が問われている時期である。

SSWer の職務に関して、2017 年文部科学省の教育相談等に関する調査研究協力者会議において提示された。それによれば、「SSWer は、児童生徒の最善の利益を保障するため、ソーシャルワークの価値・知識・技術を基盤とする福祉の専門性を有する者として、学校等においてソーシャルワークを行なう専門職である。スクールソーシャルワークとは、不登校、いじめや暴力行為等問題行動、子どもの貧困、児童虐待等の課題を抱える児童生徒の修学支援、健全育成、自己実現を図るため、ソーシャルワーク理論に基づき、児童生徒のニーズを把握し、支援を展開すると共に、保護者への支援、学校への働きかけ及び自治体の体制整備への働きかけを行うことをいう。そのため、SSWerの活動は、児童生徒という個人だけでなく、児童生徒の置かれた環境にも働きかけ、児童生徒一人一人のQOL（生活の質）の向上とそれを可能とする学校・地域をつくるという特徴がある」とされている。

SSWerの数は、2015年現在で1,399人であり、そのうち社会福祉士有資格者は699人（50.0%）、精神保健福祉士有資格者395人（28.2%）、教員免許有資格者520人（37.2%）[†1]である。なかには複数の資格を有している者もいるため、いまだ福祉関連の有資格者が多くを占めている状況にはない。

2）大学・専門学校におけるスクールソーシャルワーカー養成

日本ソーシャルワーク教育学校連盟が、スクール（学校）ソーシャルワーク教育課程認定事業を行なっている。社会福祉士指定科目（19科目）に加え、必要な科目の単位修得した場合、「一般社団法人日本ソーシャルワーク教育学校連盟認定スクール（学校）ソーシャルワーク教育課程修了者」として修了証が交付される。修了のために必要な科目は、表6-5から表6-7のとおりである。教育現場という福祉とは異なる現場となるため、教育関連科目群の履修が要件に含まれている。

スクールソーシャルワーク（以下、SSW）実習は80時間である。日本ソーシャルワーク教育学校連盟は、スクール（学校）ソーシャルワーク実習の教育内容に関するねらいを4つとしている[†2]。①日々子どもたちが過ごす学校現場等を知り、学校組織を体験的に学び、理解を深める、②スクール（学校）ソーシャルワーカーとして求められる資質、技能、倫理から、福祉が一次分野ではない教育現場における課題を見つけられる力を養う、③教職員ほかとの連携のあり

＊表6-5　スクール（学校）ソーシャルワーク専門科目群

科目名	時間数			必修・選択の別	SSW実務経験2年以上の者
	通学課程	通信課程			
		面接	印刷		
スクール（学校）ソーシャルワーク論	30h	−	90h	必修	
スクール（学校）ソーシャルワーク演習	15h	15h	−	必修	
スクール（学校）ソーシャルワーク実習指導	15h	1.5h	20h	必修	履修免除
スクール（学校）ソーシャルワーク実習	80h	80h	−	必修	履修免除

＊表 6-6 教育関連科目群

<table>
<tr><th rowspan="3">科目名</th><th rowspan="3">科目数</th><th colspan="3">1科目の時間数</th><th rowspan="3">必修・選択の別</th><th rowspan="3">SSW 実務経験2年以上の者</th><th rowspan="3">教職普通免許状所持者</th></tr>
<tr><th rowspan="2">通学課程</th><th colspan="2">通信課程</th></tr>
<tr><th>面接</th><th>印刷</th></tr>
<tr><td>・教育の基礎理論に関する科目のうち、「教育に関する社会的、制度的または経営的事項」を含む科目</td><td>1科目以上</td><td>30h</td><td>－</td><td>90h</td><td>1科目以上選択必修</td><td>履修免除</td><td>履修免除</td></tr>
<tr><td>・教育の基礎理論に関する科目のうち「幼児、児童及び生徒（障害のある幼児、児童及び生徒を含む）の心身の発達及び学習の過程に関する事項」を含む科目</td><td rowspan="2">1科目以上</td><td rowspan="2">30h</td><td rowspan="2">－</td><td rowspan="2">90h</td><td rowspan="2">1科目以上選択必修</td><td rowspan="2">履修免除</td><td rowspan="2">履修免除</td></tr>
<tr><td>・生徒指導、教育相談及び進路指導に関する科目</td></tr>
</table>

＊表 6-7 追加科目

<table>
<tr><th rowspan="3">科目名</th><th colspan="3">時間数</th><th rowspan="3">必修・選択の別</th><th rowspan="3">精神保健福祉士有資格者</th></tr>
<tr><th rowspan="2">通学課程</th><th colspan="2">通信課程</th></tr>
<tr><th>面接</th><th>印刷</th></tr>
<tr><td>精神保健の課題と支援</td><td>30h</td><td>－</td><td>90h</td><td>必修</td><td>履修免除</td></tr>
</table>

出所：http://www.jaswe.jp/ssw/20180401_ssw_kitei.pdf

＊表 6-8 スクールソーシャルワーク実習 仮予定例

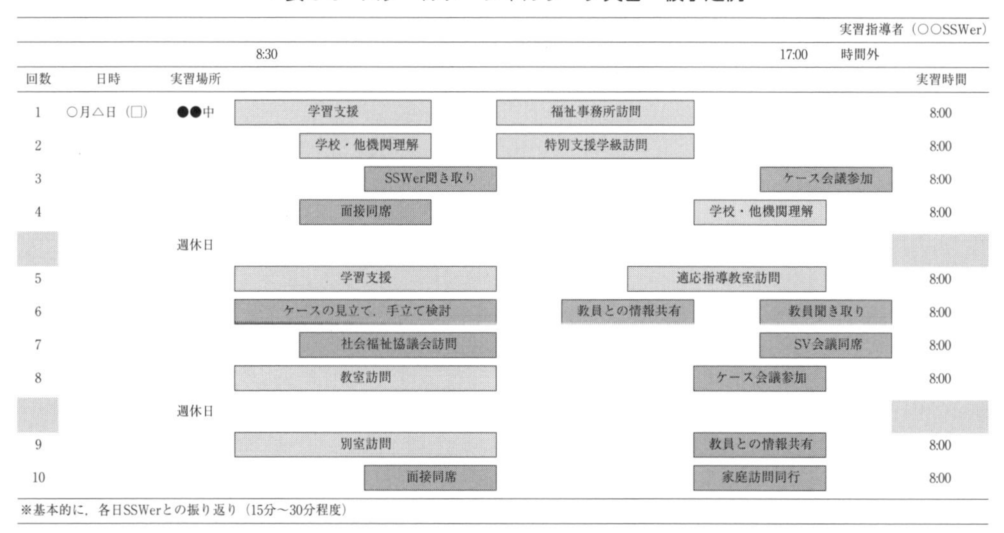

方及びその具体的内容を実践的に理解する、④子どもや家族、教職員から自己に求められる課題把握等、総合的に対応できる能力を習得する、である。仮想的に実習生の10日間の具体的な実習内容を示したのが、表6-8である。

実習では、SSWer と行動を共にすることもあれば、実習生一人で活動することもある。自治体によっては、実習生が一人で学校現場において活動する日を設けることもある。校内巡回、学習支援、教室訪問、別室訪問などから、実習生は何を意識しなければならないのだろうか。実習においてとくに大切なことは、①学校組織を理解する、②ソーシャルワークを意識する、この2つといえる。

「①学校組織を理解する」に関して、学校文化を理解しなければならない。学校という組織なり制度なりが持つ特徴[†3]を把握する必要がある。日本の教育現場では、教員の職務範囲の無限定性の理由により、あらゆる業務を教員が「多能化」することで対応してきた[†4]。学校によって程度の差はあるが、教員には「学校のこと、クラスの課題は、自分（教員）で何とか解決したい」という想いがある。教育に対する使命感やプライドがあるからこそ、教員はさまざまな業務を担ってきたともいえるだろう。その理解をなくしてソーシャルワークを展開していくことは困難である。実習において、学校組織がどのような文化によって成り立っており、教員がいかなる考えをもっているのかを理解しようする姿勢が求められる。たとえば、子どもと少し離れて掃除をしている教員をみつけ、数分でも話をするといった工夫をSSWerはしている。さらに、教員のこれまでの活動を詳細に言語化し、その活動や考えに沿いながらのSSW実践をしている。学校という場を理解しているからこそ、可能な実践であると考えられる。実習生には、SSWerが学校をどう見立て、教員にいかなるアプローチをしているのかを、確実におさえていくことが大切である。

「②ソーシャルワークを意識する」では、当たり前のように思われるかもしれないが、福祉とは異なる教育現場だからこそ求められる。ソーシャルワークとは、人の生活全体、人と環境の交互作用といった点に着目する。子どもの学校生活だけでなく家庭での生活、地域での生活などすべてを扱う。重要なことは、他専門職に対して、ソーシャルワークを言語化できるかどうかである。つまり、「本当の主訴は何か」を問い、それを用語として現わすことが大切になる[†5]。実習指導の場面で、ソーシャルワーカーの専門性は何かということについて問う。「学校内のチーム体制を構築する」「学校と関係機関とのつなぎをする」といった回答が多い。間違ってはいないが、他専門職からみると、「それなら、自分もしている」と思われる場合もあるかもしれない。ソーシャルワーカーは他専門職の専門性を理解したうえで、自身の専門性を明確にしていく力が求められる。ソーシャルワークを体得するためには、①他専門職（教員、スクールカウンセラーなど）の専門性と対比してソーシャルワークをとらえるスキル、②つなぐ、連携といった役割・機能を、より具体的に示していくスキルが求められよう。

3）現場におけるスクールソーシャルワーカー人材育成

全国的にみて、SSWer が配置されている自治体すべてにスーパーバイザーが存在するとは限らない。また、自治体によって人材育成のあり方はさまざまであり、SSW 領域における課題といえる。SSWer はスキルアップのために全国各地で行なわれる研修会に参加している。たとえば、都道府県社会福祉士会のなかには SSWer 養成研修を実施しているところがある。ここでは、スーパーバイザーによる初任期 SSWer の人材育成について考える。

一般的にスーパービジョンの機能は、①支持的機能、②教育的機能、③管理的機能の３つとされている。「①支持的機能」に関して、福祉一人職場の学校で、なくてはならないものである。支持的スーパービジョンの中で、自ら気づく力があるといわれている[†6]。ソーシャルワークでは、人のストレングスに気づき、それを活かした支援が求められる。しかし、SSWer 自身は一人で活動するため、パワーレスな状況になる場合がある。よって、スーパーバイザーには根拠をもって SSWer を励ます必要がある。とくに初任期の SSWer は、何かと現場でうまくいかないと認識していることが多い。スーパーバイザーは、意識的に支持的な側面から SSWer を支えることが重要である。

「②教育的機能」では、前提として SSWer 自身が何に困っているのか客観的に分析できていなければならない[†7]。スーパーバイザーは、SSWer が困り感を客観的に分析できるよう問うていかなければならない。SSW 発祥の地であるアメリカでは、SSW が発展期のころ、「誰に対して」「何のために」実践するのかを明確にできなければ、SSW 実践は他専門職によって定義づけられるといわれた[†8]。スーパーバイザーは、SSWer の活動について、「誰に何のために」と聞いていくことで、SSWer の実践への行き詰まりを明確にする必要がある。

「③管理的機能」について、SSWer 個人の力量に加えて、自治体で SSWer を支える体制づくりが肝要である。スーパーバイザーは SSWer を雇用する教育委員会担当者と、事業全体の管理・運営を協働で実施する。言い換えると、SSWer にとって働きやすい環境をつくっていくのである。たとえば、自治体として SSW 活用事業をどのようなニーズに基づき展開していくのか、SSWer 活用事業をいかに評価していくのか、といったことである。スーパービジョン体制のより良いあり方を検討することも含まれる。バックアップ体制が、SSWer の専門性や教育現場における効果に影響することが明確にされている[†9]ため、今後、管理的機能を強化していくことが不可欠である。

(2) 実践事例と考察

1）初任期のスクールソーシャルワーカーが体験する事例

ここでは、新人SSWerのAさんのスーパービジョンの場面を紹介する。Aさんは、SSWerとなり半年が経った。ある中学校に配置されており、週1回7時間勤務している。1か月に1度、スーパーバイザーによるスーパービジョンを受けている。10月のスーパービジョンの際の悩みをここでは取り上げる。その悩みはつぎのとおりである。

SSWerとなり半年が経過し、教員との関係性もできてきた。学校内のケース会議にも参加するようになった。ケース会議では意見を求められることも多くなった。ただ、自分の意見を取り入れてくれないことが多く、教員に対して、「このような考えはどうか？」というと、「それはやっても仕方ない、これまで何回もやってきた」という回答をされる。ケース会議以外の場面でも教員と話すことは多く、何気ないことでは会話が弾むにもかかわらず、子どもの件でいろいろとたずねるも、さらっとした返答である。自分は一生懸命、子どものために頑張っているのに、分かってくれていないのではないだろうか、もうこれ以上、伝えても無理なのではないだろうかと考えている。

2）事例からとらえる人材育成のあり方

スーパーバイザーとして、①支持的なかかわり、②ソーシャルワークの言語化、③相手の力は何か、3点に注目したスーパービジョンが必要といえる。

「①支持的なかかわり」に関して、安心して良いというメッセージを伝えることが大切である。初任期SSWerにとって、他職種で占める現場に入ることだけでも心身に何らかの影響が出てくる。この事例では、SSWerが半年で教員との関係性はできているという部分を肯定的に捉えられるよう、スーパーバイザーは受容・共感しなければならない。ケース会議でも意見を求められることにも、そのことが何を意味するのか、SSWerに気づきを与えることが大切であろう。

「②ソーシャルワークの言語化」では、他専門職に自身の専門性をわかりやすく伝えることが不可欠である。SSWerは、「家庭訪問に行って母親の意見を聞く」「子どもの意見を聞いてみる」と発言するかもしれない。これ自体間違いではないが、「何のために」実践をするのかを明確にしなければ、他専門職に理解されない可能性がある。なぜ家庭訪問に行くのか、子どもの意見を聞く理由はなぜか、スーパーバイザーがSSWerに尋ねる必要がある。そこには、ソーシャルワークの生活全体へのアプローチ、人と環境との交互作用といった理論やモデルとの関連づけも大切である。根拠をもった実践を細かく現場に伝えていくことで、ソーシャルワークの理解が拡がる。

「③相手の力は何か」について、ソーシャルワークではストレングス視点が重要視されている。この事例の場合、教員は使命感をもって子どもとかかわってきた経緯があるからこそ、教員として無力感を感じていることもある。SSWerは教員が「それをやっても仕方ない」と発言する背景をふまえることが要求される。スーパーバイザーはSSWerに教員のストレングスは何かを問いながら、SSWerが教員の思いをくみとったかかわりができるようサポートしていく。子どもと多くの時間かかわるのは教員である。教員に活力がなければ子どもは元気にならない。教員のエンパワメントは、学校現場において教員と協働していくSSWerにとっても大事な視点といえよう。

(厨子健一)

【引用文献】
†1　福祉人材確保専門委員会（2018）社会福祉士等の現状等（参考資料）厚生労働省.
†2　日本ソーシャルワーク教育学校連盟（2018）スクール（学校）ソーシャルワーク教育課程通知.
†3　志水宏吉（2006）学校文化を書く　秋田喜代美ほか編　教育研究のメソドロジー　東京大学出版会　37-49.
†4　小川正人（2016）学校における教育の特徴と学校「文化」山野則子ほか編　よくわかるスクールソーシャルワーク第2版　ミネルヴァ書房　52-53.
†5　鈴木庸裕（2015）スクールソーシャルワーカーと学校福祉　鈴木庸裕編　スクールソーシャルワーカーの学校理解—子ども福祉の発展を目指して　ミネルヴァ書房　1-24.
†6　野尻紀恵（2018）スクールソーシャルワーカーが学校でソーシャルワークを展開できるために　鈴木庸裕ほか編　教職経験をもつスクールソーシャルワーカーが伝えたい学校でソーシャルワークをするということ　学事出版　41-78.
†7　奥村賢一（2012）スクール（学校）ソーシャルワーカーとスーパービジョン　門田光司ほか編　スクール〔学校〕ソーシャルワーク論　中央法規　199-220.
†8　Constable, R.（1979）Toward the construction of role in an emergent social work specialization. *School Social Work Quarterly*, 1(2), 139-148.
†9　厨子健一・山野則子（2013）　スーパービジョン体制がスクールソーシャルワーカーの専門性や効果に与える影響　子ども家庭福祉学　(13)　25-33.

6. 社会福祉協議会

(1) 人材育成の概要

社会福祉協議会（以下　社協）は、社会福祉法第109条及び第110条において「地域福祉の推進を図ることを目的とする団体」であり、「新・社会福祉協議会基本要項」では、社会福祉協議会の性格として「①地域における住民組織と公私の社会福祉事業関係者等により構成され、②住民主体の理念に基づき、地域の福祉課題の解決に取り組み、誰もが安心して暮らすことのできる地域福祉の実現をめざし、③住民の福祉活動の組織化、社会福祉を目的とする事業の連絡調整および事業の企画・実施などを行なう、④市区町村、都道府県・指定都市、全国を結ぶ公共性と自主性を有する民間組織である」と述べられている[1)]。つまり、地域社会を単位に社会福祉活動を展開する団体であり、その担い手は社協職員だけではなく、地域住民も含まれた専門職と非専門職の両者による実践の展開が求められる。その背景には、社協の活動原則（住民ニーズ基本の原則、住民活動主体の原則、民間性の原則、公私協働の原則、専門性の原則）が職員の実践基盤にあり、地域社会の生活環境及び地域住民に焦点を当てた活動を推進することが社協の役割である。

社協は定められた区域ごとに組織されており、市区町村単位の市区町村社会福祉協議会（以下　市区町村社協）と都道府県単位の都道府県社会福祉協議会（以下　都道府県社協）に分けられる。市区町村社協は全国に1846か所存在し、全国すべての地域で組織されている。また、社会福祉法第111条を根拠に全国組織として全国社会福祉協議会（以下　全社協）が設けられている。

社協の組織構造を見ると、事業を実施する部門は次の4つに分けて整理される。まず法人運営部門とは、事業全体の管理や組織管理を担当する部門であり、具体的には、理事会や評議員会の運営、経理事務や社協全体の財務管理、職員の採用や研修・人事労務管理、社協発展・強化計画の策定などを行なっている[2)]。

次に地域福祉活動推進部門とは、住民参加による地域福祉の推進、福祉のまちづくり、ボランティア活動や市民活動の推進に関する事業を行なっており、社協の中心的な部門である。具体的な活動や事業としては、地域福祉推進組織（例えば、小学校区程度の単位で組織される校区社協や校区福祉委員会など）の組織化・活動の推進、ふれあいいきいきサロン、小地域ネットワーク、住民参加型在宅福祉サービス、当事者活動の支援、ボランティア・市民活動センターなどがあげられる[3)]。

3つ目に福祉サービス利用支援部門として、福祉総合相談、生活福祉資金貸付事業、日常生活自立支援事業、生活困窮者自立支援法に係る事業の実施を図り、地域住民の福祉サービスの利用とそれを支援する相談業務を行なっている[4)]。また、地域包括支援センターの運営や地域の相談支援ネットワークづくりに関する業務も行なっている。

最後に社協は、これまでに地域住民に必要な在宅福祉サービスを先駆的に取り組んできており、現在も在宅福祉サービス部門として、介護保険法や障害者総合支援法で制度化されている在宅福祉サービスを行なっている[5)]。その他にも、食事サービスや布団乾燥サービス、福祉機器の展示や貸し出し、レスパイトサービス、ひとり親家庭への支援といった高齢者、障害児・者、児童への独自の福祉サービスも行なっている。なお、これらの事業はそれぞれの市区町村社協で地域ニーズに応じて展開されている。

このようにさまざまな事業を展開している社協ではあるが、これらの4つの部門は法人運営部門を組織の基盤にし、地域福祉活動推進部門をその上に位置づけ、さらに福祉サービス利用支援部門や在宅福祉サービス部門の事業を展開していくことが求められている[6)]。

このような社協の組織体制がある中で、職員の多くは市区町村社協に所属しており、具体的な市区町村社協の職員数は2018年1月1日現在13万1,236人となっている[7)]。その内訳をみると、介護保険サービス担当職員が正規・非正規を合わせて5万9,075人（全体の45%）と一番多く、障がい者福祉サービス担当職員等を加えた在宅サービス事業担当職員全体では9万人を越す。このことからも、市区町村社協職員の部門所属では、在宅福祉サービス部門の割合が多いことがわかる。しかし、現在の社協は、国が2015年度以降進めてきた相談支援体制の強化や地域全体での支援体制の強化などをめざした「地域共生社会」の実現に対する社協としての取り組み方が問われている。具体的には、在宅福祉サービスの提供機関としての役割に留まるのではなく、地域福祉推進組織としての地域団体へのアプローチや地域のニーズ解決に向けた社会資源の開発などに関する専門的な取り組みが改めて必要とされている。全社協から発表された「地域共生社会の実現に向けた社協の事業・活動の展開に向けて」においても、当面の取り組み課題として以下の3点があげられている[8)]。

①小地域（より身近な圏域）における住民主体による福祉活動の推進と支援
②市町村圏域における総合相談体制・生活支援体制の整備
③市町村圏域における取り組みを支援・拡充するための複数市町村域、都道府県域における総合相談・生活支援体制の整備

また、これらに取り組む際の留意点として、「職員育成の体制づくり」をあげており、「ＯＪＴの仕組みの充実、事業・活動のマネジメントとスーパービジョン体制の構築」を重要視している[9)]。このことからも、現在の社協が直面している社会情勢、政策的動向に対応するためには職員育成は不可欠なものである。

(2) 社協職員の職員像と職員研修の現状について

国が地域共生社会という2020年代の社会づくりに取りかかろうとしている中で、社協職員はその機関の位置づけから新たな職員のあり方が問われているが、全社協では、2011年に社協職員の価値観や使命感を共有するために「社協職員行動原則―私たちがめざす職員像―」が発表された[10)]。主な内容は、表6-9の通りである。この原則は、社協職員のアイデンティティ確立のために提案されたものであり、社協職員としての実践に対する共通のスタンスという意味合いが強い。

さらに初任者の職員を対象とした取り組みとして、1998年より全社協が「福祉職員生涯研修課程」として福祉職として共通した能力開発の研修を実施、推進してきた。2008年以降は、それに加えて、職員のキャリアパスを対応した階層別の研修体系を組んで実施されている。この中で新人職員が受講する課程

＊表 6-9　社協職員行動原則

1	尊厳の尊重と自立支援	私たちは、人々の尊厳と自己決定を尊重し、その人が抱える福祉問題を解決し、住み慣れた地域でその人らしく暮らすことができるよう最善を尽くします
2	福祉コミュニティづくり	私たちは、住民が身近な地域における福祉について関心をもち、福祉活動に参加する住民主体による福祉コミュニティづくりをめざします
3	住民参加と連携・協働	私たちは、住民参加と地域の連携・協働により業務を行なうことを心がけ、地域に根ざした先駆的な取り組みを応援し、地域福祉を推進する実践や活動を広げます
4	地域福祉の基盤づくり	私たちは、福祉課題を地域全体の問題として捉え、新たな事業や活動の開発、提言活動や計画づくりの取り組みに積極的に関わり、地域福祉の基盤づくりの役割を担います
5	自己研鑽、チームワーク、チャレンジ精神	私たちは、自己研鑽を重ね、職員同士のチームワークと部署間の連携をすすめ、チャレンジ精神をもって業務を遂行します
6	法令遵守、説明責任	私たちは、法令を遵守し、自らの組織や事業に関する説明責任を果たし、信頼され開かれた社協づくりをすすめます

出典：全国社会福祉協議会（2011）「社協行動原則―私たちがめざす職員像―」より抜粋

が初任者キャリアアップ研修課程（以下　初任者コース）である。このコースは、職業人生としての福祉職のキャリアとして、どのような職業人になるのか、また組織人としてどのようにその専門性を発揮するのかということを考える素地を作ることに重点が置かれている。コースの目標としても次の５つをあげている[11]（表 6-10）。

＊表 6-10　コースの目標

①自身のキャリアアップの方向性について自覚を深める
②福祉サービスの理念と倫理についての基礎を習得する
③チームケアの一員としてメンバーシップやコミュニケーションの基本を学ぶ
④キャリアアップに必要な啓発課題について基本を学び、啓発意欲を高める
⑤福祉職員としての役割行動と行動指針を確認し、自己のキャリアデザインとアクションプランを策定する

なお、この研修課程は、社協職員に限定した研修ではないが、主催元が全社協でもあるため、社協職員の研修として組み込まれることも多い。また、全社協が発刊している「社協新人職員ハンドブック」では、会議の進め方や社会人としてのマナーの習得も新人職員への教育内容に盛り込んでいる。

その他に社協職員に限定した職員共通の研修を企画したものもある。例えば、福井県社会福祉協議会では、「社協職員基礎力チェックリスト」活用の手引きを発表している。これによると、社協職員としての共通した能力などを「社協職員基礎力」と呼び、具体的には次の６つの属性で整理しており、属性ごとに設定されている項目を全てクリアすることで、「一人前の社協職員」に到達すると考えられている。さらに、属性ごとで項目評価をレーダーチャートで可視化できるように工夫されている（表 6-11）。

また新人職員への教育にとどまらず、ソーシャルワークの１つであるコミュ

＊表 6-11　属性ごとの項目評価

属性	求められる社協職員像
社会人度	規律やルール、マナーを遵守し、時間やストレス等のマネジメントができる社会人
組織人度	職場の中でのコミュニケーションとチームワークを重視し、自らの役割を果たすことで組織に貢献できる組織人
経営人度	市場や顧客を認識し、投入される経営資源（人・モノ・カネ・時間・情報）へのコスト意識や経営感覚をもった経営人
福祉人度	尊厳や自立への高い価値観をもち、それを具現化するための専門性をもった福祉人
仕掛人度	柔軟性や創造性をもち、ビジョンをもって地域に変革をもたらす仕掛人
地域人度	地域への愛着をもち、ボランティアや社会参加意識の高い地域人

出典：福祉県社会福祉協議会「～社協職員として育つ・育てる～『社協職員基礎力チェックリスト』活用の手引き」p13をもとに筆者作成

ニティワークに特化した報告書や教育ツールを作成しているところもある。例えば、神奈川県社会福祉協議会では、県内の市町村社協職員が身につけることとして、①地域を基盤としたソーシャルワークのプロセス理解と実践意識の向上、②住民主体の活動づくりを計画的に進めるための手法の習得、③地域福祉推進に向け効果的な事業展開が図れるよう組織的な知の創造･蓄積･共有を図っていく、の3点を提案している[12)]。さらに栃木県社会福祉協議会では、具体的な教育ツールとして、「黒子読本」と呼ばれる冊子を作成している[13)]。

(3) 実践事例と考察

ここまで述べたように社協職員として求められる組織人としての教育と専門的な技能としてのコミュニティワークの力量を高めることが指向されていることがわかる。ここでは、ある新人社協職員の日常の出来事をもとに、専門職としての力量を高める方法を検討していきたい。

（ケース）

今春、つばき市社会福祉協議会に入職した竹内さん（23歳）は、地域福祉活動の部署に配属された。同じ部署の先輩の有村さん（35歳）が指導を担当することとなった。配属数日後、竹内さんは、有村さんが担当する地域で行なわれている活動に出向いた。竹内さんは、出向く前に有村さんからその地域の概要の説明を受けた。主には、地域の活動者のこと、実際に行なっている活動の現状などである。

実際に地域の活動に参加することで地域住民とあいさつする機会があった。竹内さんは、活動されている人たちに声をかけながら談笑している有村さんの姿を見ていたものの、竹内さんは、簡単な挨拶程度で終わってしまった。事務所に戻ると、有村さんは、竹内さんに「もっと地域の皆さんとお話をしてほしい」と指導した。竹内さんは、初めての地域に出向くということでどの方に挨拶していいのかがわからなかったため、有村さんに挨拶するようにと指示された住民にしか関わっていなかったことに気づいた。

2週間後、竹内さんは有村さんと同じ地域に出向く機会があり、前回関わらなかった地域の人たちにも自ら挨拶などの声かけを行なっていた。その後事務所に戻ると、有村さんは、竹内さんから「挨拶はできたのですが、その後の話が続かなくて困りました」との相談を受けた。それに有村さんは、「お互いが話しやすいことでお話を進めたり、一緒に活動に参加して、活動の流れなどを教えていただく中で、自然に話しかけてみたりしてはどうですか？」との助言を行なった。

このケースでは、新人職員が先輩職員に同行して、地域に出向く場面であるが、新人職員のことを地域住民はほとんど知らない状況であることは想像できるだろう。そのため、有村さんは、まず地域の活動者に自己紹介するように促していたわけである。今回の竹内さんは、おそらく初めて地域に出向くということで緊張していたかもしれないが、積極的に自ら声をかけながら、自分の存在を知ってもらうことを心がけないといけない。1回の挨拶ですぐに顔と名前を覚えてもらえるかはわからないが、挨拶を繰り返すことで竹内さんのことを知る人たちは増えていくだろう。

諏訪は、図6-5のように初心者に指導する際には、最下部と二段目までに活用されるティーチングを用いると述べている[14]。具体的には、最下部のまったく自己解決できないという段階においては、「～しましょう」「～してください」との指示的な教え方になる。今回の竹内さんは、最下部の状況であったため、事前に有村さんから地域の現状などを教え込まれていたのである。さらに、実際に地域に出向いた際には、有村さんからの指示で行動していた。この段階から最上部の「完全に自己解決できる」状況まで進めていく段階を支援していくのは、新人職員の指導の段階でもある。続いて、再び地域に出向く中で竹内

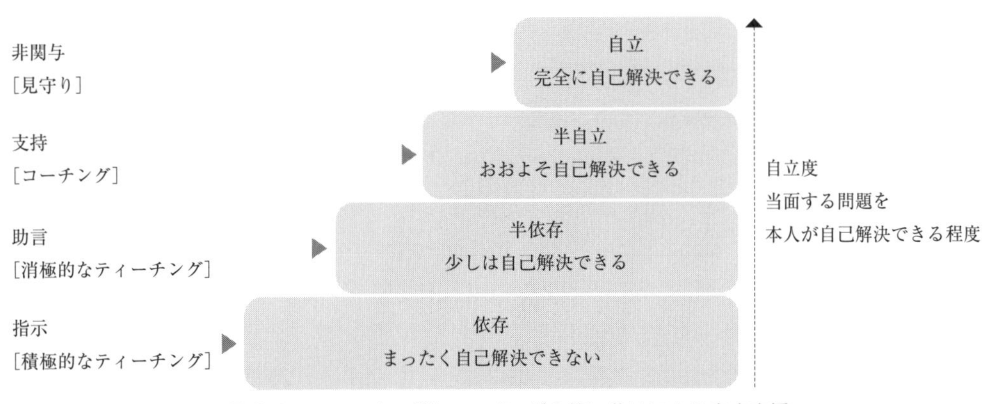

＊図6-5　ティーチングとコーチングの使い分けによる自立支援
出典：諏訪茂樹［2002］：看護にいかすリーダーシップ――状況対応とコーチングの体験学習、医学書院。

さんが挨拶などの声かけを行ないながら、試行錯誤している状況であったので、二段目の「〜してはどうでしょうか？」などの指導方法で本人のできることを増やしていけるような指導を行なっていく。さらに、新人職員自身で一連の対応ができるようになると、さらにより良いものにしていくために本人の主体性を尊重し、考えを引き出しながら方法を支持していくというコーチングの指導方法へと移行していく。最終的に新人職員が問題なく一連の対応ができるようになると最上部の見守りという段階に到達する。

このように社協の場合、新人職員が地域に出向く場面はよくあるが、その過程においても教育的な指導方法を用いながら本人のレベルに合わせて支援していくことで新人職員を一人立ちさせていくのである。

（種村理太郎）

【引用文献】

1）全国社会福祉協議会（1992）「新・社会福祉協議会基本要項」全国社会福祉協議会
2）全国社会福祉協議会（2015）『社協新人職員ハンドブック』全国社会福祉協議会 p24 〜 25
3）前掲書 2）p25 〜 29
4）前掲書 2）p29 〜 32
5）前掲書 2）p32 〜 34
6）前掲書 2）p11
7）全国社会福祉協議会（2018）「平成 29 年度市区町村社会福祉協議会職員状況調査報告書」p4
8）全国社会福祉協議会（2017）「地域共生社会の実現に向けた社協の事業・活動の展開に向けて」
9）前掲書 8）
10）全国社会福祉協議会（2011）『「社協職員行動原則 ―私たちがめざす職員像―」の策定について』
11）福祉職員キャリアパス対応生涯研修課程テキスト編集委員会編（2018）『福祉職員キャリアパス対応生涯研修課程テキスト　初任者編』全国社会福祉協議会　p7
12）神奈川県社会福祉協議会　市町村社協部会（2013）「広げよう！深めよう！コミュニティワーク」神奈川県社会福祉協議会
13）栃木県社会福祉協議会では、これまでに 3 種類の冊子を作成している。
14）諏訪茂樹は、下記の文献でティーチングとコーチングの使い分けを述べている。諏訪茂樹（2002）『看護にいかすリーダーシップ―状況対応とコーチングの体験学習』医学書院，諏訪茂樹（2007）『対人援助のためのコーチング』中央法規出版

●索　引●　（50音順）

【編者プロフィール】

櫻井秀雄（さくらい　ひでお）

関西福祉科学大学心理科学部・同大学院 教授（公認心理師・臨床心理士）。専門は、発達臨床心理学。1997年より神経発達症、特に自閉スペクトラム症（Autism Spectrum Disorders: ASD）児者への臨床心理学的支援の実践および研究、さらには、ASD児者への直接的な支援を媒介にして、その特性理解と支援技術を伝授する臨床教育と言った「臨床活動（地域貢献）・臨床研究・臨床教育」の三位一体を展開してきた。とりわけ、ASD児者の二次障害予防としてのアイデンティティ形成に対する臨床心理学的支援として、ASD特性のひとつである「こだわり」等を、よりポジティブに捉え直し取り入れたグループ余暇活動「仲間関係支援プログラム」を研究開発し、その自己肯定感（肯定的自己／他者理解）・自尊感情ひいてはアイデンティティ形成に大きく貢献している。現在、「社会福祉法人大阪府障害者福祉事業団評議員」、「奈良県発達障害者支援体制整備検討委員会委員」、「奈良県高機能自閉症児者の会アスカ」スーパーバイザー等を歴任。

橋本有理子（はしもと　ゆりこ）

関西福祉科学大学社会福祉学部・同大学院　教授（社会福祉士）。専門は、社会福祉教育、家族社会学、高齢者福祉。現在、大阪市社会福祉研修・情報センター主催「福祉職員キャリアパス対応生涯研修課程」講師、公益社団法人大阪社会福祉士会主催「社会福祉士実習指導者講習会」講師等を担当している。学歴：大阪市立大学大学院生活科学研究科後期博士課程　博士（生活科学）

著書：「学びを追究する高齢者福祉」（共編著）保育出版社　2017年

「相談援助実習ハンドブック」（共編著）ミネルヴァ書房　2014年　他

シリーズ・看護・介護・福祉のための「教育学」２巻
ソーシャルワークのための『教育学』

2020年3月20日　初版　第1刷　発行　　　　定価はカバーに表示しています。
編　者　　　櫻井秀雄
　　　　　　橋本有理子
発行所　　　（株）あいり出版
　　　　　　〒600-8436　京都市下京区室町通松原下る
　　　　　　　　　　　　元両替町259-1　ベラジオ五条烏丸305
　　　　　　電話／ＦＡＸ　075-344-4505　http://airpub.jp/
発行者　　　石黒憲一
印刷／製本　モリモト印刷（株）

 ISBN978-4-86555-073-3　C3036　Printed in Japan